理解

中国经济

在大变局中
读懂新机遇

蔡昉 著

UNDERSTANDING
THE CHINESE
ECONOMY

全国百佳图书出版单位

APTIME
时代出版

时代出版传媒股份有限公司
安徽人民出版社

图书在版编目（CIP）数据

理解中国经济：在大变局中读懂新机遇 / 蔡昉著 . —— 合肥：安徽人民
出版社，2024.1
ISBN 978-7-212-11647-7

Ⅰ . ①理… Ⅱ . ①蔡… Ⅲ . ①中国经济—经济发展—研究 Ⅳ . ① F124

中国国家版本馆 CIP 数据核字 (2023) 第 234959 号

理解中国经济：在大变局中读懂新机遇

LIJIE ZHONGGUO JINGJI
ZAIDABIANJUZHONG DUDONG XIN JIYU

蔡昉 著

出 版 人：杨迎会　　　　　　　　　　　选题策划：何军民
责任编辑：黄牧远　　　　　　　　　　　责任印制：董 亮
装帧设计：今亮后声　陈 爽

出版发行：安徽人民出版社 http://www.ahpeople.com

地　　址：合肥市蜀山区翡翠路 1118 号出版传媒广场 8 楼

邮　　编：230071

电　　话：0551-63533258　0551-63533259（传真）

印　　刷：安徽新华印刷股份有限公司

开本：710 mm×1010 mm　1/16　　　印张：22.5　　　　　字数：280 千
版次：2024 年 1 月第 1 版　　　　　2024 年 1 月第 1 次印刷

ISBN 978 - 7 - 212 - 11647 - 7　　　　　　　　　　定价：45.00 元

前　　言

随着新冠肺炎疫情和防疫形势的变化，国家对疫情防控措施进行了优化调整，中国经济于 2023 年进入全面复苏模式。第十四届全国人民代表大会批准的《政府工作报告》，为 2023 年确立了 5% 左右的经济增长预期目标。这个预期增长速度总体上符合目前中国的潜在增长率，也能够得到逐步回升的基本面的支撑，同时考虑到了 2022 年经济增速低于常态，因而可能产生的补偿性增长因素。因此，这是一个合理、合意和稳妥的增长目标。一些国际机构预测，中国经济在 2023 年可能实现更高的增长速度。例如，世界银行、国际货币基金组织和经济合作与发展组织的预测分别为 5.1%、5.2% 和 5.3%。东盟与中日韩宏观经济研究办公室甚至预测，2023 年中国经济增长可达 5.5%。

在实际经济工作中，我们无疑应该做出更大的努力，争取达到比预期目标更好的结果。对于国际上做出的种种更高预测，我们也乐见其成。然而，2023 年实现 5% 乃至更好的经济增长速度，却不能坐享其成，而是需要付出巨大的努力。特别是，在 2035 年基本实现现代化的目标，按照人均国内生产总值的相应标准进入中等发达国家行列，依靠传统的发展方式和旧的增长动能不再能够支撑。也就是说，中国经济的短期复苏和长期可持续增长，必须适应新发展阶段的要求，通过贯彻新发展理念和构建新发展格局得以实现。

宏观经济充满不确定性，短期表现和长期趋势都受到各种可预见和不可预见因素的影响。首先，世界经济状况和国际政治格局，作为外部环境对国内经济发展产生显著的影响。地缘政治冲突、贸易摩擦乃至贸易战、技术和供应链脱钩，以及新冠肺炎疫情造成的供应链断裂、全球气候变化推动的发展模式转型、极端灾害性天气和军事冲突造成的能源、粮食等瓶颈制约，都极大地加强了中国发展的外部不确定性。美国等西方国家针对中国的遏制措施，更是额外施加了对中国经济发展在制约，需要加快构建新发展格局，以更高水平的自立自强予以破解。

其次，经济增长遭遇的前期冲击和采取的应对措施，会影响当下乃至将来的经济增长。关于一种"磁滞"现象的研究表明，在经济增长遭受的冲击足以使供需两侧受损，以致产生一个长期"疤痕"的情形下，宏观经济在一定时期内难以回归到冲击前的轨道。过去三年疫情的冲击，也对中国经济产生了一定的磁滞效应，增长回归到常态轨道上既非自然而然，也不可能一步到位。不过也应该看到，宏观经济的复苏，同时也是一个在发展理念、发展方式和增长动能上辞旧迎新的过程，有着无限的发展机遇和巨大的增长潜力。

再次，长期趋势性变化会影响短期的经济增长。2021年中国人口达到峰值，从2022年即开始负增长，人口老龄化也相应加深，从供需两侧为经济增长带来严峻挑战。从供给侧来看，劳动年龄人口减少的速度加快，会通过劳动力短缺、人力资本改善速度放慢、资本回报率下降和生产率增长减速，进一步降低潜在增长率。另一方面，人口数量的绝对减少和老龄化程度的加深，将削弱经济增长的需求侧支撑力，居民消费持续扩大的难度明显加大。此外，老年人口抚养比的加速上升，也可能打破现行基本社会保险体系的紧运行平衡，使赡养和照护高龄老年人的负担加重。这要求加大经济社会领域的政策调整力度，以不断获得的改革红利，接续迅速消失的人口红利，成为经济社会发展新动能。

最后，市场主体的微观行为也影响宏观经济结果。经过长达三年的疫情，经济活跃度受到抑制：在周期性失业持续冲击下，部分岗位永久性消失。许多中小微企业归零，创业者和劳动者的持久性收入流减少，导致居民资产和财富缩水，资产负债表受损。由于存在着收入分配和储蓄分布的巨大不均等，一方面，一些群体收入绝对减少，消费能力和消费倾向下降；另一方面，疫情期间的超额储蓄主要集中在高收入群体，难以转化为补偿性消费，不足以支撑总需求的复苏。

此外，生产经营遭遇持续性困难，还造成市场主体的信心下降和预期的不稳定，影响宏观经济复苏。因此，推动经济复苏和保持长期可持续增长，要求把增加居民收入、刺激消费作为宏观经济政策重点。这要求相应调整政策优先序，把提高民生保障水平的努力，与促进全体人民共同富裕、建立覆盖全民全生命周期的社会福利体系目标实现有效衔接。

可见，中国经济的短期复苏和长期增长，都要求我们更好认识、主动适应和积极引领一系列复杂因素，推动制度建设、政策调整、深化改革和扩大开放，把挑战转化为机遇。本书收集的数十篇短论，是作者在过去几年里，围绕党中央在促进共同富裕、中国式现代化等方面的重大决策部署，对于诸如疫情冲击、就业难题、人口新拐点、社会流动性等现实问题的经济学思考。在深入观察和进行学理性阐述的前提下，作者也尝试从保持经济增长质量提升和数量增长、破除城乡二元结构、促进"四化同步"、改善收入分配，以及建设中国式福利国家等方面提出政策建议。

目录

78

98.3748

735.120

134.564

第一编

宏观经济分析

76.4308

456.123

以新发展格局引领
疫后经济复苏

构建新发展格局，并不完全是彻底放弃以往的发展方式、转向一个全新的发展方式，也不完全是放弃已有的一种发展格局，去追求另外一种不同的发展格局，而是更加强调协调和兼顾，转变过程也更加注重相互衔接。当前一个主要矛盾或者说构建新发展格局过程中矛盾的主要方面，就是以国内大循环为主体。在这一前提下，我国追求的是均衡和相互促进，包括内需和外需、投资和需求、供给侧和需求侧、经济的短期复苏和长期的可持续发展之间的均衡。双循环是"十四五"规划和开拓新的发展格局的主要思路。

一、作为外部环境的世界经济和全球化趋势

长期来看，世界经济即使很快开始复苏，要回到原来的水平上并非易事。2008 年金融危机发生以来，世界经济处在长期停滞状态。这种状态表现为低人口增长率、低通货膨胀率、低长期利率、低经济增长率，这四个"低"构成了过去的基本趋势。世界经济整体是下行的，人口增长率也是长期下行的。具体到一些特定的国家，这一趋势表现得更为明显。除此之外，作为推动世界经济增长的重要引擎，经济全球化在过去一二十年也处于走低态势。特别是金融危机以后，逆全球化趋势开始出现。

新冠肺炎疫情让许多国家更加意识到供应链不能过分依赖他国,需要考虑自身发展的安全,因此也出现了生产内部化或内顾型发展的倾向。全球范围内,某些国家打压、遏制其他国家发展的趋势愈演愈烈,脱钩倾向更加明显。逆全球化叠加新冠肺炎疫情,使得我国不再具备良好的外部发展环境。长期停滞、逆全球化的趋势早在疫情之前就已经有所体现,而在我国提出双循环战略之前,中国已经在客观上形成了以国内大循环为主体的双循环格局。应该有意识地去构建这个格局,抓住其中的主要矛盾,补齐短板部分。

二、我国经济发展面临的新变化和挑战

中国的人口变化趋势是影响经济发展的重要因素。当前世界人口问题的主要矛盾是老龄化严重,中国存在同样的问题,并且这是一个持续的过程。如果这个过程匀速、均衡,那么分析其对宏观经济的影响以及在中国特有的发展特征就存在一定难度。因此,要抓住其中具备戏剧性变化的因素。在人口老龄化的趋势中,存在两大转折点:一是劳动年龄人口到达峰值,从正增长转向负增长。我国的这一转折点出现在 2011 年,这意味着我国劳动年龄人口已经出现负增长。从人口角度看,这意味着劳动力的短缺、新成长劳动力的减少;从增长的角度看,这同时意味着人力资本的短缺,从而造成资本报酬递减或资本投资回报率的下降,还会带来全要素生产率改善的速度放慢等一系列影响,而这些最终会导致潜在增长率的下降。

第二个转折点现在还未出现。预计在较短的时间内,中国人口将会达到峰值,之后出现人口负增长。根据相关的预测和研究,这一转折点更有可能在2025年甚至之前出现。如果说第一个人口转折带来的是供给侧的冲击、

潜在增长率的下降，那么第二个转折点带来的就是需求侧的冲击，这会造成投资需求和消费需求不足，从而出现储蓄率过高等问题。上述这些现象都是类似长期停滞的一些表现。所以要应对未来可能出现的挑战，就要实现我们需求的合理增长，提升自身的潜在增长率。

我国经济在 2011 年和 2012 年前后开始增长缓慢，潜在增长率和实际增长率表现出同样的特征。这也说明我国过去并没有遇到需求侧的冲击，但是未来可能遇到这一冲击。相比之下，日本在这方面的问题更加突出。在人口红利消失以后，老龄化程度加深使潜在增长率下降。需求不足，又导致下降的潜在增长率达不到形成增长缺口的水平。日本的潜在增长率在过去这些年维持在 1% 左右，而它的实际增长率常常还未达到潜力。这说明日本经济受到了两大冲击：一是受到供给侧的冲击，人口红利消失，潜在增长率下降；二是受到了老龄化和人口负增长的冲击，未能实现潜在增长率。这两个方面是我国未来可能需要应对的问题。

三、疫情后复苏的特点和关键抓手

疫情之后中国面临的诸多短期问题中，就业是需要我们关注的一大重要问题。从目前的统计数据来看，全国城镇调查失业率形成了一个比较完美的倒 V 形曲线，同时映射出我国经济已实现了 V 形复苏，在世界主要经济体中是一项十分亮眼的表现。

同时，我国经济避免了很多国家出现的 K 形复苏，其中比较典型的就是美国。自 2021 年以来，在美国整体经济出现负增长的情况下，一些大型科技企业财富大幅度增长，而大量一线工人陷入失业、疾病等困难。所以一些国家出现分化：一部分呈现 V 字形复苏（即 K 形的上半部分），而另一部分出现倒 V 形的下降（K 形的下半部分）。在成功避免了这种 K 形复苏的同时，我国复苏存在着一些不甚平衡的现象，简单地说，就是供给侧的复苏快于需求侧的复苏、第二产业的复苏快于第三产业的复苏、复工复产情况比复商复市更好一些。

根据统计局分季度、分月的数据，我们可以得出一个结论：由于服务业更需要社交距离，然而目前我国还处于疫情防范阶段，所以对社交距离的要求使更多行业的复苏效果差一些；有些服务行业恢复较慢的另一个原因，是第二产业产品生产出来以后，可以转化为库存或者进行出口，但是第三产业产品和服务都是即时消费的，因此如果前期的收入受到影响的话，那么对消费会有后续影响。第二、第三产业生产和消费的复苏差距，从价格指数的变化中也可以看到：消费品价格的基本变化趋势较为疲软，说明消费需求不够强劲。另外从消费和城镇收入的关系中也可以看到，消费不振既有来自社交距离要求产生的制约，也有来自前期经济下滑和收入增长缓慢带来的滞后效应。

最后回到失业率问题上，根据数据可以观察到中国目前发展阶段的自然失业率在 5% 左右。自然失业率，就是指由结构性因素、摩擦性因素或者说与经济周期型波动无关的因素导致的失业。按照这个标准，即使目前我国失业率明显下降了，只要仍然处于 5.5% 的水平，就意味着高于自然失业率，即存在周期性失业问题。

针对这一问题，我们需要完成两项任务。一方面，应对周期性冲击的任务尚未完成，相关政策还需要进一步落实到位。政策的重点可以有所变化，但需要尽量避免大水漫灌。普降甘露似的政策可以收缩一些，其中对于企业的政策也可以适当收缩，更多地转向直接救助家庭和个人，这对于解决周期性问题十分重要。收入的恢复对于带动消费，进而推动经济复苏具有非常重要的意义。另一方面，应对失业现象，既要考虑解决周期性失业问题，同时也可以从改变自然失业角度着手。这要求政府提供更好的公共就业服务，特别是更好的技能培训、职业介绍等服务。这些方面的努力不仅可以降低自然失业率，还会更有利于民生，进而恢复收入和消费。

警惕和应对
干扰我国经济增速的人口风险

习近平总书记指出：防范化解重大风险要摆在三大攻坚战的首位，是中华民族实现伟大复兴必须跨越的关口。进入新发展阶段，我国面临的巨大风险挑战包括一系列可能导致经济增速偏离合理区间，从而阻碍经济增长预期目标的实现，以致延滞中华民族伟大复兴进程的因素。我国人口变化已经被观察到的趋势，就会衍生出一些具有紧迫性和严峻性、却容易被低估的风险因素。

我国经济需要达到必要的增长速度和发展质量，才能以十足的成色为基本实现社会主义现代化打下雄厚物质基础。就未来 15 年来说，经济增长的合理区间，就是实现国内生产总值（GDP）总量和人均水平翻一番，在"十四五"规划末期达到现行的高收入国家标准，到 2035 年达到中等发达国家水平，即分别达到 12535 美元和 23000 美元。这个目标要求同时也意味着在 2030 年前后我国经济总量将超过美国，成为世界第一大经济体。上述经济增长目标既是可以达到的，又需要我们高度重视各种风险，特别是人口因素可能形成的障碍。

一、对我国经济增长的质疑依据不足

英国咨询公司凯投宏观在最新报告中预测，由于中国生育水平已经很低，且未开放外来移民补充劳动力供给，未来劳动力将以极快的速度减少，同时生产率提高速度也在减缓，因此，中国经济的增长速度将进一步放缓。与此同时，美国在上述因素方面潜力比中国大。因此，该报告预测中国经济总量可能无法在 2030 年前后超过美国，而一旦错过这个超越美国的时间节点，机会就会一去不复返，中国将较难成为第一大经济体。

这个预测或许并无恶意唱衰的意图，但是，其分析缺乏科学性和全面性，因而结论是不可靠的。我们有足够多的证据否定这个预测。首先，我国未来的劳动力供给的确不能仅寄希望于劳动年龄人口或新成长劳动力的增加，但仍有劳动力转移的巨大空间。目前，我国农业劳动力比重为 25%，与美国 1% 的比重相比，意味着有 24 个百分点的劳动力待转移，而每一个百分点就代表着 800 余万劳动力。此外，在常住人口城镇化率与户籍人口城镇化率之间，仍然存在约 16 个百分点的差异，把进城务工人口转变为市民，可以显著扩大城镇劳动力规模。其次，在关键领域推进经济体制改革，可以产生增加要素供给和提高生产率的效果，因而可以提高潜在增长率。

我们根据生产要素供给和配置效率潜力，预测了今后 15 年 GDP 的总量和人均水平的潜在增长率。由于从 15 年的区间看，我国总人口大体可以预期为零增长，因此，两者的增长速度基本上是一致的。预测表明，2020—2035 年，我国经济增长年平均可达 4.85% 至 4.99%（而实现翻一番要求的增长速度为 4.73%），前者是按照现行趋势进行的中位预测，后者是假设一些重要领域产生改革红利条件下的高位预测。根据中位预测，我国人均 GDP 在 2025 年可达到 13852 美元，2035 年达到 21731 美元；根据高位预测，这两个年份的人均 GDP 可以分别达到 14129 美元和 22999 美元。以上任何一种经济增长速度皆可以使我国人均 GDP 在 2030 年前后跃居世界第一。

二、我们仍须警惕和应对人口风险

凡事预则立，不预则废。凯投宏观所警示的风险的确存在，其中人口变化趋势可能给经济增长带来的潜在冲击更应该引起足够重视。特别是，我们还应该关注人口因素可能带来的以往关注不够的风险，即因需求不足对经济增长速度的冲击效应。这里要强调人口因素及其引致的生产率冲击和需求对增长的制约。根据一般规律，人口老龄化过程中会先后出现两个人口转折点，对经济增长来说就构成两个引爆点，它们将分别带来供给侧和需求侧的冲击。

第一个转折点以劳动年龄人口达到峰值为标志。2012 年，我国 15—59 岁人口达到峰值，随后转入负增长，以每年 200 多万的规模减少。这会从供给侧造成对经济增长的冲击，导致潜在增长率下降和实际增长放缓。从 2012 年至今，我国经济实际增速的放缓趋势，与潜在增长率的下降预期是完全吻合的，也说明这期间没有遭遇来自需求侧的冲击。如果需求因素始终能够满足潜在增长率的要求，目前预测的增长潜力尚在合理的增速区间。

第二个转折点预计在 2025—2030 年到达，以总人口达到峰值、随后转入负增长为标志。这将从需求侧给经济增长带来第二波冲击，如果应对不力，就可能使增长潜力不能发挥出来，实际增长速度便会偏离合理区间。从近年来的人口增长减速趋势判断，总人口峰值很可能比预期更早来临。

如果不能有效应对需求侧冲击，需求就会实质性制约经济增长，实际增长率会降低到潜在增长率之下，形成负的产出缺口。一旦出现这种情况，预期经济增长目标就难以实现。

可见，两个人口转折点及其潜在的经济增长冲击，分别要求从供给侧提高生产率特别是潜在增长率，从需求侧扩大内需特别是消费需求。然而，由这两个转折点所代表的人口老龄化的逐步深化，也恰恰产生了一些不利于生产率提高和需求扩大的效应。

从供给侧来看，在人口红利消失和制造业传统优势丧失的情况下，出现两个导致生产率减速的因素。第一，对于是在部分失去竞争力的企业，或以维持就业稳定为借口寻求对企业的保护，或以进行生产方向转型为借口寻求产业政策支持和补贴，这将导致无效产能和低效率企业不能退出经营，甚至形成一批僵尸企业。这种资源不能流入高效率企业的状况，可以称为企业间资源配置的僵化。第二，在产业调整和部门消长的过程中，低生产率部门因刺激政策、泡沫因素或者具有非贸易的性质，如建筑业和服务业等，反而得到相对快的增长，出现部门间资源配置退化的情形。

从需求侧来看，一方面，供给侧冲击因素也会转化为需求侧冲击，如制造业比较优势和竞争力弱化会减少出口，经济增长减速会降低投资需求；另一方面，人口老龄化会通过三种效应影响消费需求。一是人口总量效应。人口就等于消费者，在其他条件不变的情况下，人口增加消费就扩大，人口减少消费就萎缩。二是年龄结构效应。老年人的消费力和消费意愿通常较低，而且在老龄化加快的情况下，就业人口也因社保缴费负担和预防性储蓄的必要性而减少消费。三是收入分配效应。由于高收入家庭的边际消费倾向低，低收入家庭的边际消费倾向高，在存在收入差距的情况下，消费需求会受到抑制。

三、依靠改革化解风险，并转危为机

防范和化解人口因素使经济增长偏离合理区间的风险，要求在新发展理念的引领下形成新发展格局，以供给侧结构性改革为主线，实现创新和生产率驱动的经济增长；同时注重需求侧管理，发挥好内需特别是消费需求对潜在增长率的支撑作用。具体来说，就是要把提高潜在增长率与扩大需求的应对举措有机结合，使增长潜力得到充分发挥。这表现在诸多关键改革领域和每一项改革举措上面。主动推动改革，是应对风险的根本途径，而延迟改革或者改革不到位，则是最大的风险隐患。

首先，落实好党的十九届五中全会增强生育政策包容性和降低生育、教育、养育成本的部署，促进生育率适度回升，促进人口均衡发展。国内外的调查都发现，无论实际生育水平是高是低，一般家庭的理想子女数大都为两个左右。实际生育率与理想子女数之间的差额大小，则取决于"三育"成本的高低。因此，我们应该抓紧利用已经为时不长的机会窗口，从妇幼保健、劳动就业、托幼教育等方面切实降低"三育"成本，挖掘稍纵即逝的生育潜力。

其次，加快推进户籍制度改革，促进农业转移劳动力在城镇落户，增加和稳定劳动力供给，扩大居民消费需求。随着发展阶段变化，城镇化速度未来将趋于稳定，但是，促进农民工落户进而缩小两个城镇化率之间的差距，可以收获供需两侧"一石三鸟"的改革红利：第一，增加非农劳动力供给，缓解工资成本过快提高的趋势；第二，促进劳动力跨城乡、跨地区、跨产业流动，释放资源重新配置的生产率潜力；第三，提高对于农民工及其家庭的基本公共服务保障水平，解除其后顾之忧，释放其消费潜力。

再次，提高居民收入和劳动报酬在国民收入中的份额，实现居民收入增长和经济增长基本同步，扩大中等收入群体，扩大居民消费需求。劳动力市场初次分配固然具有改善收入分配的效果，但归根结底不足以把收入差距降低到合理的水平。因此，从"十四五"规划开始，我国应从提高基本公共服务供给和均等化水平入手，显著加大再分配政策实施力度，尽最大努力把基尼系数降低到0.4以下。

最后，从拆除要素流动的体制障碍、促进市场主体的进入和退出，以及加强社会政策托底入手，营造"创造性破坏"的环境，实现竞争中的优胜劣汰，不断提高全要素生产率。OECD成员的经验表明，社会福利支出占GDP比重与劳动生产率之间具有显著的正相关关系，说明越是把劳动者及其家庭的基本生活在社会层面予以托底保障，社会成员就越是可以无后顾之忧地拥抱创造性破坏，因而无须对落后的产能、低效率的企业乃至过时的岗位进行保护，以避免资源配置的僵化和退化。

从劳动力市场看"三重压力"

2021 年中央经济工作会议提出，我国经济发展面临需求收缩、供给冲击、预期转弱三重压力。会议要求继续做好"六稳""六保"工作，持续改善民生，着力稳定宏观经济大盘，保持经济运行在合理区间，保持社会大局稳定。在本文中，我从就业现状入手，描述一些劳动力市场现象，以便抓住应对"三重压力"的政策重点。中央所讲的三重压力，三者之间在逻辑上是密切关联的。从就业情况着眼，可以收到纲举目张的效果，帮助我们观察并认识统计数据背后的事实，进而做出恰当的政策选择。

一、实际就业困难大于数据所显示的程度

无论是从"全国城镇新增就业 1207 万人，超额完成全年预期目标"，还是从连续三个月 5% 及以下城镇调查失业率来看，劳动力市场数据"看上去很美"，就业形势似乎很好，这些数据本身也并非不准确。但是，鉴于每一种统计指标都有其特定限度内的含义，我们还应该关注统计指标背后的隐含信息。

首先，"城镇新增就业"这个指标有意义，反映的是新创造岗位数量，但没有考虑就业破坏数量，所以并不反映净增就业数。因此，到年底时可以说，全年新增就业符合预期目标，但不宜说"完成"，更不存在什么"超

额完成"。同时，这个指标并不能说明就业市场状况好还是不好。

其次，目前的调查失业率，包括"外来户籍人口城镇调查失业率"（即反映农民工的调查失业率）没有考虑农民工返乡的情况。农民工在城镇大多不享受失业保险和最低生活保障，其他社会保障的覆盖也不充分。因此，他们在就业形势不好的时候，通常以返乡的形式应对，这是一种中国式的"退出劳动力市场"行为。也就是说，找不到岗位的就返乡了，有工作的则继续留在城里，所以这个群体的调查失业率是高还是低，几乎不反映劳动力市场状况。甚至可能是相反的情况，即如果这个群体失业率很低，说明农民工对就业预期不好，返乡现象严重。

最后，制造业和非制造业的从业指数，自2020年3月份经济复苏以来，整体上仍然处于荣枯线以下，并且呈现下行的趋势（图1）。由于这个指标反映的主要是实体经济对劳动力的实际需求，并且其变化与制造业和非制造业的PMI趋势是一致的，所以我们认为从目前的读数可以得出结论，劳动力市场是偏疲弱的。

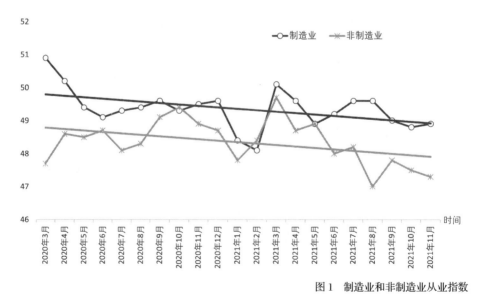

图1 制造业和非制造业从业指数

二、农民工进城困难导致就业内卷化

产业结构变化的基本动力和方向，应该是劳动力从生产率较低的部门和地区，向生产率更高的部门和地区转移，与此相反的趋势就是本义上的"内卷化"。总体来说，我国生产率水平差异状况表现为城镇高于农村，一、二线城市高于三、四线城市，第二产业高于第三产业，在第二产业内制造业高于建筑业等。农村转移劳动力就业的内卷化趋势，分别表现在农民工就业趋于本地化、农民工转向低生产率产业就业，这对提高就业质量和就业扩大的可持续性提出巨大的挑战。

第一，离开乡镇（即外出）的农民工相对减少。在2016—2020年，本乡镇范围内转移农民工人数增长3.2%，出乡镇农民工人数的增长率仅为0.1%。即使剔除2020年受疫情影响的特殊情况，也同样可以看到这样的基本动态。

第二，跨省外出劳动力减少，省内外出流动的人数相应增大。2016—2020年，在外出农民工中，跨省流动的人数减少了8.0%，而省内流动人数增加了6.9%。

第三，外出农民工就业的县域化程度提高。这是一个新特点。按照国家统计局定义，离开本乡镇为外出农民工。最新情况是，由于交通条件的改善，很多农民工虽然离开本乡镇，却没有离开本县域，即在临近乡镇或县城就业，很多人骑电动自行车通勤。根据国务院发展研究中心调查，2020年安徽省新增省内就业农民工的地域分布，分别为本乡镇占52%、乡镇外县域内占36%和县外省内占12%。

第四，农民工就业的产业分布呈现"退二进三"的趋势。在第二产业就业的人数比重下降，第三产业就业人数比重提高。这与我国制造业比较优势及国民经济占比下降密切相关，也是值得予以关注的趋势。

三、城镇就业的非正规化降低就业质量

城镇就业的非正规化程度过高，表现为两个方面：一是过去灵活就业的继续，二是现在出现的与零工经济相对应的新就业形态。这既与历史发展变迁有关，也和平台经济发展有关系。它有好的一面，就是会尽可能多地创造就业岗位，能够吸纳更多人参与劳动力市场。其实，目前能够实现大规模的城镇新增就业，就是得益于每大数以万计的新成长市场主体。但是这种就业有其非正规化的一面，即就业不稳定、工资低、社会保障覆盖率低等。

截至2019年，我国城镇就业人口有4.6亿人，按经济成分划分，有国

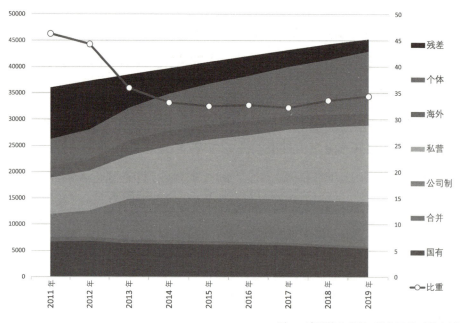

图2 城镇就业总量、结构及非正规比例

有单位、集体单位、股份合作制等，也有各种公司制单位、私营经济，还有港澳台和外商投资的部分，剩下的是个体工商户的就业。此外，还有一个我称为"残差"的就业部分，也就是从住户调查中得到的城镇总就业减去以上的单位就业总数后，得到的差额部分（图2）。从这几个组成部分看，个体工商户是自我雇用者，残差的部分则是不被任何市场主体记录的就业，所以两者都属于典型的非正规就业，合计占城镇就业的30%左右。此外，即便是在单位就业中，也有很多非正规就业者以及非正规的成分。

四、失业和就业困难比通货膨胀风险更大

虽然大多数国家的中央银行并没有像美国那样，以法律的形式把促进最大化就业与防范通货膨胀并列作为货币政策目标，但是，任何国家的宏观经济政策，特别是货币政策，无疑都要高度关注这两个目标。事实也是如此。只不过，在不同时期（就长期而言）和不同场合（就短期而言），政策关注重点不尽相同，政策手段方向大相径庭。对我国来说，就业风险明显大于通胀风险。

从长期看，人口因素将带来冲击性的挑战。国际上，一般把65岁及以上人口在总人口中的占比（即老龄化率）超过7%的社会称为"老龄化社会"（aging society），超过14%的称为"老龄社会"（aged society），超过21%的称为"极度老龄社会"（super-aged society）。第七次人口普查显示，2020年我国老龄化率已达13.5%，意味着老龄化很快将进入中度阶段。再加上总人口预计在2025年达到峰值，根据国际经验，会对经济增长带来巨大的需求侧冲击（如图3显示，日本在2009年人口峰值时的巨大增长缺口）。

图 3　日本经济的潜在增长率和增长缺口

　　从短期看，受新冠肺炎疫情影响的需求收缩仍在继续。这无疑与就业尚不充分、居民收入增长趋缓，从而居民消费乏力并且后劲不足直接相关。中国经济从供给侧率先复苏的特点与发达经济体从需求侧率先恢复的特点之间，产生了一种嵌合效应，使中国得以利用外需扩大出口。然而，这一机会是暂时和非常态的，因而终将弱化乃至消失。如何促进复苏的平衡性，特别是启动消费需求的拉动作用，是亟待解决的关键问题。

　　因此，在坚持忧患意识、紧密追踪和关注经济形势变化、保持开放思维的同时，应该毫不犹豫地把解决失业和就业困难置于更高的优先序，采取更大力度的政策措施。这样，短期内有助于尽快制止需求收缩，长期来看也有利于应对供给冲击。

中国面临的就业挑战：
从短期看长期

　　自 2020 年新冠肺炎疫情暴发以来，中国城镇就业遭受持续时间较长的冲击。虽然中国经济的基本面未因暂时的宏观经济下行而改变，但是随着人口进入负增长时代，经济增长面临崭新挑战，劳动力市场格局确有可能发生变化。如果应对周期性失业的举措不及时、不全面和不对症，或者仅仅依靠宏观经济刺激而不能同时解决劳动力市场的结构性和摩擦性矛盾，就有可能在就业问题上留下"伤痕"，使经济复苏后的劳动力市场在更高的自然失业率下运行。

一、当前中国城镇就业形势较严峻

　　2022 年 4 月，中国城镇调查失业率再次提高到 6.1%，显著高于自然失业率，中国面临周期性失业的冲击。然而，周期性失业还不足以刻画中国城镇就业问题的性质。

　　第一，16—24 岁青年失业率的攀升，标示着结构性和摩擦性失业及就业困难较为严重。自新冠肺炎疫情暴发以来，16—24 岁青年群体的失业率常态化地处于比疫情前更高的水平，每年 7—9 月毕业季的失业率峰值都会登上一个新台阶。特别是在 2022 年，青年失业率从 4 月开始就大幅度高于上年毕业季最高点水平。

第二，从 2022 年 2 月开始，外来户籍人口城镇调查失业率（主要反映农民工的失业状况）显著超过本地户籍人口。自上述两个失业率指标于 2021 年 1 月公布以来，外来户籍人口的失业率都低于本地户籍人口的失业率。由于农民工人户分离的群体特点，城镇调查失业率一般不能充分反映其面临的就业困难和遭受的失业冲击。若将农民工大规模返乡、外出规模缩减与较高失业率结合起来，更见城镇就业形势的严峻性。

二、结构性因素：劳动力市场的平衡与不平衡

短期冲击的背后蕴藏长期的结构性因素。三个变化使得今后劳动力市场的结构性和摩擦性矛盾更为突出。其一，在人口负增长的背景下，新成长劳动力中受教育程度较高的各类毕业生的数量增长进一步放慢，导致劳动力存量的人力资本禀赋改善速度降低，从而加大人力资本匹配的难度。其二，在 2010 年经历劳动年龄人口峰值之后，中国经济发生了以资本替代劳动为主要特征的结构调整，劳动密集型产业的就业比重显著下降，就业吸纳能力也明显减弱，经济增长对更高技能劳动力的需求相应提高。其三，新冠肺炎疫情对非正规就业的负面冲击，使就业破坏难以很快修复。

在新技术革命及其引领的产业革命过程中，传统的人力资本培养机制难以与之匹配，岗位创造在数量上常常难以弥补岗位破坏。这将表现为结构性失业或就业人口因长期面对技能不足的就业困难而退出劳动力市场的现象。

三、经济增长制约力量：供给侧和需求侧

自然失业率呈长期提高趋势。经济增长动能转向创新驱动，可能加剧就业创造与就业破坏之间的不对称和人力资本供需之间的不平衡，使以结构性、摩擦性因素为主的自然失业率趋于提高。我们通过三个观察可以做出这样的预期。其一，已有研究的估算结果支持自然失业率已有提高并将进一步提高的判断。其二，易于受到结构性和摩擦性因素影响的就业群体，如农民工、各类毕业生、大龄劳动者等，在总就业人群中的比重近期趋于提高。其三，每次衰退或危机之后，劳动力市场的结构性问题趋于强化。

同时，就业不充分和就业质量偏低，不利于劳动者报酬的合理提高，从需求侧妨碍经济增长潜力的充分发挥。以下几个方面值得特别关注并通过适当的政策予以解决：并非所有群体的就业都符合"充分就业"的含义；并非所有具有就业意愿的群体都可以经"寻职"和"培训"等惯常程序实现就业；并非所有的岗位都可以依靠市场创造；劳动者群体的异质性导致劳动力市场匹配的复杂性。

四、积极就业政策：短期失业治理与长期挖掘更充分更高质量就业潜力相结合

首先，劳动年龄人口迅速减少带来更大的供给侧制约，投入驱动型的增长模式愈益难以为继。把增长引擎转到创新驱动的轨道上，要求营造创造性破坏的环境，通过优胜劣汰提高生产率。与此相对应，雇主对劳动者技能的需求大幅度提高，劳动力市场技能匹配的难度将增大，对积极就业政策的针对性和公共就业服务的精准度要求也大大提高。

其次，人口负增长和更深度老龄化意味着，需求侧因素特别是消费日益成为经济增长的常态化制约。由于劳动者的就业状况会影响居民收入，进而影响家庭消费和社会总需求，因此，积极就业政策从宏观视角看需要具备需求侧基础。

应对当前具有短期冲击性质的失业问题，尚有很大的政策和制度操作空间。特别是在治理周期性失业方面，须着眼于防止劳动力市场冲击持续过久、对特定劳动者群体损伤过大，从而使周期性的、过渡性的因素转变为长期的、结构性的因素。随着疫情逐步得到控制，生产和消费活动将恢复到常规轨道上，经济增长潜力可以尽快得到释放，周期性失业现象预期逐渐消失。然而，既然失业并非仅由周期性因素决定，那么积极就业政策应该以更大的力度消除结构性和摩擦性困难，降低自然失业率。

经济发展是中长期增长与周期性变动的统一，受到供给侧增长潜力的制约和需求侧周期波动的影响。相应地，积极就业政策同时面临长期的就业促进、常态下的自然失业治理和就业困难扶助、遭遇冲击时的周期性失业治理，以及劳动力市场制度建设等诸项任务。

把就业优先政策置于宏观政策层面，要求把这些任务有机结合起来，使政策措施的力度更大、效果更明显。首先，推动与长期经济增长相对应的就业创造。通过改善营商环境保持新增市场主体的持续流量，以扩大新增就业的数量。针对就业破坏和就业创造并存的局面，应对人力资本需求与培养之间的不匹配及其造成的就业扩大与经济增长之间的不同步，政府应更加注重促进教育、就业、培训等工作的有效衔接。其次，完善和充实劳动力市场制度功能。建立和规范劳动法规确定的有关劳动者权益和劳动关系的社会机制，使其充分体现劳动力要素以人为载体的特殊性，在创造性破坏中始终确保对劳动者的保护。再次，针对劳动力市场结构性和摩擦性因素，公共就业服务聚焦于对青年、大龄和非正规就业群体的特别扶助，以降低自然失业率。最后，宏观经济政策应对周期性失业，既要使用货币政策工具创造宽松的货币环境和非常规的内外需求，促使增长回归潜在增长率，还应更加擅长使用财政政策工具，通过社会保险、家庭补贴、岗位创造等手段稳定居民收入和消费。

警惕频繁的小周期和 S 形经济增长

中国经济面临明显的增长放缓，既是共识，也得到数据的支持。从 2021 年 3 月开始，工业增加值指数、服务业生产指数、制造业 PMI 和非制造业 PMI 都出现下行。第三季度 GDP 同比增长进一步走弱，应该是可以预期到的。无疑，市场上和经济学家对经济增长放缓的警示是正确的，但是，仅仅说"予以关注"是远远不够的，仅仅得出政策"不要急于退出"的建议也未必对症。

更清晰地认识中国经济增长放缓趋势的特征，有利于增强政策的针对性。需要在以下问题上做出更好的判断。第一，这是否意味着长期趋势的提前到来？第二，应对冲击所实施的政策思路中，是否仍有一些平衡关系需要协调？第三，是否与在执行大战略和总体思路时政策过于简单生硬有关？弄清楚这些问题，或者至少对其有所警惕，在应对上才能真正对症施策。

首先，2008—2009 年金融危机把全球老龄化的冲击一下子暴露出来，催生了以低通胀、低利率、低增长为特点的世界经济"长期停滞"。这个趋势是长期的，所以无论是否由于应对疫情大流行的刺激政策，而在疫情复苏中造成通货膨胀，长期停滞都很可能再次回到原来的轨道上，并且长期继续下去。这也是为什么美国不惜承受一定的通胀压力，试图营造一个"高压经济"，以避免不利的"冲击延滞性"（hysteresis）。有趣的是，尽管这个思路与萨默斯一直以来的判断相一致，他对这种政策却不买账。在发达国家中，"三低"特点最明显、遭受伤害最甚的，莫过于几个人口负增长的国家（日本、希腊、葡萄牙、意大利），长期病（日本化）也使这些国家每逢冲击性事件，便遭受痛苦更甚。

2025 年前，中国人口将达到峰值，随后会出现负增长状态，已经是确定的趋势。"三低"特点已经有所表现，经济增长的需求侧制约越来越明显。撇开供给侧所有影响潜在增长率的因素都在弱化不说（即便短期出口的拉动效应，也应该已经见顶），近年来统计数据已经显现出过度储蓄（储蓄大于投资）等需求侧影响。要防止经济增长低于潜在增长率，或者靠刺激政策维持增长速度的情形常态化。从疫情后复苏数据来看，一个重要特点是大宗产品价格和 PPI 无论如何来势汹汹，都无力拉动 CPI 的上升。这个特点也与下一个问题相关。

其次，CPI 上不去，与城乡就业不充分和居民收入增长乏力一样，都与应对疫情冲击的后遗症相关，也与政策扶助重点的偏向有关。我们提的"六保"（保居民就业、保基本民生、保市场主体、保粮食能源安全、保产业链供应链稳定、保基层运转），在内容上的逻辑是一致的，相互之间也是促进关系。但是，执行的时候总要各有抓手，各有重点，协同起来确有难度。例如，保市场主体，是为了保就业和基本民生，但执行中要达到效果，就需要一个转换前提，即保市场主体花的钱真正使市场主体稳定了就业，把失业保险花在"援企稳岗"上而不是支付给失业者。

统计显示外出农民工减少 3%，即 500 余万（虽然实际数字大得多，如外出农民工中进城的比重大幅度下降），而城镇全年增加的登记失业人数仅为该数字的 40%。此外，当时也好，目前也好，城镇调查失业率都无法反映农民工独特的"退出"劳动力市场行为。在美国，失去信心不再找工作的叫作"沮丧的工人效应"，所以他们常常用 U–6 而不仅仅是 U–3 描述劳动力市场，即在失业者之外再加上就业不足及因沮丧退出劳动力市场的人员，作为计算失业率的分子。青年失业率可以剔除农民工退出现象，以更好反映劳动力市场状况。除了大幅度高于平均失业水平之外，2020 年青年失业率全年高于 2019 年及以前，在 7—9 月高峰时更为突出。2021 年也是保持高位，并且较高的高峰期已经如期而至。

就业损失导致收入损失，就业恢复不充分也导致收入不能得到充分恢复。这既表现在消费不能复苏、服务业不能完全复苏、消费者价格上不去的短期周期现象中，也很可能成为消费不振、需求制约长期经济增长新常态的开始。从人口转变阶段来看，第一个转折点（劳动年龄人口峰值）导致供给侧新常态——潜在增长率下降，第二个转折点（总人口峰值）将导致需求侧新常态——潜在增长率难以实现。

再次，在实施中央重大战略部署过程中，既要做到"一分部署、九分落实"，也要采取"久久为攻"的方式。现实中，采取的具体政策手段往往过于简单、粗暴、生硬，实际上是懒政怠政的表现。无论是防止疫情反复、实现碳达峰碳中和、蓝天绿水保卫战，还是加强房地产调控、防范债务风险、金融监管、市场规制、反垄断、整顿教培市场等，全是党中央部署的大战略。但是，在其中有些领域，部门和地方实施起来是一种非连续性的、有时还产生同幅共振的效应，对经济增长产生的影响就表现出一些难以预期的效果，而且在社会上还会产生包括"这一轮之后"可以反弹的逆向预期。经济运行一个最基本的条件是稳定的预期；预期不稳定，市场是要报复的。

早在 2020 年上半年，我就设想过一种可能的复苏轨迹：如果新冠肺炎病毒成为一个长期流行疾病，则可能相应形成一个与之相联系的经济周期——横向的"S 形"，即经济活动定时或不定时发生停摆现象。遗憾的是，这或多或少一语成谶，经济增长以频率较小的周期呈现躺倒的 S 形波动。

最后，我想主要针对关于宏观经济政策是扩大还是淡出的取向问题提几点政策建议。总体来说，应该采取"釜底抽薪"和"雪中送炭"并行的措施，保持力度稳定、结构上有明确指向的调整：货币政策降低"大水漫灌"的程度，遏止 PPI 上涨趋势，更精准帮助中小微企业在成本上涨中生存下来；财政政策更多从保市场主体转向保就业和居民收入，更突出"普照之光"。把消费需求拉起来，经济增长和复苏才更有可持续性。

下面具体到几个政策方面，不涉及细节，只是点到为止。第一，继续在供给侧推进改革、提高生产率和潜在增长率、应对供给侧新常态的同时，更加关注需求侧新常态，借共同富裕最新部署实质性提高就业质量、民生保障水平、居民收入和消费水平。第二，从保市场主体更多转向保就业、保收入和保民生，财政政策继续扩大民生支出，拟予常态化的财政资金直达机制也要从到基层地方、到企业转向到人、到家。随着这个转变，货币政策可适度退出。第三，各项战略推进更强调可持续、无停顿、有节奏，避免层层加码、同幅共振、周期波动。

终究是尺比寸长：
选择最直接见效的政策工具

俗话说，"尺有所短，寸有所长"。这是一种辩证法，很多情况下可以提供有益的问题思考方式。但是，追本溯源，"尺比寸长"终究是规律。在面对短期宏观经济冲击时，政策意图是通过宽松货币环境和扩张财政支出以刺激经济活动。因此，政策工具的选择要追求政策效应链条最短的那种。我们可以从冲击的性质和政策对象的实际状况，看一看政策工具的选择及其优先序。

一、失业率已经达到临界点

这里的临界点是指由失业率标识的宏观经济定性，我们叫下行区间，英语叫衰退（recession）。2022 年 4 月，中国城镇调查失业率为 6.1%，是中国国家统计局自 2018 年 1 月正式发布该指标以来所达到的最高水平之一（2022 年 5 月调查失业率下降至 5.9%）。2020 年 2 月，新冠肺炎疫情袭击中国，中国城镇调查失业率达到 6.2% 的高位。按照经济学家克劳迪娅·萨姆提出的"拇指规则"，最近 3 个月平均失业率已经超过过去 12 个月中最低点城镇调查失业率 0.5 个百分点，中国宏观经济正处于下行之中。

16 至 24 岁青年人失业率于 2020 年 5 月达到历史新高 18.4%。按惯例，青年人失业率于每年7月至9月达到高峰。5月的失业率与毕业季毫无关系，但却大幅超出以往年份的毕业季峰值。另一意外情况是，外来户籍人口调查失业率（主要是农民工）在4月和5月分别达到6.9%和6.6%，超过了自2月以来的城镇调查失业率平均值。此外，由于疫情反复，许多农民工并未返回城镇劳动力市场，失业率不足以反映农民工城镇就业的萎缩情况。

二、冲击点和复苏制约是消费

关于失业率和相关的宏观经济周期现象，我们可以总结几个特征化事实。第一，青年失业率高，是周期性因素直接导致，却反映出结构性因素，

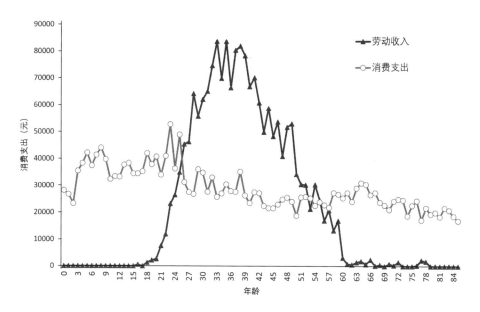

图1　在各年龄段中青年消费水平最高

也更加容易从周期性的暂时现象转化为结构性的长期现象。第二，青年失业和就业困难还可以演变为更为突出的需求制约。从图 1 来看，在青年失业率的年龄定义域，对应的消费支出也是最高的。在老龄化进程加速的当下，我们对青少年群体消费的依赖程度还是很高的。第三，很可能此次冲击之后，中国的自然失业率会上一个台阶，意味着即使这次冲击现象结束，将来常态的结构性失业和就业困难亦将愈加严重。由此可以得出一个总体的判断，即随着青年的周期性失业转化为长期结构性失业，消费恢复起来将十分困难，经济复苏可能比预期的缓慢，并留下较大的伤痕。

三、宏观经济政策对象性质和刺激效果

我们从几个主要对象的角度来看刺激需求的情况。总体上如同凯恩斯所说，在总需求不能恢复的情况下，信用扩张相当于"推绳子"。所以，急需扶助和刺激的主体应该具有直接刺激需求的表现。要选择那种政策抵达路线最短的对象予以扶助，不要舍近求远。

大规模基本建设项目投资是政策效应链条最长的，特别是在难以开工和需求不足的情况下。曾任日本经济企划厅长官的宫崎勇发现，在实施财政刺激政策时，公共投资遇到先是"有预算没下拨"、继而"下拨了没到位"、进而"资金到位没开工"等层层打折扣的问题。

扩大对市场主体的信贷：市场主体包括大企业、中小企业、微型企业和个体工商户。首先，是各类主体面临着共同需求不足的制约。按照迈克尔·柯蒂斯的说法，如果企业面临需求转弱的情况，硬要银行向其扩大信用，只能助长错误的信用类型（有多种表现）。其次，是政策抵达各种主体的程度大相径庭。黄益平的课题研究成果显示，实施定向降准，银行是不

是能真正大幅度增加对中小企业的贷款,其实还是有很大不确定性的。

扶助和补贴个人和家庭:个人和家庭也是市场主体,是收入主体和消费主体。既然是遭遇冲击最严重的主体,已经处于嗷嗷待哺的境地,对其进行保护和推动,自然可以产生最直接、最迅速的消费需求。

四、政策发力点前移到家庭

把政策发力点前移到个人和家庭,符合以"人民为中心"和"民生为本"的根本要求,也契合疫情对经济和民生造成冲击的特点,切中(消费)需求成为经济增长常态制约这一现实挑战,可以实现保障民生与恢复经济良性循环两个目标的有效结合。根据普惠、通用、直接、便捷抵达家庭的原则,保消费主体的政策举措可包括:扩大失业保险和最低生活保障等社会保护项目的给付面,甚至应该把未参保和以前未覆盖的人群纳入其中;充分并适度地提高社会养老等基本社会保险的给付水平;提高社会保险可得性和领取方式的知情度;必要时直接向困难群体发放基本生活补贴;降低个人所得税和基本社会保险的缴费率。

对于在特殊时期实施非常规的扶助措施,应该把传统观念暂时搁置起来,采取特别的认识视角,实施特殊的政策措施。首先,提高给付水平、减免税收和缴费,乃至支付困难补贴,都属于特殊时刻的临时性救助,而不是也未必要成为常态化的制度安排,因而不会形成不可持续的财政负担。其次,这些需要政府埋单的直达个人和家庭的补贴项目,并不是非生产性的额外支出,而是促进宏观经济企稳的稳定器,以其稳定收入和消费的有效功能为实体经济提供需求拉动力,从而达到促进经济复苏的目的。再次,鉴于我国经济已经进入常态化需求制约的发展阶段,通过扩大社会保护、社会共济和社会福利支出提升居民消费倾向，打破需求对长期增长的制约，越来越成为需要在宏观经济政策工具箱中常规配置的政策手段。通过政策前移到个人和家庭，可以在实施短期临时应对措施中积累长期制度建设的经验。

不完美风暴：
不确定通胀预期下的确定对策

在美国应对新冠肺炎疫情冲击的超大规模刺激、发达经济体推进接种疫苗后开始的经济复苏，以及大宗商品生产国的疫情控制及经济复苏相对滞后等因素共同作用下，全球大宗商品价格暴涨，已经推动美国通货膨胀，同时也相应引起中国工业生产者价格产生较大的同比上涨。这种情况引起宏观经济理论和政策研究者乃至社会的广泛关注，市场上也产生一定程度的对通货膨胀的担忧。这是一个判断和抉择的时刻，有必要从短期和长期相结合的视角进行分析，以正确认识和判断宏观经济形势。

一、当前出现的价格变化因何发生？

对于美国拜登政府的超级刺激政策，很多人本来就担心其会触发已经久违数十年的通货膨胀。大宗商品价格大幅度上涨，特别是 2021 年 5 月中旬记录了美国年化率 4.2% 的消费者价格指数，引起更多关于通货膨胀的预警之声。很多人认为这些市场信号已经构成一次通货膨胀的"完美风暴"。在对此有充分警惕并未雨绸缪的同时，我们也需要把对中国通货膨胀预期的判断与美国适度分割开来。因为从中国的情况来看，迄今为止的市场信号仍然具有很大的不确定性, 充其量只具有"不完美风暴"的前兆。

中国最突出的特征, 表现在 PPI 与 CPI 走向并不一致 (图 1)。PPI 以及其中的"生产资料工业生产者出厂价格指数"呈现显著的上扬, 5 月同比增长分别为 9% 和 12%, 而 CPI 和 PPI 中的"生活资料工业生产者出厂价格指数"仍然平稳, 分别处于 1.3% 和 0.5% 的较低水平。考究造成两类价格指数变化趋势不同步甚至不同向的原因, 具有重要的政策含义。

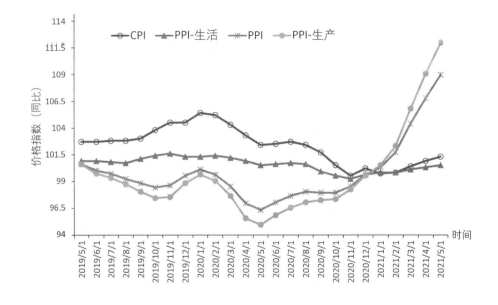

图 1　PPI 和 CPI 变化的不同步趋势

总体来说, 影响中国价格指数变动的因素有以下几个方面。首先, PPI 和 CPI 都受到 2020 年同月的价格指数的影响, 即基数效应导致两类指数的不同读数水平。其次, PPI 的大幅上涨很大程度上是一种输入性冲击。由于主要发达经济体的刺激力度极大, 全球流动性泛滥, 以及大宗商品生产国疫情控制和经济复苏皆滞后于大宗商品消费国, 造成大宗商品供需缺口和价格暴涨。而中国率先控制住疫情,以投资和建设带动的经济复苏也十分强劲,使得这种价格上涨得以输入,并传导到中国的工业生产者价格上面。最后,大宗商品价格冲击效应以及造成的 PPI 上涨,显然尚未传导到 CPI 上面。由于中国促进经济复苏的举措具有注重基础设施建设和投资领域以及保护市场主体等特点,使得生产领域,特别是第二产业的活跃度较快恢复,这也造成中国经济复苏具有复产先于复工、生产先于消费、供给先于需求等不平衡性特点。

分析至此,尚不足以得出输入性大宗商品价格和 PPI 的上涨不会传导至 CPI,因而无须担心通货膨胀的判断,仍待结合整体宏观经济形势,以及一些宏观经济理论的新成果及争论热点做进一步的分析。

二、决定通胀趋势的宏观经济背景

近年来,特别是新冠肺炎疫情全球大流行以来,有一些关于宏观经济理论和政策问题的重要讨论与我们对通货膨胀的认识和判断有关。下面,我们提出并尝试回答三个问题。

首先,长期停滞这一世界经济常态是否会因疫情而改变。美国经济学家萨默斯和很多其他人都认为,金融危机发生以来,世界经济处于长期停滞状态。一般认为,长期停滞的典型病症为低通货膨胀、低长期利率和低经济增长。新冠肺炎疫情全球大流行对世界经济的影响已经从一些方面显示出进一步强化长期停滞的趋势。

例如,萨默斯曾在 2019 年 9 月预言,美国距离日本和欧洲的零利率甚至更糟的状态,只有一次严重的衰退之遥。事情的发展让他"如愿以偿":这场疫情及其冲击已经使美国利率水平退至接近于零的水平。大流行发生之后，萨默斯认为，新冠肺炎疫情必然启动家庭（更多预防性储蓄）和企业（更少的投资）的结构性响应，进一步推动美国经济的长期停滞。即便事情不向他这个预期发展，老龄化这个长期停滞的根本原因也无法改变。如果长期停滞不被阻止，作为其基本特征之一的顽固性的低通货膨胀就难以扭转。

其次，人口老龄化是否会推高全球通货膨胀。古德哈特（Charles Goodhart）出版了一本颇有影响的著作，提出人口变化趋势会对全球经济造成一个大回转效应。他认为，既然长期的低通货膨胀甚至通货紧缩是大规模廉价劳动力生产的产品充斥国际市场的结果，随着人口老龄化以及劳动力短缺，这种抑制通货膨胀的因素就会消失，因此，他预计通货膨胀时代将要来临。

这个判断所依据的经验事实显然是不可靠的。实际上，世界经济陷入停滞从而出现低通货膨胀，正是人口老龄化导致需求不足造成的。这方面，日本的经验提供了充分的证据和惨痛的教训。同时，中国经济增长放缓、老龄化的加深和人口峰值的临近也显现出需求"三套车"特别是消费需求的走弱势头，趋势性的通货膨胀推动力难以产生。

最后，全球疫情大流行会带来怎样的"模式转换"（regime shift），或产生怎样的"延滞效应"（hysteresis），这是宏观经济学热衷讨论的两个具有相似性的问题。人们从经济史的经验中发现，衰退和危机等冲击性事件可能留下持久的"伤痕"，影响长期经济增长趋势，即复苏后的经济增长不再回到原有的潜在增长率轨道上，甚至可能发生模式转换，开启一个新的增长模式和增长常态。与本文讨论相关的是，疫情冲击会不会改变中国经济增长轨迹和通货膨胀模式？如果存在这种可能性，轨迹和模式的改变方向如何？

从供给侧来看,中国经济的潜在增长能力没有受到任何损害,仍将保持既有的长期、平稳和放缓的趋势。然而,从需求侧来看,随着人口峰值即将到来,老龄化进一步加深,社会总需求可能成为实现增长潜力的主要制约因素。因此,长期来看,通货膨胀上升的压力并不存在。

三、防范通货膨胀风险的政策选择

根据以上分析,可以得出对于中国宏观经济增长状况的基本判断:一是通货膨胀并非趋势性的风险;二是大宗商品价格乃至 PPI 对 CPI 的传导是可以避免的;三是与担心通货膨胀相比,老龄化导致需求不足从而表现出低通胀特征的风险更值得关注。但是,经济现实是十分复杂的,长期趋势常常并不能阻止与之抵牾的短期冲击的发生,黑天鹅事件发生的概率总是存在的。

因此,我们不应该在"通胀风险很大"和"无须担心通胀"两个截然相反的判断之间选边站队,而要从正面提出政策建议,以正确的政策选择增强确定性,应对通货膨胀预期的不确定性。政策应该着眼于促进经济复苏的平衡性和可持续性,让投资领域适度降温,使消费领域引领复苏的作用更显著。建议宏观经济政策重点关注以下方面。

首先,中国经济从疫情冲击中复苏尚未完成,仍然要保持政策的稳定性。从城镇调查失业率来看,在 2020 年 2 月和 4 月分别达到 6.2% 和 6.0%以后,虽然后来没有再回到这个水平,但是,在 2021 年 2 月再次达到 5.5%,高于之前五个月的水平。5 月的城镇调查失业率虽然降到 5%,回归自然失业率,但是,就业成绩还不牢固。一是农民工就业损失较大。2020 年外出农民工人数下降了 2.7%,其中年底在城镇居住的人数下降了 3.0%。换句话说,农民工的退出降低了劳动参与率。二是16—24岁人口即青年失业率仍然较高,而且,按照7—9月青年失业率都会高企的规律(图2),随着高校毕业季来临,青年失业率很可能攀升。

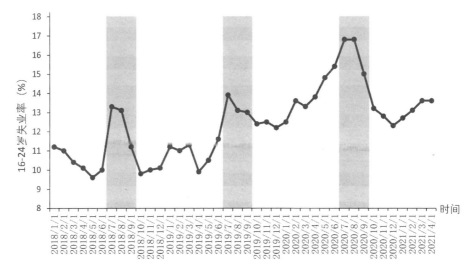

图2　青年失业率及其月度状况

其次,在宏观经济政策稳定的前提下,在政策重心和结构上进行一定的调整。在遭受疫情冲击的情况下,企业普遍遭遇经营困难,当时并不能辨别出一个企业是否已经丧失竞争力因而应该被市场清出。所以,保市场主体是必要的,也是有成效的。在经过一段恢复期之后,能够回归正常运行的企业应该已经到位,而注定应该退出的企业也不再能够承担稳定就业的功能,继续留在市场上会显著降低整体生产率。这时,应该允许那些没有自生能力的企业退出经营。因此,政策调整应该着眼于从保市场主体转向保家庭收入,从投资导向适度转向消费导向,从刺激生产适度转向稳定消费。

最后,由于受疫情冲击期间发生严重的失业和就业不足,居民收入特别是农民收入受到损失，消费复苏乏力。特别是随着人口趋近于峰值乃至负增长，需求对经济增长的制约作用将提前发生。因此，宏观经济政策也应该从着眼于营造整体宽松的环境转向更加关注解决结构性失业问题、巩固脱贫成果和加大对低收入家庭的扶助、加大再分配力度改善收入分配，以及提高社会保障水平和覆盖率等方面。

实施全民现金补贴，
抵御经济下行风险[①]

自 2021 年以来，我国经济运行的风险因素明显增加，已经影响到劳动力市场的稳定和民生安全。鉴于形势的严峻性，在实施保市场主体的政策措施和常规的宏观调控工具的基础上，需要针对当前消费不足、需求疲软、民生风险加大的情况，尽早实行面向个人的现金补偿，以改善民生、提振经济、稳定就业。

一、启动需求政策的迫切性

自新冠肺炎疫情暴发以来，应对危机的主要措施是通过减税降费等政策手段保市场主体，并通过保市场主体稳定就业和民生。这些供给侧的政策措施对于我国这样的制造业大国是非常必要的，也取得了一定的成效。然而随着新冠病毒流行特征的变化，疫情防控出现了新的特点，仅仅关注供方的支持政策表现出了一定的局限性，尤其是服务业受到巨大冲击后，需求加速转弱已经成为当前的主要矛盾。

服务业的需求缺口明显拉大，对稳就业工作形成了巨大的挑战。随着我国经济发展水平的不断提升和就业结构的转型升级，服务业已经成为我

① 本文系与都阳合作。

国就业创造的主要部门。疫情暴发以来，服务业的运行受到了持续的冲击，服务业增加值明显偏离于维持充分就业的均衡水平，形成了较大的需求缺口。如图1所示，2022年第一季度服务业增加值的缺口甚至较之2020年疫情暴发初期更为明显，且有仍然不断扩大的趋势。在服务业中，尤以住宿餐饮、交通运输、批发零售等受到的影响最甚。

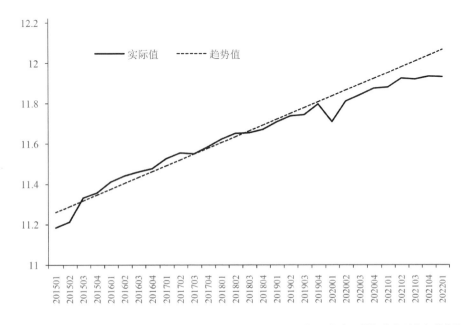

图1　服务业增加值实际值与趋势值

　　由于总需求转弱，城镇劳动力市场上周期性失业的数量显著上升。在疫情暴发以前，我国的城镇调查失业率维持在 5% 左右。据测算，其中自然失业率在 4% 左右，失业率与经济增长、价格水平等指标大体平衡，处于充分就业的状态。从 2022 年第一季度开始，城镇调查失业率逐渐上升，3 月的城镇调查失业率为 5.8%，这意味着周期性失业率在 1.8% 左右，对应的失业人口为 887 万人。尽管 4 月的调查失业率数据尚未公布，但根据近几个月失业率变化趋势及当前经济运行情况推算，4月城镇调查失业率将有较大概率突破6%，4月因总需求缺口产生的城镇失业人口将突破1000万人。可见，遏制需求持续转弱已经成为当前宏观调控政策的主要矛盾。

服务业持续低位运行对人民的生计产生较为严重的影响。从疫情对服务业的冲击看，住宿餐饮业、交通服务业、居民服务业、批发零售受到的影响大、持续时间长。而且，这些行业小微企业和个体工商户集中，就业的非正规化程度高。根据第四次经济普查的数据，这些行业的就业占非农就业的比重超过30%，占非正规就业的比重为77%。因此，有大量的中低收入群体的民生受到影响。

由于服务业的很多部门在生产经营的组织方式上与制造业有很大的不同，尤其是灵活就业等非正规部门集中度高的行业，通过救助市场主体等方式，要么会出现救助对象难以包含在政策范围之内的情况，要么会因为救助对象众多、正规化程度低，增加政策执行的难度和成本。因此，迫切需要创新政策思路，通过新的政策工具使党中央和政府的关怀能够触达目前"保市场主体"难以触达的群体。

二、使用现金补助可以发挥经济稳定器的作用

2021年，中央经济会议对当前经济面临的问题做出了"需求收缩、供给冲击、预期转弱"的准确判断。虽然三者相互交织、互为因果，但从目前的情况看，需求收缩是当前的主要矛盾，也应是政策发力的主要方向。作为现行的"保市场主体"政策的重要补充，通过普惠的全民现金补助，可以发挥经济的自动稳定器作用，起到扩大内需、刺激消费的效果，也有助于

扩大就业、改善民生,维持社会的和谐稳定。作为经济下行时的应急手段,针对全体国民发放现金补助,在一些国家已有实施的经验,作为政策工具主要有以下的优势。

第一,对于改善民生有最直接的效果。全民现金救助计划的广泛性,充分体现了"以人民为中心"的发展理念,可以最直接地向最广大的人民群众传递党中央的关怀。在疫情的持续冲击下,中低收入群体和脱贫人口的收入增长已经受到严重影响,现金补助有助于维护脱贫攻坚的成果,直接改善低收入群体的生计。2022年下半年即将召开党的二十大会议,在此之前,及时发放现金补助有助于增强人民的幸福感、获得感,营造社会和谐稳定的氛围。

其次,较之于其他刺激消费的措施,全民现金发放具有诸多优点。近年来,部分地区已经尝试了发放消费券、实物券、绿色消费补助等手段刺激消费,但总体上看效果并不显著。究其原因是使用这些政策工具附加有很多条件,这些条件往往自动将中低收入群体排除在外,而中低收入群体不仅是政策最需要触达的对象,也是消费倾向最高、政策实施效果最好的群体。但消费券、实物券和以一定消费金额为前提的补贴政策,实际上具有累退的性质,使政策效果大打折扣。

第三,现金补助时效长,人们可以根据自身情况自动平滑消费。现金与实物券或消费券不同,可以永久使用,因而政策作用的周期有很大的灵活性。在获得现金补助后,家庭可以根据自身的经济状况在最需要的时候使用,提高了政策的扶助效率。

第四,从宏观经济调控的效果看,可以很好地发挥经济内在稳定器的作用。现金补助作为需求侧工具,在一些国家已经尝试,并证明了其有效性,可以在经济下行时发挥自动稳定器的作用。疫情对服务业的反复冲击,使不少小微企业失去了经营能力。通过全民现金补助项目刺激消费，虽然投入规模不大，但可以成为重启服务业的初始力量，起到"四两拨千斤"的效果。

此外，尽管针对全民发放现金补助，在一些国家已经屡有操作，但在我国尚属首次。通过这一次大规模实施该方案，可以丰富我们今后应对危机的政策工具箱，为经济新常态下的需求管理闯出一条新路。

三、启动现金补助计划的判定标准

根据其他国家的经验和已有的理论研究，在总需求开始走弱、经济下行趋势显现、失业率上升时，应及时启动现金补助计划，以发挥经济内在稳定器的作用。计划启动的判定标准是，"三个月失业率的移动平均超过过去 12 个月最低点 0.5 个百分点"。结合我国经济发展的实际，使用这一标准具有如下几个方面的好处。

首先，失业率是既反映宏观经济运行，也反映民生状况的恰当指标。从政府的工作任务和目标看，"保就业""稳就业"历来是政府工作的首要目标，失业率的上升对人民的幸福感影响最甚。已有的研究表明，失业率上升和物价上涨都会对人民的幸福感产生负面影响，但前者的影响程度是后者的两倍。因此，救助政策瞄准失业是最直接、最恰当的。

其次，从操作层面看，使用上述标准也有一些独特的优势。失业率是宏观经济指标中相对滞后的结果性指标，失业率较大幅度地上升（例如，三月移动平均值高于前 12 个月最低值 0.5 个百分点），是总需求已经存在明显缺口的体现，本身就反映了政策干预的必要性。使用三个月的移动平均值可以有效避免单个月份的偶然因素产生的影响，可以避免对经济衰退做出"假阳性"的判断。

此外,失业率较之其他宏观经济指标,如各国债收益率曲线、股票价格指数,具有更强的客观性和独立性,不会受到金融市场干预,更适合作为决策的依据。

按照上述标准,2022年3月城镇调查失业率为5.8%,1月至3月的移动平均为5.53%,此前12个月的城镇调查失业率低值为4.9%,3月移动平均值与此前12个月低值的差值达到0.63%,已经超过0.5%的临界标准。由于2022年3月末疫情暴发加剧,3月和4月服务业PMI指数持续在50的景气度临界线以下低位运行,意味着经济收缩趋势加剧。据此,我们判断4月的城镇失业率仍将保持上行,按线性趋势推算在6.3%左右,由此,三个月移动平均值与前12个月低值的差将达到0.97%,如图2所示。因此,

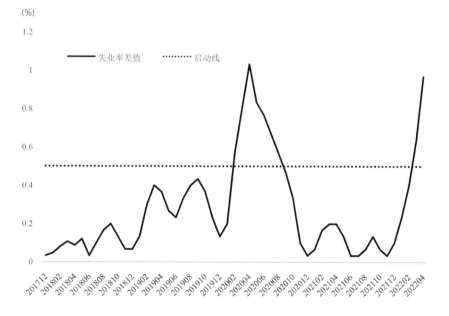

图2 城镇调查失业率三个月移动平均值与前一年低值差
资料来源:国家统计局。其中2022年4月为作者预测。

目前已经完全具备启动全民现金补助计划的必要，发挥其经济稳定器的作用。

此外，考虑到当前我国居民消费价格持续在低位运行，适当的需求刺激计划不至于导致价格水平的上扬，从价格水平和失业率的权衡关系来看，也具有操作现金补助计划的可行性。

四、操作方式及可能的效果

虽然针对全民发放一次性补助的做法在很多发达国家已有不少的先例，但我国尚属首次。考虑到我国人口规模庞大、区域及城乡差异明显，需要统筹考虑各方面因素，精心组织实施。

首先，合理确定发放规模。一次性补助的总体规模既要能对弥补当前总需求缺口、降低失业率起到一定效果，又要留有一定的余地，便于在经济持续低迷的情况下保留持续发力的能力。按照其他国家的经验，初次启动现金补助计划的发放总量在 GDP 的 0.7% 左右。按此标准计算，按 2021 年我国 GDP 总量 114 万亿元计算，启动现金补助计划的初次发放规模为 8006 亿元，人均 567 元。据此，我们建议将人均发放规模确定为 500 元，总规模为 7000 亿元左右。资金来源可以是中央财政，也可来自中国人民银行今年向财政上缴的利润。

其次，确保发放触达低收入人群。现金发放既要保证惠及每一位公民，也要杜绝重复发放。较之发达国家有成熟的信息系统和发放渠道，我国尚需要整合现有的金融、税收、个人信息体系，建立一个有效的现金发放渠道。社会保障卡已经覆盖全国 95% 以上的人口，可以成为发放的主要渠道。此外，各大商业银行建立了覆盖广泛群体的信息体系，个人所得税的汇算清缴和返还已经建立起电子化的支付体系，脱贫攻坚"建档立卡"的信息系统也可以作为有效的补充。要以社保卡为基础，整合其他信息系统，尤其是贫困人口的信息，确保政策切实触及中低收入人群。

再次，鼓励高收入人群捐助。高收入人群边际消费倾向低，是政策效果不明显的人群。在发放的信息系统中开通捐赠渠道，鼓励高收入人群捐助自己获得的补贴，不仅有助于弘扬共同富裕的理念，也可以使发放的资金向中低收入群体集中，进一步强化刺激消费的实际效果。

最后，跟踪和评估政策的实施效果。疫情暴发以来，失业率对于社会商品零售总额的变化非常敏感，其弹性值为 −0.44，即社会商品零售总额上升 1%，可以使失业率下降 0.44%。以 2022 年 3 月的社会商品零售总额和城镇调查失业率作为参考，考虑到城乡居民消费倾向的差异，按照人均现金补助 500 元计算，据估算可以使社会商品零售总额增加 5000 亿元。如果按照 −0.44 的弹性计算，可以使城镇失业率下降 0.37 个百分点，即 5.43%，重新进入预期目标区间。更重要的是，通过刺激消费、扩大内需，可以为经济重启提供动力，帮助经济恢复至内在增长轨道。现金补助政策实施后，应及时跟踪和评估实施的效果，为以后使用这一政策工具积累经验。

以稳当前消费实现稳长远增长

百年未有之大变局和世纪疫情的交织，给 2022 年的中国经济增长提出了严峻的挑战，对宏观经济政策提出了紧迫的需求，也给宏观经济研究提出了严肃的课题。在供给和需求两个端侧、宏观和微观两个层次、长期和短期两个区间的多重组合中进行分析，可以使我们对经济增长现状、性质和走向的认识更加全面、综合和系统，对宏观经济形势的判断更加准确，对政策优先序的选择更加到位，旨在稳增长、稳民生的举措更有针对性，经济社会政策的实施更有效力。

一、从三个维度上认识宏观经济

宏观经济是一个复杂的系统和多变的过程。因此，认识宏观经济形势，并不仅仅是对几个指标进行跨期比较那么简单。无论是宏观经济政策的制定者，还是微观市场活动的决策者，在认识宏观经济形势的时候，通常都希望得到对以下问题的回答：一是在诸多宏观经济指标中，哪一个或哪些能够提供对于形势判断最为关键和最少歧义的充分信息；二是如何在及时捕捉瞬息万变形势的同时，动态地保持认识和判断上的一以贯之；三是如何在看似无关甚至彼此矛盾的各种局部经济表现中，从宏观上准确把握整体趋势；四是如何在多种视角和多重目标中抓住主要矛盾，选择正确的政策优先序。

诚然,对于这些问题没有一成不变的标准答案,观察和认识宏观经济也不存在放之四海而皆准的方法。不过,在掌握宏观经济学理论和分析框架的基础上,如果能够更自觉地从以下三个具有二分法性质的重要维度着眼,并从它们之间相互交织的性质出发,在多重组合式的框架中认识宏观经济现状和走向,无疑可以减少做判断过程中的纠结与困惑,增进判断的准确性、决策的科学性和行动的确定性。

第一是"端侧维度",要求同时从供给侧和需求侧两个方面进行观察。

做出两个端侧的区分,就是说可以分别从生产函数和国民经济恒等式两个方面来认识经济增长。在供给侧,经济增长不是无米之炊,产出要有源泉,即总产出是由资本、劳动、人力资本、资源等生产要素及其使用效率和配置效率决定的。供给侧的因素相对稳定,表现为某一时期存在一个特定的潜在增长率。

在需求侧,经济增长要可持续,产出就必须有去处,通常表现为消费、投资和出口这三驾马车。需求侧的因素较易受到短期冲击性因素的影响,因此更经常地表现为周期性波动,造成实际增长率偏离潜在增长率。由于增长总是受到供需两侧因素的影响,因此,分析宏观经济形势就是要分析和判断,在此时此地,究竟是趋势性因素还是周期性因素发挥着影响实际增长的支配性作用,以及处于供给侧和需求侧的各种作用因素相互之间的协同及匹配关系究竟如何。

第二是"空间维度",要求同时从宏观和微观两个层次的经济活动及其结果进行观察。

宏观经济表现为总的经济活动及其结果,通常由诸如GDP规模和变化率、货币发行总量、财政收支规模、失业率、物价指数等一系列总量指标进行刻画。微观经济活动则是参与者个体层面的生产、收入、支出、消费和储蓄行为，以及产品和要素价格形成行为及其结果。一方面，对宏观经济进行分解和结构性描述，有助于我们认识微观经济活动的背景。另一方面，鉴于宏观经济是建立在微观经济基础之上的，深刻认识微观经济活动也有助于把握宏观经济动态。总之，在观察和认识经济形势时，需要把宏、微观两层视角有机地结合起来。

第三是"时间维度"，要求同时从长期和短期两个区间的视角观察经济活动的影响因素。

从理论工具来说，经济周期理论通常帮助我们从相对短期的视角看待宏观经济，而经济增长理论帮助我们关注相对长期的问题。实践中，这个维度区分通常能够产生比较明显且有意义的差别。在短期里，要素禀赋不变，产出也不会产生过大的调整，因此，当需求发生较大变化时，要么以价格变化的方式结清市场，要么产生数量上或正或负的缺口。在长期中，生产要素可以得到积累，要素禀赋结构也会发生变化，由此形成长期的经济增长稳态。

现实中的宏观经济表现，就是这三个维度彼此交织、相互影响的总体结果（表1）。从逻辑上看，三个维度可以形成八种组合情形，分别为：供给侧的长期宏观表现、供给侧的长期微观表现、供给侧的短期宏观表现、供给侧的短期微观表现、需求侧的长期宏观表现、需求侧的长期微观表现、需求侧的短期宏观表现、需求侧的短期微观表现。

从理论上说，上述组合情形都是可能的宏观经济表现。然而在现实中，这些组合情形发生的频率各不相同。本文拟重点关注那些出现频率较高的情形，即宏观经济形势判断中更常遇到的现象，揭示中国经济面临的形势和主要矛盾。

表 1　宏观经济形势判断的维度及其组合

	长期		短期	
供给侧	宏观	微观	宏观	微观
需求侧	宏观	微观	宏观	微观

二、消费成为增长的常态制约

在表1列出的三个维度的各种组合中,供给侧因素与时间维度,特别是与长期因素的组合,恰好可以完美地刻画21世纪第二个十年里的中国经济状态。总体来说,这一时期经济增长的特征是供给侧发生长期而显著的变化。其一,在劳动年龄人口到达峰值并进入负增长之后,包括要素供给和配置水平在内的一系列供给侧因素都发生了逆转性变化,导致潜在增长率下降。其二,由于这一期间没有发生周期性冲击事件,实际增长率与潜在增长率得以总体保持一致。2011—2019 年,实际和潜在的年均经济增长率分别为 7.0% 和 6.8%。然而,本文关注的 2022 年宏观经济现状特征乃至更长期间的经济增长趋势,应该在需求侧因素与时间维度的组合中做出解读。

从需求侧的长期视角来看,不期而至的人口转折点给中国经济带来新挑战,意味着又一个新常态的形成。虽然 2022 年中国人均 GDP 或可达到世界银行的高收入国家最新门槛标准(12695 美元),意味着中国提前跨越了中等收入阶段,但是,鉴于老龄化进程以更快的速度跟进,未富先老的特征将更加明显,由此而来的"成长中的烦恼"难有丝毫的减轻。截至

2019年的版本，联合国对中国人口增长和年龄结构变化的预测都没有预料到最新转折点的到来。按照2021年的统计，中国人口自然增长率仅为0.34‰，2022年到达峰值应没有悬念；65岁及以上人口比重达到14.2%，已经超过国际公认的老龄社会标准。

从理论和经验看，随着人口负增长时代和老龄社会的来临，人口总量和年龄结构都会产生抑制居民消费的效应，因而改变长期经济增长的常态。近年来，国际上宏观经济学界热衷讨论的一个话题就是人口老龄化如何塑造了各发达经济体和世界经济的新常态——长期停滞。从供给侧来看，劳动力短缺和生产率停滞导致资本回报率降低，潜在增长率和实际增长率均相应下降。从需求侧来看，投资和消费需求的持续低落抑制通货膨胀率和长期真实利率，使经济增长陷入低迷，还推动负债率的高企。

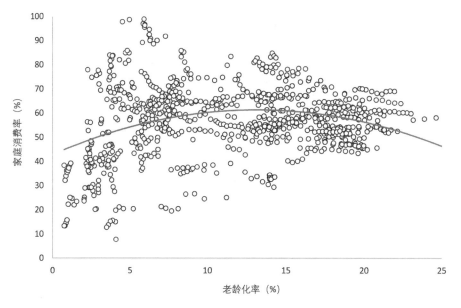

图1 随着老龄化程度提高，居民消费倾向降低

资料来源：世界银行数据库（https://data.worldbank.org/）

从跨国数据可见，在老龄化率超过 14% 这个老龄社会门槛之后，居民消费占 GDP 比重即居民消费率进入下降的轨道（图 1）。从一些已经历人口负增长国家的情况看，在人口达到峰值并转入负增长这个转折点上，居民消费和经济均亦步亦趋地跌到零或负增长的谷底。在没有外来移民的情况下，人口负增长和老龄化通常不可逆转，人口特征的这种变化趋势也以既定不变的方向影响经济增长的供给驱动力和需求拉动力。虽然消费和经济的负增长只是暂时的现象，但冲击之后，经济增长可能陷入一个较低的速度区间。换句话说，经济增长从此进入一个新常态。与 2012 年以来牵引中国经济增长放缓的供给侧新常态不同，即将形成的这个新常态标志着需求侧因素特别是消费需求成为经济增长的常态制约。

三、更加关注冲击的微观后果

关于宏观经济周期性冲击与长期增长趋势之间关系的研究揭示了一次性冲击本身以及应对措施的性质，会通过"磁滞"效应（hysteresis）影响事件之后的潜在增长率。也就是说，如果周期性冲击过于严重，或者应对措施不当，可能使长期的减速趋势提前到来，使随后的经济增长进入一个更低的常态速度区间。因此，在认识到社会总需求、特别是居民消费成为中国宏观经济常态制约因素的同时，还要看到新冠肺炎疫情造成的短期冲击如何从需求侧造成对当下的宏观经济影响，并预期在长期经济增长中留下疤痕。

从需求侧观察短期冲击的微观后果，可以看到的一个现象就是微观主体之间的明显分化。遭遇冲击的宏观经济状况是由千千万万个微观主体的不同际遇所合成的。经济活动中最基本的主体包括诸如企业这样从事经营的市场主体、作为生产要素的劳动者，以及作为收入者和消费者的家庭。固然，宏观经济冲击必然延伸到所有这些主体身上，然而，不同类型的主体遭受冲击的性质和表现会大相径庭，同时在每一种类型的主体中，不同当事人遭遇的冲击程度不尽相同，遭到冲击时的承受能力也有很大差别。

先看作为生产者和经营者的市场主体。目前中国大约有市场主体1.5亿余个；其中个体工商户1.03亿，占比超过三分之二，主要从事批发零售、住宿餐饮和居民服务等业态。此外，还包括企业法人单位2500多万个。这些类型和规模各异的市场主体，面对冲击时的调整能力有云霄之别，处境也就大相径庭。经验表明，每一次出现经济下行趋势时，中小微企业和个体工商户总是首当其冲。鉴于新冠肺炎疫情和防控措施的特点，大量这类市场主体遭遇到难以抗拒的冲击，或惨淡经营，或难以为继。从2020年疫情暴发以来，政府认识到"保市场主体"就是"留得青山在"，将其作为应对危机的一项重要方针，对稳定增长、就业和民生做出了重要的贡献。

再来看作为劳动者和消费者的个人及其家庭。这实际上是一个极其多样化、极为分化的人口总体。综合各种统计数据，目前中国有14.1亿人口，4.9亿多个家庭；在全部人口中，有34.9%居住地与户籍登记地不一致，有26.6%是所谓的流动人口；被定义为劳动力的人口为7.8亿，其中就业人员7.5亿；在全部就业人员中，非农产业就业占76.4%，城镇就业占61.6%；在城镇就业人员中，单位外就业、个体就业、未被记录就业的部分至少占到30%，可以被看作是非正规就业群体；被定义为农民工的群体为2.9亿，其中在户籍所在乡镇就业的农民工1.21亿，离开本乡镇的外出农民工1.72亿，年末在城镇居住的进城农民工1.33亿。

经济低迷和增长下行的一个严重后果，是就业受到冲击，进而居民收入增长减慢、居民消费受到削弱，对经济增长形成不利的循环影响。由于劳动者的就业状态不同,以及就业人员所处的地区、产业、行业、单位性质、劳动关系特征不尽相同,他们享有的基本公共服务和受到的社会保护程度均差异巨大。因此,面对宏观经济和劳动力市场冲击,劳动者因应冲击的能力有着巨大的差异,处于大不相同的境遇。有鉴于此,在保市场主体的措施之外,还要加强直接针对个人和家庭的扶助措施,通过稳定收入和基本生计稳定消费和保障民生。从这个意义上说,保居民的收入和消费就是"留得沃土在"。

2020 年新冠肺炎疫情暴发以来,劳动力市场表现跌宕起伏,总体处于严峻的状态(图 2)。首先,城镇调查失业率明显高于疫情前的水平,如果以 5% 作为自然失业率的话,意味着在多数时间里存在着周期性失业。其次,按照所谓"萨姆法则",即如果最近三个月失业率的平滑水平比此前

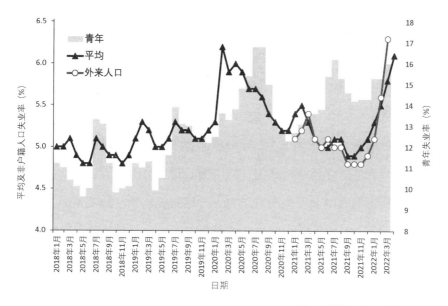

图 2 城镇调查失业率的几种指标

资料来源:国家统计局网站(https://data.stats.gov.cn/easyquery.htm?cn=A01)

12个月中任一失业率水平高出 0.5 个百分点则意味着经济进入衰退，那么 2020 年 2 月前后和 2022 年 3 月前后宏观经济都显现衰退的特征。最后，那些处于非正规就业状态的群体，在冲击中处于极为脆弱的状况。例如，农民工在城镇不能享受均等的社会保障，难以承受失业而通常选择返乡，城镇失业率不能充分反映其实际就业状况。即便如此，2022 年 2 月以来城镇非户籍人口的失业率仍然显著超过平均失业水平，标志着失业的严峻性达到一个新高度。

四、保市场主体与保消费主体

保市场主体就是"留得青山在"，保消费主体则是"留得沃土在"，"青山"与"沃土"之间具有相互依存和互为条件的关系，两者不容偏废。在因疫情反复而实施严格防控措施的情况下，2022 年中国 GDP 增长可能达不到预期目标。需要从以下几方面准确理解经济增长放缓的含义。首先，GDP 是一个流量概念而非存量概念，也就是说每年均要将社会所需的产品和服务重新生产出来，这个过程确保经济正常循环和民生基本保障。一旦实际增长率低于潜在增长率，充分就业就不能实现。其次，GDP 既是一个总量的概念，也有其结构含义。经济增长低于预期造成的收入结果，在个人之间和企业之间会产生分化的结果，相对脆弱的主体将陷入更加窘迫的境地。最后，GDP 既是一个独立的统计指标，也是具有较高市场敏感度的信号，影响消费者和投资者的预期和信心。

在疫情和防控措施不可避免导致经济增长放缓的情况下，应该特别注重处理好保消费主体和市场主体的关系。经济学家常说"不要浪费一个难得的危机"，含义之一便是危机时期也是创造性破坏机制作用的时候，可以通过优胜劣汰提高生产率。所以，保市场主体要有所甄别和区分。青山上既有"万木春"也有"病树"。保市场主体的目的是保就业、收入和民生，进而通过稳定消费为经济增长提供可持续的需求拉动。同时，沃土也是青山常绿的根基和万木春的源泉。因此，那些直接滋润沃土的措施也不能缺位。鉴于扶助市场主体的政策效应通常不会百分之百地流淌到消费主体那里，因此，直接对应个人和家庭的资金扶助至少应该有同等的力度。

以个人和家庭为对象进行直接补贴，是一个必要的宏观经济稳定机制，实施的理由既重要且简单。第一，作为社会的基本单位，与市场主体这个保障民生的手段相比，个人和家庭更加紧密地贴近民生，更直截了当地对应以人为中心的发展目的本身。第二，作为一系列临时性的民生举措，直接补贴个人的做法并不是常态化的制度安排，因此大可不必担心其可持续性问题。第三，面对个人和家庭的救助并不是一种非生产性的安排。一方面，在需求侧因素成为经济增长常态制约的情况下，另一方面，在存在着周期性失业和增长缺口的情况下，以稳定消费为目标的财政措施充当的是必要的经济稳定器功能。无论是对于解决紧迫的民生保障，还是对于疫情后经济复苏，稳定住居民消费是不可缺少的条件和绕不开的路径。

以稳定家庭的消费能力和消费倾向为目标，遵循以普惠、通用、直接、便捷的方式把扶助资源送达个人或家庭的基本原则，保消费主体的政策举措可以有多种形式。例如，把失业保险和最低生活保障等社会保障的覆盖面临时性地扩大到未参加社保项目的人群；充分而适度地提高基本社会保险特别是基本养老保险的给付水平；在必要时直接向居民无差别地发放现金；临时性地降低个人所得税和基本社会保险的缴费率，等等。根据需要并考虑到作用性质，上述各方面的措施均可以结合起来实施，以提高以保收入和消费为目标的政策的效力。

宏观经济政策如何靠前发力?

　　受到人口达峰和更深度老龄化、新冠肺炎疫情持续、地缘政治冲突、世界经济滞胀等复杂和不确定因素的影响,我国经济面临的长期风险和近期挑战明显增多,需求收缩、供给冲击和预期转弱三重压力进一步加大。从长期来看,我国经济发展的基本面是健康的,产业和供应链是有韧性的,宏观经济政策工具箱也是充盈的,这些条件决定了我国经济长期向好趋势仍将延续。从当前来看,我们面临的最迫切任务是应对短期冲击,稳住经济大盘,在有效控制疫情的前提下,实现经济增长复苏,保持实现预期目标所要求的合理增长速度。为使宏观经济政策更有针对性和效力,应该把发力点前移。本文从揭示我国宏观经济形势的性质和特点出发,对政策靠前发力的方向和位置提出建议。

一、从三维视角认识长期增长趋势

　　经济增长有三个由"两分法"构成的维度,这也应该成为我们判断经济形势的视角。第一是长期和短期之分,分别反映一段时期相对稳定的增长趋势和受周期波动影响的增长变化。第二是宏观和微观之分,分别展示经济总体的状况和单个的生产经营主体和消费主体。第三是供给侧和需求侧之分,分别表现为潜在增长能力和实现增长潜力的需求保障。相应地,从"两分法"的对立统一着眼,在三个维度的相互组合中观察和判断经济形势,有利于我们得出可靠的结论和对应的政策建议。

许多影响因素的长期趋势性变化会改变经济增长的常态。当前我国面对的一个重要变化,是不期而至的人口转折点。2021 年,我国人口自然增长率下降到 0.34‰,预计 2022 年人口总量将达到峰值;65 岁及以上人口比重提高到 14.2%,达到了国际公认的"老龄社会"标准。这个人口转折点的到来大大超前于此前的预测。固然,人口增长减速和老龄化加深是延续多年的趋势,所带来的供给侧挑战从某种程度上来说也在我们的预料之中,即劳动力成本提高、人力资本改善速度放慢、投资回报率下降和生产率增长减速导致经济的潜在增长率下降。然而,对人口最新挑战的性质做进一步分析,我们可以发现崭新的政策含义。

经济增长既要依靠要素投入和配置这个供给侧源泉,也要靠消费、投资和出口"三驾马车"从需求侧予以保驾护航。随着我国经济进入新的发展阶段,投资和出口因素对增长的拉动作用趋于减弱,转变发展方式的一项重要内容就是转向更多依靠居民消费的拉动作用。然而,人口变化从三个方面产生抑制消费的效应会妨碍这个拉动力的提高。第一是人口总量效应。人口同时也是消费者,一旦人口达峰进而转入负增长,消费增长将受到极大的抑制。第二是年龄结构效应。老年人受收入和保障的限制,通常具有较低的消费能力和消费倾向,因此更深度的老龄化必然带来更严重的消费需求制约。第三是收入分配效应。由于高收入者的消费倾向低,低收入者的消费倾向高,因而过大的收入差距不利于消费扩大。因此,从人口变化趋势及其效应来看,需求特别是消费需求已经成为经济增长的常态制约。这是认识宏观经济形势的一个基本着眼点。

二、就业、收入和消费的短期冲击

受国内外复杂环境和不确定性因素的影响，2022 年第一季度以来我国经济显现进一步的增长放缓趋势，劳动力市场也受到冲击。除了城镇调查失业率数字之外，还可以从以下方面认识就业形势的严峻性。一是持续的周期性失业。城镇调查失业率很长时间都稳定在 5% 左右这个事实，说明这个水平大体为自然失业率，主要由结构性和摩擦性因素造成。然而，2020 年以来多数时间的失业率均超过 5%，超过的部分即为周期性失业。二是经济进入下行区间。三是农民工就业困难加大。2022 年 2 月份以来，外来户籍人口失业率已经高于平均水平，加上很多农民工返乡或者无法外出，显示出他们面临的就业困难愈加严重。四是青年失业率高企。2022 年新年伊始，16—24 岁人口的失业率即达到过去两年毕业季（7—9 月）的峰值水平。

就业是民生之本，失业、就业不足和就业困难不可避免影响城乡居民收入的增长。特别是疫情对就业的冲击具有连续的特点，2020 年初新冠肺炎疫情暴发以来的不利因素已经得到累积。在居民收入受到多次冲击的情况下，收入预期变得越来越不确定。一方面，消费行为受到收入减少的直接影响，特别会伤害部分群体的基本民生；另一方面，消费行为还受到收入预期不确定性增强的间接影响，消费和社会总需求受到的这种抑制妨碍宏观经济的企稳复苏。

劳动力市场也好，人均可支配收入、居民消费也好，反映的都是经济活动的总体特征。我们还应该进一步观察导致上述特征的微观经济基础。认识经济活动的微观层面，最重要的是认识经济主体的异质性，以及遭受冲击时发生的分化现象。微观主体的异质性可以从以下方面观察。从作为生产经营者的市场主体来看，目前我国约有市场主体 1.5 亿余个，其中个体工商户 1.03 亿个、企业法人单位 2500 多万个，包括规模以上工业企业 39.9 万个。从作为劳动者和消费者的人口来看，目前我国有 14.1 亿人口，4.9 亿多个家庭；在全部人口中，34.9% 属于人户分离，26.6% 为流动人口。在全部 7.8 亿劳动力中，就业人口 7.5 亿，其中非农产业占比 76.4%，城镇就业占比 61.6%。在城镇就业中，灵活就业或非正规就业占比大约为 30%。农民工总数为 2.9 亿，其中本地农民工 1.21 亿，外出农民工 1.72 亿，年末在城镇居住的进城农民工 1.33 亿。

这些类型和规模各异的市场主体，以及极其多样化和异质性的消费主体，在经济下行时具有不一样的调整和承受能力，实际受到的冲击也不尽相同。一般来说，中小微企业和个体工商户，以及就业稳定性差的劳动者和低收入群体，在经济低迷时总是首当其冲。鉴于新冠肺炎疫情和防控措施的特点，大量这类市场主体遭遇到难以抗拒的冲击，在这些相关领域就业的劳动者也受到更大的冲击。

三、政策发力点前移的方向和位置

在宏观经济不景气的时刻，宏观经济、市场主体、就业人群、个人收入和家庭消费都会受到冲击。政府也有诸多政策工具用来应对这些层面的困难，即分别实施产业政策、货币政策、财政政策、改善营商和创业环境的政策、积极就业政策和托底保障的社会政策等。在面对常规宏观经济下行周期时，一般采用宽松货币政策和扩张性财政政策，促使实际增长回归潜在增长率。在遭遇疫情对实体经济冲击这种特殊情况下，着眼于用减税减费等纾困手段稳定和保护市场主体，从供给侧稳住产能和产业链。鉴于疫情持续时间较长，居民消费受到抑制，并且与长期需求侧制约共同作用，可能形成对宏观经济企稳回升的持续障碍，因此，政策发力点应该进一步前移，落实到对于稳定收入和消费具有最直接效果的个人和家庭层面。

把政策发力点前移到个人和家庭，符合以人民为中心和民生为本这一根本发展目的要求，也契合疫情对经济和民生造成冲击的特点，切中（消费）需求成为经济增长常态制约这一现实挑战，可以实现保障民生与恢复经济良性循环两个目标的有效结合。

对于在特殊时期实施非常规的扶助措施，应该把传统观念暂时搁置起来，采取特别的认识视角。首先，提高给付水平、减免税收和缴费乃至支付困难补贴，都属于特殊时刻的临时性救助，而不是也未必会成为常态化的制度安排，因而不会形成不可持续的财政负担。其次，这些需要政府埋单的直达个人和家庭的补贴项目，并不是非生产性的额外支出，而是促进宏观经济企稳的稳定器，以其稳定收入和消费的有效功能为实体经济提供需求拉动力，达到促进经济复苏的目的。再次，鉴于我国经济已经进入常态化需求制约的发展阶段，如何通过扩大社会保护、社会共济和社会福利支出提升居民消费倾向、打破需求对长期增长的制约，越来越成为需要在宏观经济政策工具箱中常规配置的政策手段。通过政策前移到个人和家庭，可以在实施短期临时应对措施中积累长期制度建设的经验。

中国经济如何回归常轨？

始于 2020 年的新冠肺炎疫情大流行，持续时间既长，影响也十分广泛，在世界范围对人们的健康和经济状况带来巨大的冲击，中国经济增长也受到明显的冲击性影响。在此情况下，党中央做出新的部署，更好统筹疫情防控和经济社会发展。可以预期,2023 年将是中国经济增长回归常态轨道的关键一年。设想三种可能的情景，有助于我们做出恰当的政策选择。

第一种情景。由于冲击产生的磁滞效应，短期冲击造成的不利状态得以延续，成为一种新常态，经济活动恢复之后，增长速度却降到较低的水平上。疫情在中国蔓延和持续的时间较长，对企业和家庭的资产负债表均造成损伤；从疫情的暴发、蔓延、减弱进而转入常态的周期来看，中国与很多其他主要经济体不尽一致，经济活动的受抑和恢复也同其他经济体产生错综复杂的时间差。这两个特征使得中国不仅损失了一定时期的增长速度，也造成诸多需要修复的疤痕，包括从供给侧对增长能力造成的损害，以及从需求侧对消费能力的损害。

首先，疫情大流行以及供应链脱钩政策倾向对全球供应链造成了巨大损害，有些甚至遭遇中短期乃至长期难以修复的断裂。虽然由于疫情起伏和经济周期的时间差，中国一度从出口中获益，但是这个机会窗口终究要关闭，从整体和长期视角来看，全球供应链受损必然使中国深受其害。

其次，数量众多的市场主体，特别是那些依赖全球供应链的中小企业、生产经营活动不能须臾停止的小微企业、直接面对消费者的服务业企业，以及其他脆弱性较强的市场主体，未能在较长的停工停产中存活下来。

最后，较大比例的劳动者在较长时期处于失业状态，或者退出劳动力市场，使城乡居民收入增长受阻，家庭的消费能力被削弱，整体消费倾向有所降低。这些因素不仅使居民消费需求受到即期的抑制，还可能在较长时间里造成消费乏力，放大社会总需求对经济增长的制约效应。

第二种情景。一经摆脱冲击进而走出低谷，经济增长即回到以前的运行轨道，如果不考虑在按下经济活动"暂停键"时期的损失，所有的事情似乎都可以说一如既往。但是，这种貌似什么都没发生的情景，恰如经济学家常说的那样，不啻白白浪费了一次"难得的危机"。假设全年比原来预期的速度低2个百分点，就意味着与潜在增长能力相比，全年损失经济总量2.29万亿元。在付出如此代价的情况下，只有从冲击造成的不良结果中找到"难得的"机遇，才能够说可以做到化危为机。

第三种情景。充分利用冲击造成的创造性破坏结果，以"创造"的成果为"破坏"的损失埋单，形成更具竞争性和韧性的增长格局。在经济遭遇冲击时，在常态增长时不情愿被破坏的低效产能遭到淘汰，劫后余生的经济活动虽然在产能数量上低于冲击前，在发展质量上却高于冲击前。

把这种创造性破坏的格局保持下去，要求在以下几个方面取得成效。首先，按照中国比较优势变化的方向和参与全球化的新方式，接续和修复原有的供应链，开拓形成新的供应链。其次，营造优胜劣汰竞争环境，拆除市场主体进入和退出的体制性樊篱。再次，以市场激励和政策扶助相互协调的方式，使劳动收入和居民消费进入一个恢复性加速增长期。最后，使家庭收入扶助与加快福利国家建设相衔接，补偿居民消费能力和消费意愿上遭受的损伤，促进居民消费回归正常，并且尽快迈上一个新台阶。

78

98.3748

735.120

734.564

第二编

经济发展的质与量

76.430

456.123

新发展阶段是高质量发展阶段

习近平总书记指出，全面建成小康社会、实现第一个百年奋斗目标之后，我们要乘势而上开启全面建设社会主义现代化国家新征程、向第二个百年奋斗目标进军，这标志着我国进入了一个新发展阶段。进入新发展阶段，是我国实现了从站起来、富起来到强起来历史性跨越、拥有了实现新的更高目标的雄厚物质基础的历史逻辑的展现；完成新发展阶段的新战略目标，贯彻新发展理念是必须遵循的理论逻辑；构建新发展格局则是现实逻辑决定的必然选择；从经济发展要求看，在这个阶段上需要达到社会主义初级阶段的最高水平，为此必须实现高质量发展。

一、新发展阶段要求高质量发展

从社会主义初级阶段到比较发达的社会主义，再到共产主义，分别对应着不同的经济社会发展水平。经过新中国成立以来的社会主义建设和改革开放，我国经济社会发展取得辉煌的成就。特别是党的十八大以来统筹推进"五位一体"总体布局、协调推进"四个全面"战略布局，我国的经济实力、科技实力、综合国力和人民生活水平都跃上了新的大台阶，为中国特色社会主义事业迈入更高阶段打下了坚实的物质基础。

2020 年，我国 GDP 总量超过 100 万亿元，在世界经济总量中的占比达到 17.5%，是 1978 年的 10 倍。美国经济的世界占比从 1978 年的 27.4% 下降到 2020 年的 24.6%。从人均 GDP 来看，我国人均 GDP 在 2019 年已经达到 10262 美元，相当于高收入国家人均 GDP 水平的 22.7%。如果按购买力平价计算，我国人均 GDP 已经达到 16830 美元，相当于高收入国家平均水平的 32.3%。

最具有标志性、成色十足的成就，是我国实现了现行标准下农村贫困人口全部脱贫。2020 年人均收入 4000 元的现行标准，按购买力平价计算，相当于每人每天 2.3 美元。因此，全部脱贫就意味着按该标准计算的贫困发生率清零。在世界银行掌握数据的 132 个国家中，按照每人每天 1.9 美元标准，近年来贫困发生率为零的国家仅为个位数。以该标准计算的贫困发生率，高收入国家平均为 0.6%，中等偏上收入国家平均为 1.5%，中等偏下收入国家平均为 16.9%，低收入国家平均高达 45.5%。

以这样的发展水平为起点，必然进入一个更高水平上的新发展阶段；在这样的雄厚物质基础上，必然对新发展阶段有更高的目标要求；面对和应对新挑战新机遇，就必然要求走高质量发展的路径。党的十九届五中全会采取以定性表述为主、蕴含定量的方式，确立了以人均 GDP 为标志的经济发展预期目标，即在"十四五"规划末达到现行的高收入国家标准，到 2035 年达到中等发达国家水平。根据世界银行分组，这相当于我国人均 GDP 在"十四五"规划末跨越高收入国家门槛（12535 美元），2035 年进入高收入国家三等分的中间组别（约 23000 美元）。为了实现新发展阶段的任务，给社会主义事业的阶段跨越打下必要的物质基础，从经济发展水平上为发展阶段"质的飞跃"进行量的积累，实现这两个预期目标至关重要。按照我国的发展潜力，实现这两个目标既是完全有可能的，也需要付出极大的努力。

首先，实现目标的基本要求是 GDP 总量和人均水平在 2020—2035 年翻一番，即 GDP 年均增长 4.73%。由于从 15 年的区间来看人口增长大体为零，因此，GDP 总量和人均水平的增长率要求是一样的。根据对潜在增长率的中位预测，今后 15 年的 GDP 可实现年均 4.85% 的增速，可以实现翻一番的目标，人均 GDP 在 2025 年和 2035 年可分别达到 13852 美元和 21731 美元。

其次，实现目标要求推进关键领域改革，以改革红利提高潜在增长率。根据高位预测，在通过供给侧结构性改革和经济体制改革改善要素供给和配置的条件下，潜在增长率有望提高到 4.99%，人均 GDP 在 2025 年和 2035 年分别达到 14129 美元和 22999 美元。

最后，我们也需要考虑到人民币变化的因素，既可能有所升值，也存在一段时间内贬值的可能性。一个相对长期的因素是，存在着一种发展水平越高、按汇率计算的 GDP 与按购买力平价计算的 GDP 之间差异越小的规律，这样的话，到 2035 年我国在世界经济和高收入国家中的排位会更高。

二、新发展理念定义高质量发展

习近平总书记指出，发展是一个不断变化的进程，发展环境不会一成不变，发展条件不会一成不变，发展理念自然也不会一成不变。我国发展条件的一个最重要变化是经济发展进入新常态，传统发展模式不足以提供足够的增长动能。随着 2012 年劳动年龄人口进入负增长，劳动力短缺、人力资本改善减缓、资本回报率下降以及劳动力转移空间缩小都导致潜在增长率的下降。一方面，人口老龄化是不可逆转的，因而传统动能也不可能重拾，必须转向更依靠全要素生产率提高这一新动能，稳定和提高潜在增长率。另一方面，在更高的发展阶段上，发展的目的和手段、公平和效率应更加有机统一，实现以人民为中心的发展和共同富裕。这就要求以新发展理念定义高质量发展。

创新、协调、绿色、开放、共享的新发展理念，是党的十八大以来党中央做出的一系列经济社会发展重大理论和理念中最重要、最主要的，是一个关于发展的目的、动力、方式、路径的回答的系统理论体系。党的十九届五中全会就新发展阶段贯彻落实新发展理念提出了新的任务和新的要求。认识新任务和新要求，应该从我国社会主义现代化的中国特色着眼，即我国现代化是人口规模巨大的现代化，是全体人民共同富裕的现代化，是物质文明和精神文明相协调的现代化，是人与自然和谐共生的现代化，是走和平发展道路的现代化。从目标导向和问题导向相统一的角度，贯彻落实新发展理念应更加注重以下方面。

首先，坚持以人民为中心的发展思想，实现全体人民共同富裕。党的十八大以来，地区发展差距和居民收入差距都有所缩小。但是，差距仍然存在并且保持在较高水平。根据一般规律，初次分配不再可能把基尼系数降低到国际上公认的警戒线 0.4 以下，必须进一步推进收入分配制度改革，加大再分配政策力度和提高基本公共服务供给和均等化水平，利用税收、社保、转移支付等手段合理调节收入。

其次，开启新发展动能或形成新的生产函数组合，既要靠技术创新，也要靠进一步改革。高质量发展的可持续动力是全要素生产率，在当前经济发展阶段也恰恰出现了阻碍生产率提高的新情况。其一，在要素相对优势变化的条件下，一部分丧失竞争力、生产率表现不佳的市场主体寻求地方政府的保护和产业政策补贴，以规避退出市场，造成资源配置僵化，整体降低我国经济生产率。其二，劳动密集型产业比较优势丧失，导致货物贸易依存度和制造业比重双双下降，劳动力从第二产业向第三产业过度转移。由于总体来说第三产业的生产率低于第二产业，这造成资源配置逆生产率提高方向转移。因此，必须通过改革营造"创造性破坏"环境，清除要素流动的体制性障碍，拓展动态比较优势，切实提高全要素生产率。

再次，推动执行气候变化《巴黎协定》和贯彻落实"碳达峰目标和碳中和愿景"，要求加快形成绿色发展方式和生活方式。2020年以来，习近平总书记在国际场合多次提出，中国将力争于2030年二氧化碳排放达到峰值，努力争取2060年实现碳中和。这是一个需要付出极其艰巨努力的任务。前英格兰银行行长马克·卡尼曾经指出，落实《巴黎协定》意味着全球已探明储量的石油、天然气和煤炭将有1/5到1/3不再利用。可见，为了实现碳达峰目标和碳中和愿景，我国要在新发展理念引领下进行一场增长模式、生产和生活方式的自我革命。

三、新发展格局决定高质量发展

贯彻落实新发展理念、实现新发展目标，必须建立以国内大循环为主体、国内国际双循环相互促进的新发展格局。2008—2009年国际金融危机之后，世界经济就处于以低通货膨胀率、低长期利率和低经济增长率为特征的"长期停滞"状态，经济全球化遭遇逆流。新冠肺炎疫情的全球大流行，以及供应链脱钩和技术钳制等因素将进一步加剧这种趋势。因此，固守国际大循环和过度依赖外需，无法保障我国经济增长的健康可持续。与此同时，我国自身经济发展也发生了阶段性的变化，从供需两侧对保持经济增长提出严峻挑战。

良性的经济循环需要供给侧与需求侧的协同配合，从机制和过程两个方面保障经济增长目标的实现。在人口红利时期，一方面，我国劳动力和人力资本供给、资本回报率和资源配置效率，构成很高的供给侧增长能力；另一方面，居民收入、企业投资和基础设施建设，以及上一轮经济全球化提供的积极参与世界经济分工的机会，形成很高的需求侧支撑能力。正是两者的配合保障了高速经济增长。在世界经济格局、国际形势和我国发展阶段发生变化的条件下，供给侧增长能力和需求侧支撑能力都面临挑战。特别是随着老龄化加速加深，两个人口转折点带来经济增长必然面对、也必须应对的挑战。

第一个人口转折点是我国 15—59 岁劳动年龄人口达到峰值，于 2012 年开始负增长，人口抚养比从此持续提高。这个转折点的到来，从劳动力数量和质量、资本回报率和资源重新配置效率等方面改变了生产函数组合，削弱了潜在增长率，产生了对我国经济的供给侧冲击，GDP 实际增长率从 2011 年的 9.3% 降低到 2019 年的 6.1%。不过，这个时期没有遭遇需求冲击，因此实际增长率与潜在增长率是相吻合的。

第二个人口转折点预计出现在 2025 到 2030 年，以我国总人口达到峰值并进入负增长为标志。这个转折点固然会继续产生降低供给侧潜在增长率的效应，但是更特殊的效应则是从投资意愿、消费能力和消费倾向方面降低有效总需求，产生对我国经济的需求侧冲击。

老龄化通过三种效应抑制消费需求。一是人口总量效应。人口等同于消费者，人口增长减速或负增长，必然降低甚至遏止消费增长。二是年龄结构效应。老年人口具有较低的消费能力和消费倾向，老龄化也提高劳动者的储蓄倾向。三是收入分配效应。由于处于收入分配两极的人口具有不同的消费倾向与消费能力关系，如低收入家庭消费倾向高却消费能力不足，高收入家庭消费能力强却消费倾向低，因此收入差距大就会抑制消费。

推动构建新发展格局的目的要求，是实现创新发展和高水平自立自强，促进供给能力与有效需求的适应性、三大需求因素之间的平衡性、国内大循环与高水平对外开放的相互促进关系，最终形成供给创造需求的更高水平动态均衡。因此，应该从供给侧结构性改革与需求侧管理两方面均衡施策和同时发力。从供给侧，通过改革和创新形成新的生产函数组合，提高全要素生产率驱动的潜在增长率，以效益和质量的提升把增长速度保持在合理区间。从需求侧，通过提高居民收入、收入分配制度改革和加大基本公共服务供给力度，不断扩大中等收入群体，提高有效需求以实现潜在增长率。

以制度建设和补齐短板
保持经济合理增速

一、引言

任何国家在任何发展时期，经济增长不会总是一帆风顺，而是处在这样或那样的挑战之中。迈向现代化过程中的中国经济也是如此，需要通过实施相应的改革、发展和调控政策，为经济增长保驾护航，把增速保持在合理的区间。这里所说的合理区间是由潜在增长率所决定的，指的是在没有周期性干扰的条件下，生产要素供给和配置所能支撑的增长速度。随着人均 GDP 的提高和人口转变进入新的阶段，中国经济已经从高速增长转向高质量发展阶段，潜在增长率处于长期下行的趋势。

例如，李雪松和陆旸（参见中国发展研究基金会，2022，第三章）对中国经济潜在增长率进行的中位预测和高位预测显示，GDP 年均增长速度在 2021—2025 年分别为 5.44% 和 5.77%，在 2026—2030 年分别为 4.84% 和 5.21%，在 2031—2035 年分别为 4.10% 和 4.48%。即使按照中位速度，中国经济也可以实现"十四五"规划期末进入高收入国家行列和 2035 年成为中等发达国家的目标，人均 GDP 在 2025 年达到 14351—14557 美元，2035 年达到 22513—23642 美元。

然而，各种长期转折和短期冲击的情形总是会发生的，确保经济增长潜力得以实现有赖于恰当的政策选择和巨大努力。一方面，中国经济虽然在新冠肺炎疫情中率先复苏，但是，疫情仍在局部性、间歇性发生，并且疫情对经济增长的影响还具有延续效应。另一方面，中国人口到达一个崭新的转折点，人口峰值和更深度老龄化将从供需两侧影响经济增长态势。因此，更好地认识中国经济面临的挑战和存在的风险，进而选择有针对性的政策、出台行之有效的措施，需要有一个恰当的宏观经济分析框架。

经济史上的重要事件通常都会发生两次，第一次在现实中，第二次在经济模型里。无论人们的主观意愿如何，该发生的已经发生，即便是不希望发生的事件也无可挽回。然而，正如经济学家常说的那样：不要浪费掉一次难得的危机。从发生事件的经验和教训中提炼理论、检验理论乃至扬弃理论，是经济学发展的独特路径。

从这个目的出发，我们尝试建造一个分析框架并将其应用于中国经济，把经济增长转折的长期视角和经济周期冲击的短期视角，分别与供给侧的增长潜力和需求侧的支撑能力相对应，由此构成理论上成立、现实中存在的四种情形（表1）。

表1　从长短期和供需侧认识中国经济

	长期转折	短期冲击
供给侧	（一）2010年劳动年龄人口达到峰值后负增长，人口红利消失，增长减速；做出新常态判断，部署供给侧结构性改革，着眼于提高生产率和潜在增长率。	（二）宏观经济稳定，未遭遇短期冲击。2012—2019年实际增长率符合潜在增长率，分别从7.9%和7.5%降低到大约6%，保持了合理增长速度即预期的中高速。
需求侧	（三）2022年起，在潜在增长率继续并可能加速下行的同时，前所未有的新制约来自需求侧，特别是居民消费。要保持高基数下的中高速，需从三个分配领域改革入手，促进共同富裕，促进消费。	（四）应对疫情着眼于支持中小微企业，降税费和给予补贴，通过保市场主体保就业和民生。由于恰遇人口提前达峰和老龄化加深，产生消费冲击，亟待提高保市场主体和保民生（收入及消费）之间的协同程度。

表1显示的四个交叉栏代表了过去十余年中国经济发生过的和正在发生的事件。从理论分析的角度对其进行重新推演，有助于认识中国经济面临的挑战。第一栏是长期转折与供给侧变化的组合，反映人口红利消失这一经济发展转折点与其导致潜在增长率下降的因果关系。第二栏是短期冲击与供给侧的可能组合。总体来说，中国经济增速自放慢以来，并未遇到短期的供给侧或需求侧冲击，因此，实际增长速度虽然下降，却与潜在增长率保持一致。第三栏是长期转折与需求侧变化的组合，反映人口转变新阶段使得经济增长制约因素转到需求侧。第四栏是短期冲击与需求侧变化的组合，提示在疫后复苏中更加着重促进保市场主体和保民生之间的协同性。本文将以分析后面两种情形为重点，揭示中国经济面临的新挑战，并提出相应的政策建议。

二、研判疫情后世界经济走向

对疫情后世界经济走向做出判断，需要从三个方面着眼，即结合认识疫情发生前世界经济基本趋势——长期停滞、疫情对经济的影响，和疫情后复苏主导性特点——K形复苏，以及疫情后复苏过程中主要经济体的发展新特点——需求侧与供给侧复苏的不同步。考量这些因素的相对作用效果之后，我们可以做出一个基本判断：世界经济的总体走向是从短暂存在的"滞胀"回归"长期停滞"常态。

在结合经济增长和宏观周期现象进行研究时，人们常常会发现，在遭遇诸如经济危机和衰退等周期性冲击之后，经济增长结构性变化因素所决定的长期趋势可能提前到来，从而改变经济增长的常态。也就是说，一个时期的潜在经济增长能力，既有其相对稳定性和韧性，也与此前发生过的各种周期性冲击性后果有关（Cerra et al.，2020）。世界经济在遭遇2008—2009年国际金融危机冲击之后，全球进入人口老龄化加深的阶段，一些发达国家还需要消化应对危机措施不力的后果，因而整体上陷入"长期停滞"状态，表现为低通货膨胀、低长期利率、低经济增长和高负债特征（Summers，2016）。另一种刻画方法是，把金融危机后在21世纪第二个十年期间的世界经济概括为四个"D"，分别为人口减少（depopulation）、生产率下滑（declining productivity）、去全球化（deglobalization）和负债增加（debt）（Sharma，2022）。

由长期停滞和四"D"增长形态所表征的世界经济基本态势，一直持续到新冠肺炎疫情大流行。关于疫情之后复苏的世界经济，持上述两种观点的代表性经济学家基本上都认为疫情前的那种趋势仍将延续，甚至更低的潜在增长率将使低增长常态化。然而，在认识到这种趋势可能长期延续的同时，我们还应该看到，由于发生了许多重要的变化，现实中也已经或者即将显现出一些崭新的特点。

一个这样的新特点表现为世界和各国疫情后经济复苏的K形轨迹。这个大写字母的剪刀差形状形象地刻画出复苏的不平衡甚至霄壤之别，既表现在发展中国家与发达国家之间，以及发达国家的低收入者与高收入者之间，更突出表现在一些发达国家供给侧与需求侧的复苏不同步。

以美国为例。一方面，美国在应对疫情大流行过程中采取了前所未有的刺激措施，特别是面对家庭予以慷慨补贴，在一定程度上维持了消费稳定。另一方面，疫情防控不力、供应链断裂、贸易战、大宗商品价格大起大落、劳动参与率下降等因素使得供给侧复苏乏力。这种供需两侧不对称现象不仅推高通货膨胀，也使美国的宏观经济政策处于两难境地，加息和缩表等收缩性措施难以抑制消费，只能进一步打击供给。由此一例可见，对疫情后的世界经济来说，长期停滞很可能仍是常态性的挑战，而滞胀（stagflation）将是一段时间内的当务之急。

可以预见的是，疫情过后以及俄乌冲突之后，贸易摩擦、供应链脱钩和技术脱钩等趋势不会有丝毫减弱。在危机之中实际出现的供应链断裂以及由此导致的供给不足、物流和运输不畅，以及能源、粮食等大宗商品价格暴涨暴跌经历，无疑使一些国家对全球化产生防范之心，其经济政策也将更加立足于内顾。出于地缘政治考虑甚至新冷战思维，无论是以占据科技制高点、提升国家竞争力、保障供应链安全为理由，还是明火执仗地实施对中国发展的遏制措施，逆全球化趋势都将继续乃至加深和加速。总体来说，对于开放发展的中国来说，在走向现代化的过程中，外部环境是错综复杂甚至险峻的。

三、中国经济面临最新挑战

按照现价和全年平均汇率计算，2021 年中国人均 GDP 已经达到12551 美元。世界银行为 2021—2022 年确定的高收入国家门槛水平为人均国民总收入（Gross National Income，GNI）达到 12695 美元（Hamadeh et al.，2021）。对于中国来说，GNI 与 GDP 之间的差异很小。因此，按照预期的增长速度，2022 年中国无疑可以跨过这个门槛，进入高收入国家行列，这意味着我国可以提前实现预期"十四五"末达到的目标。如果说这个统计指标是中国经济发展的一个标志性节点、有利于增强实现 2035 年基本实现现代化目标的信心，那么还要注意，2022 年预期还将可能经历一个重要的转折点即人口总量达峰。2021 年，中国人口自然增长率仅为 0.34‰，系除 1960 年之外新中国历史上的最低水平，标志着中国即将进入人口负

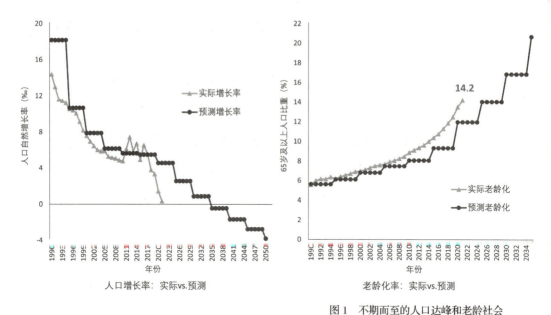

人口增长率：实际vs.预测　　　　　　　老龄化率：实际vs.预测

图1　不期而至的人口达峰和老龄社会

资料来源：国家统计局国家数据网站（https://data.stats.gov.cn/easyquery.htm?cn=C01）和世界银行数据库网站（https://data.worldbank.org/）

增长时代。随着 65 岁及以上人口比例达到 14.2%，中国已经进入国际公认的老龄社会。

值得指出的是，人口增长率接近零和老龄化达到更深的程度，都是超出此前预期的。例如，把 2021 年人口转变达到的水平与联合国 2019 年进行的预测进行比较，可以发现人口达峰预期提前十年左右，老龄化达到 14% 这个水平也提前了五年左右（图 1）。多年的经验表明，人口转变的阶段性特点显著地影响了中国经济增长的趋势，而每逢发生阶段性变化特别是重要的转折，都给中国经济增长带来不容忽视的挑战。具体来说，从现在起到 2035 年，中国人口变化趋势将从以下三个方面对经济增长构成严峻挑战。

首先，劳动年龄人口加速减少，将使实现 2035 年远景目标的潜在增长能力受到挑战，潜在增长率下行速度可能加快。中国的 15—64 岁劳动年龄人口在 2013 年达到峰值之后，呈现以加速度绝对减少的趋势，从供给侧对劳动力供给、人力资本改善、资本回报率和生产率产生负面影响，导致潜在增长率下降。在老龄化进入更深阶段的情况下，今后劳动年龄人口不仅继续减少，而且减少的速度仍将加速，对经济增长可持续性的挑战依然巨大。因此，尽快实现发展方式转变和增长动能转换，使生产率提高取代要素投入成为经济增长的主要驱动力，迫切要求通过改革创造必要的体制机制条件，从供给侧保持符合预期的潜在增长率，从而确保经济在合理区间增长。

其次，人口总量达峰将产生一个以消费收缩为特征的冲击因素，随后，经济增长受需求因素制约将成为一个新常态。虽然中国人口规模仍然是巨大的，也将以庞大的市场需求支撑经济增长，但是，人口从正增长到零增长乃至负增长的变化，将是一次不可忽视的冲击事件。

日本、意大利、希腊、葡萄牙等一些高收入国家的经验表明，在人口达峰即人口增长率为零的时点上，消费通常跌到极低甚至零或负增长点上，同时导致经济增长达到低点。随后，在人口负增长时期，消费乏力与投资需求不足一道，造成过度储蓄以及其他长期停滞的特征，使实际增长达不到增长潜力，造成增长缺口（实际增长率减去潜在增长率的差额），经济增长的需求侧制约是一个全新的挑战，需要从各个方面积极应对，特别是把实施扩大需求的举措提到政策议程上来。

最后，更深度的老龄化对保障和改善民生、促进共同富裕的制度建设提出紧迫性。按照国际上的一般说法，一个国家的老龄化率超过 7% 便成为老龄化社会，标志着人口转变进入老龄化的轨道；老龄化率超过 14%，则成为老龄社会，标志着人口转变已经达到老龄化的态势，老龄化的特征更为典型和突出，老龄化带来的社会经济问题更加严峻。

例如，老龄化加深就意味着老年抚养比的更快提高。由于中国社会养老保险模式具有明显的"现收现付"特征，抚养比的提高预示着养老保险基金收支格局的改变，入不敷出的情形极有可能出现。实际上，由于与人口年龄结构相关的诸多基本公共服务和社会福利供给目前都处于一种紧平衡的状态。这要求制度建设和短期应对举措相衔接，以加快改善民生，激发超大规模市场活力。

四、建设社会福利体系与补足民生短板

综上所述，即便撤除俄乌冲突和疫情回弹这样的黑天鹅事件影响，人口变化趋势这一灰犀牛事件本身也已经注定了 2022 年及以后中国经济增长不可避免要面对冲击。在坚持供给侧结构性改革的同时，我们要高度关注最新发生的经济增长需求制约。虽然这一来自需求侧的冲击既是前所未有的，也是力度空前的，然而，应对之策已经蕴含在党中央的一系列重大部署和方针之中。概而言之，就是把构建覆盖全民和全生命周期的社会福利体系的制度建设，与稳定和保障基本民生的即时举措有机结合在一起。也就是说，需求侧改革也是结构性改革的题中应有之义。

构建社会福利体系是长期制度建设任务，也具有现实的紧迫性，因此，需要把旨在保障民生的即时应对措施同时转变为制度建设的有机组成部分。一方面，人口达峰和负增长冲击主要表现为人口数量和年龄结构对消费的负面影响，归根结底需要以保障基本公共服务供给编织更牢固的社会安全网。从其稳定消费从而缓解需求侧冲击的意义来看，这种长期制度建设能够产生显著且立竿见影的改革红利。另一方面，在老龄化不断加深的背景下，一旦对人口达峰和负增长的冲击应对不力，就有可能把突发的急

症转化为慢性的顽疾，某一年度增长未能达到预期也有可能诱发长期增长低迷，延误现代化进程。因此，即时的应急手段既不能或缺，还要与能够发挥长期效应的制度体系良好衔接。

下面，我们将主要采取把发展现状与现代化共性特征进行比较的方式，论证制度建设的必要性、紧迫性以及采取何种推进路径。随着中国进入高收入国家行列，与现代化特征相关的参照系也应该有所变化。例如，适宜于进行比较的参照国家，应该是以人均 GDP 高于中国为起点、以初步进入中等发达国家行列（即高收入国家三等分的中间组）为终点的这个收入组，以下简称"参照国家"。据此比较，我们将分别阐述长期制度建设和短期政策措施，加深对各自的性质和内涵及其相互关系的认识。

首先，按照幼有所育、学有所教、劳有所得、病有所医、老有所养、住有所居、弱有所扶的要求，构建覆盖全民和全生命周期的社会福利体系，是 2035 年基本实现现代化不容回避的制度建设任务。一般规律表明，随着发展水平的提高，人民群众对社会保护、社会共济和社会福利的需求不断扩大，经济活动对反垄断和规制、履约和执法、文化教育等公共产品的需求也相应提高。

由于这类公共品需要政府充当供给者和埋单人，因此，政府支出占 GDP 的比重显现提高的趋势。这个统计规律被称为瓦格纳法则（Henrekson, 1993）。从世界银行的跨国和时间序列数据可以看到这个规律在统计意义上的显著性水平（图 2）。特别值得注意的是，在人均 GDP 从 10000 美元到 23000 美元这个发展区间，政府支出占 GDP 比重提高最为迅速，说明这一区间正是社会福利体系建设的冲刺阶段。

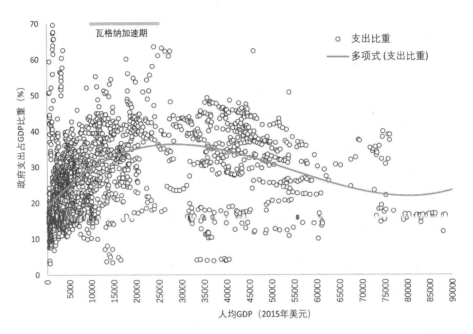

图2　政府支出水平随人均GDP增长而提高

资料来源：世界银行数据库网站（ https://data.worldbank.org/ ）

其次，从现在起到2035年基本实现现代化的这段时间，是消除城乡二元结构的重要窗口期，要显著缩小城乡之间在劳动生产率、收入水平和生活质量以及基本公共服务可获得性上的差距。从统计显著性和现实可行性上根本消除二元结构，以下相互关联的重要任务需要协同推进。第一是加快推进城乡基本公共服务均等化。建立社会福利体系的切入口，就是补齐农村居民在基本公共服务保障方面的短板，从而整体提高社会保护水平。第二是以加快推进新型城镇化为抓手，显著降低农业就业比重，提高城镇常住人口和户籍人口比重，目标是消除与参照国家平均水平相比城市化率低5.5个百分点、农业就业比重高18.2个百分点的差距。第三是围绕提高农业农村现代化任务推进乡村振兴，通过扩大经营规模和转移劳动力提高农业劳动生产率,改变中国农业劳动生产率仅为参照国家平均水平30%的现状。

最后,以稳定居民收入和消费为目标,从保民生和补短板入手,实现2022年经济增长预期目标,为此后十余年的经济合理增速奠定坚实基础。稳增长通常需要从两个方向着眼和发力:一方面是保护好市场主体这座"青山",另一方面是培育居民消费这片"沃土",两个方向的任务需要协同推进和相互支撑,这样稳增长的效果才是可持续的。处理好这个关系,有必要从这两个政策对象的性质特点入手,进而加深对两种政策效应的认识。一般来说,市场主体是变化的,无论在正常时期还是在遭遇冲击的情况下,市场主体总是处于不间断的进与退、生与死的过程中,这就是所谓的"创造性破坏"。另一方面,居民消费是基本民生的表现,并且是市场主体的需求条件,无论何时何地都要得到保障。因此,保市场主体更需要精准施策,把握好时机和分寸,稳居民消费则适宜于采用普惠措施,保持稳定性和可持续性。

参考文献

Cerra, Valerie, Antonio Fatás, and Sweta C. Saxena, 2020, Hysteresis and Business Cycles, IMF Working Paper, WP/20/73 (May).

Hamadeh, Nada, Catherine Van Rompaey, Eric Metreau, 2021, New World Bank Country Classifications by Income Level: 2021-2022: https://blogs.worldbank.org/opendata/new-world-bank-country-classifications-income-level-2021-2022.

Henrekson, Magnus, 1993, Wagner's Law - A Spurious Relationship? Public Finance / Finances Publiques, Vol. 48 (2), pp. 406-415.

Sharma, Ruchir, 2022, Slower Growth Will Be a Hallmark of a Post-Covid World, Financial Times, 14 February.

Summers, Lawrence H., 2016, The Age of Secular Stagnation: What It Is and What to Do About It, Foreign Affairs, Vol. 95, No. 2, pp. 2-9.

中国发展研究基金会（2022）《中国发展报告2021/2022：走向共同富裕之路》，北京：中国发展出版社。

如何认识和应对
我国人口形势的挑战

习近平总书记指出：防范化解重大风险要摆在三大攻坚战的首位，是中华民族实现伟大复兴必须跨越的关口。在新发展阶段上，我国面临的巨大风险挑战中包括一系列可能导致经济增速偏离合理区间，从而阻碍经济增长、预期目标的实现，以致延滞中华民族伟大复兴进程的因素。我国经济需要达到必要的增长速度和发展质量，才能以十足的成色为基本实现社会主义现代化打下雄厚物质基础。

就未来15年来说，经济增长的合理目标，就是实现GDP总量和人均水平翻一番，在"十四五"规划末达到现行的高收入国家标准，即人均GDP超过12535美元，到2035年达到中等发达国家水平，即人均GDP达到23000美元。要实现这些目标，需要高度重视各种风险，特别是人口因素可能形成的障碍。

一、人口问题是"成长中的烦恼"

第七次人口普查结果显示，我国 2020 年人口总量为 141178 万人，在 2010 年的基础上增加了 7205 万人，意味着年平均增长率为 0.53%。这是一个预料之中的结果。一方面，与 2000—2010 年年平均增长率 0.57% 相比，人口增长速度继续减缓；另一方面，2020 年比 2019 年多出的 1173 万人实际上是两次普查之间历年的误差总和，自然应该分摊到各年度的数据中，因此，普查结果也不否定过去十年人口增长率逐年减慢的总判断。总体来说，我国面临的人口老龄化挑战在这次人口普查结果中得到更为准确的揭示。

生育率下降和预期寿命延长是经济社会发展过程中带有规律性的结果，相应地会导致老年人口在总人口中的比重不断提高，表现为人口老龄化过程。人口老龄化是一个世界性现象，也是 21 世纪的全球大趋势。联合国预测数据表明，2020 年，60 岁及以上人口比重在发达国家为 25.9%，在发展中国家（不包括最不发达国家）为 12.1%。虽然最不发达国家的这一比重目前仅为 5.7%，但是也将迅速赶超上来。作为一个处于从中等偏上收入向高收入冲刺阶段的国家，我国自然不会置身这个老龄化过程之外。与此同时，我国的人口老龄化也有三个突出的特点，构成更为严峻的挑战。

首先，与世界总体及主要国家组别相比，中国的老龄化进程都是最快的。早在 20 世纪 90 年代初，我国总和生育率即妇女平均终生生育的孩子数量就已经降到了 2.1 这个保持人口稳定需要的更替水平之下。这次人口普查显示，2020 年我国总和生育率已经低至 1.3。长期处于低生育水平的结果必然是人口老龄化，而处于极低生育水平的结果则必然是极快的老龄化速度。根据联合国的预测，在 2015—2055 年，中国 60 岁及以上人口占全部人口的比重将以年均 2.35% 的速度提高，而这个比重的提高速度世界平均为 1.53%，其中高收入国家平均为 0.97%，中等偏上收入国家平均为 2.17%，中等偏下收入国家平均为 1.98%，低收入国家平均为 1.44%。

其次，中国拥有世界上最大规模的老年人口，而且这个地位将长期保持。虽然我国人口占世界的比重预计从 2020 年的 18.1% 显著降低到 2055 年的 13.2%，届时我国不再拥有世界上最大的人口，但是，同期我国老年人占世界的比重将仅仅从 23.4% 降低到 22.6%，意味着将继续拥有世界上最大规模的老年人口。

最后，中国的老龄化具有未富先老的特点，即老龄化程度在世界排位显著高于人均收入的世界排位。2019 年，我国人均 GDP 为 10262 美元，比中等偏上收入国家平均水平高 13.5%，显著低于高收入国家 44540 美元的平均水平。然而，在 2020 年，我国 60 岁及以上人口比重为 18.7%，其他中等偏上收入国家平均为 12.5%，高收入国家平均为 24.1%。这一特征将长期保持不变。2035 年，我国老龄化率预计超过高收入国家的平均水平，但届时预期人均 GDP 约为 23000 美元，仍低于 2019 年高收入国家平均水平。

二、人口老龄化挑战中的机会窗口

生育率下降、人口增长率降低、老龄化水平提高，是我国正在经历的一个不可回避的人口转变阶段。相应地，防止陷入低生育率陷阱、应对人口峰值和负增长带来的经济增长冲击，以及积极应对人口老龄化，则是在未来发展过程中面临的严峻挑战。既然挑战是一种客观的必然，我们所要做的便是通过改革和政策调整把挑战转化为机遇。一方面，按照党的十九届五中全会"优化生育政策和增强生育政策包容性"部署，尽快实现家庭自主生育，推动生育率向更均衡水平靠近；另一方面，学会与老龄化共舞，应对人口变化的供给侧和需求侧冲击，把经济增长保持在合理区间。

"十四五"规划和2035年远景目标纲要中确立的增长目标，是考虑到这一时期面临的重要挑战而提出的，因此，老龄化的严峻性并不是人口普查数据初次揭示出来的，也丝毫不会改变我们对经济增长前景的信心。有人担心，我国的低生育水平和高老龄化率及其造成的劳动力短缺，会进一步减缓经济增长速度，会妨碍实现2025年和2035年的人均收入目标。这种担忧是不必要的。

我国未来的劳动力供给的确不能指望新成长劳动力的增加，却可以靠劳动力转移来满足。目前，我国农业劳动力比重为25.3%，与高收入国家的平均水平3.1%相比，仍有22.2个百分点的劳动力转移空间，而每一个百分点就代表着800余万劳动力。此外，在常住人口城镇化率63.9%与户籍人口城镇化率45.4%之间，仍然存在18.5个百分点的差异，通过把进城务工人口转变为市民，可以显著稳定劳动力供给。此外，在关键领域推进经济体制改革，可以产生增加要素供给和提高生产率的效果，因而可以提高潜在增长率。

凡事预则立、不预则废。人口变化趋势确有冲击经济增长的风险，应该引起足够的重视。特别是以往关注不够的人口因素风险，即需求不足对经济增长速度的冲击效应。根据一般规律，人口老龄化过程中会出现两个人口转折点。第一个转折点以劳动年龄人口达到峰值为标志。2012年，我国15—59岁人口达峰并转入负增长，这会造成对经济增长的供给侧冲击，导致潜在增长率下降和实际增长减速。总体来说，2012年以来我国经济实际增速放缓的下行趋势与潜在增长率的下降预期是吻合的，说明这一期间没有遭遇来自需求侧的冲击。如果需求因素始终能够满足潜在增长率的要求，目前预测的增长潜力尚属合理的增速区间。

然而，如果在 2025 年左右到达总人口峰值并转入负增长，即第二个转折点，经济增长将遭遇需求侧的冲击。一旦总需求不足成为实质性制约因素，实际增长率会降低到潜在增长率之下，形成负的增长缺口，实现预期增长目标的难度将会增大。在第二个转折点来临的情况下，供给侧冲击因素也会转化为需求侧冲击，如制造业比较优势和竞争力弱化会减少出口，经济增长减速则会抑制投资需求，从而形成供需两侧的相互掣肘。

与此同时，人口老龄化会通过三种效应影响消费需求。一是人口总量效应。人口可以被视为消费者，在其他条件不变的情况下，人口增加消费就扩大，人口减少消费就萎缩。二是年龄结构效应。一方面，老年人的消费能力和消费倾向通常较低，这部分人口比重提高就产生压低消费需求的效果；另一方面，在老龄化加快的情况下，就业人口也因承担社保缴费负担和进行预防性储蓄而减少消费。三是收入分配效应。由于高收入家庭的边际消费倾向低、低收入家庭的边际消费倾向高，在收入差距存在并且扩大的情况下，消费需求会受到抑制。

三、依靠改革化解风险并化危为机

防范和化解人口因素致使经济增长偏离合理区间的风险，要求在新发展理念引领下形成新发展格局，以供给侧结构性改革为主线，实现创新和生产率驱动的经济增长；同时注重需求侧管理，发挥好内需特别是消费需求对潜在增长率的支撑作用。具体来说，就是要把提高潜在增长率与扩大需求的应对举措有机结合，使增长潜力得到充分发挥。这表现在诸多关键改革领域和每一项改革举措上面。主动推动改革，是应对风险的根本途径，而延迟改革或者改革不到位，则是最大的风险隐患。下面强调几个亟待推进的改革领域和举措。

首先，要落实好党的十九届五中全会增强生育政策包容性以及降低生育、教育、养育成本的部署，推动实现自主生育，努力促进生育率适度回升，促进人口均衡发展。国内和国际范围的调查都发现，无论实际生育水平是高是低，一般家庭的理想子女数大都为两个左右。实际生育率与理想子女数之间的差额大小，在很大程度上取决于"三育"成本的高低。因此，我们应该抓紧利用已经为时不长的机会窗口，从妇幼保健、劳动就业、托幼教育等方面切实降低"三育"成本，挖掘稍纵即逝的生育潜力。

其次，要加快推进户籍制度改革，促进农业转移劳动力在城镇落户，增加和稳定劳动力供给，扩大居民消费需求。一方面，挖掘我国农业劳动力转移和城镇化潜力，另一方面，促进农民工落户进而缩小两个城镇化率之间的差距，都需要加快户籍制度改革，从中收获供需两侧"一石三鸟"的改革红利：第一，增加非农劳动力供给，缓解工资成本过快提高的趋势；第二，促进劳动力跨城乡、跨地区、跨产业流动，释放资源重新配置的生产率潜力；第三，提高农民工及其家庭的基本公共服务保障水平，解除其后顾之忧，释放其消费潜力。

再次，要提高居民收入和劳动报酬在国民收入中的份额，实现居民收入增长和经济增长基本同步，从初次分配和再分配领域双管齐下改善收入分配，扩大中等收入群体，扩大居民消费需求。国际经验表明，劳动力市场的初次分配归根结底不足以把收入差距降低到合理的水平。同时，福利国家建设速度的加快提升通常也发生于人均 GDP 为 10000 美元到 20000 美元期间。因此，从"十四五"规划期间开始，我国应从提高基本公共服务供给和均等化水平入手，显著加大再分配政策实施力度。

最后，应从拆除要素流动的体制障碍、促进市场主体的进入和退出，以及加强社会政策托底入手，营造"创造性破坏"的环境，实现竞争中的优胜劣汰，不断提高全要素生产率。OECD 成员的经验表明，社会福利支出占 GDP 比重与劳动生产率之间，具有显著的正相关关系，说明越是把劳动者及其家庭的基本生活在社会层面予以托底保障，就越是可以无后顾之忧地拥抱创造性破坏，因而无须对落后的产能、低效率的企业，乃至过时的岗位进行保护，以避免资源配置的僵化和退化。

两个人口转折点对经济增长的冲击

——日本的经验和教训

　　日本是世界上老龄化程度最高的国家之一，也被普遍认为是长达数十年经济增长表现不佳的国家，因此，相当一部分研究者把日本的"高龄少子化"与其经济增长"失去的30年"建立起因果关系。有些经济学家把日本经济陷入的窘境形容为"日本病"，并且由于很多发达经济体具有与日本病十分相似的症状，因而形成一个世界经济范围内的"日本化"的说法。综合相关文献的讨论，我们可以用"三低两高"来简洁概括日本病，即低利率、低通胀、低增长，以及高龄化、高债务。

　　人口老龄化对经济增长具有显著的负面影响。对一个特定的国家来说，老龄化过程中的两个人口转折点常常对经济增长产生冲击。第一个转折点系劳动年龄人口到达峰值并转入负增长，通常带来供给侧冲击，表现为潜在增长率的降低。第二个转折点系总人口到达峰值并转入负增长，通常带来需求侧冲击，造成经常性的负增长缺口。日本是世界上生育水平最低和老龄化程度最严重的国家之一，近年来的总和生育率仅为1.37，60岁及上人口占比高达34.3%，总人口已经连续10年负增长。这些人口转变的经济后果，几乎无一遗漏地反映在过去30年乃至更长时间的日本经济发展历程中。

一、经济增长遭遇的两次冲击及其性质

从发展经济学的角度来定位经济发展阶段,日本早在 1960 年就迎来其"刘易斯转折点",即经济增长吸纳劳动力的速度超过了劳动力的成长速度,因而最终消化掉农业中长期积淀的剩余劳动力。跨越这个转折点,标志着一个国家在二元经济发展阶段所具有的劳动力无限供给特征消失,随后必然出现实际工资上涨现象,劳动密集型制造业的比较优势加快丧失。当时,虽然有日本经济学家依据刘易斯二元经济理论的假设探讨了刘易斯转折点对日本经济的含义,但是,人口因素并没有成为一个重要的考虑变量。事后来看,正是从刘易斯转折点开始,日本的人口增长就与经济增长高度相关,二者基本保持了同步变化的趋势。

如果说关于刘易斯转折点的判断涉及一些有争议的定义和复杂的计量问题的话,对人口变化或老龄化必然经历的另外两个重要转折点,即劳动年龄人口峰值和总人口峰值,则可以从统计数据进行直接观察。日本是世界上少有的经历了这两个人口转折点并且遭遇人口转折对经济增长冲击的国家。根据联合国的数据,日本于 1990—1995 年经历了第一个人口转折点,即 15—59 岁劳动年龄人口到达峰值,随后转入负增长。在随后的 1995—2019 年,15—59 岁年龄人口以年平均 0.7% 的速度减少。进一步看,在 2009 年,日本经历了第二个人口转折点,即总人口到达峰值并进入人口负增长时代。在 2010—2020 年,日本总人口以年平均 0.6% 的速度减少。

在趋近 20 世纪 90 年代初第一个人口转折点的过程中,日本经济的显著特点是潜在增长率的持续降低。潜在增长率反映的是生产要素供给和配置水平所体现的经济增长能力或潜力,因此,该指标是依据一定的理论假设估算出来的,而不是实际统计出来的。由于劳动年龄人口增长明显减速,

乃至抵达零增长和开始负增长，日本在这个时期经历了劳动力短缺、企业成本上升、资本回报率下降、生产率徘徊等冲击，供给侧的增长能力显著下降，并反映为潜在增长率的降低。潜在增长能力下降必然导致实际增长表现不佳，因此，两者的同步降低是符合理论预期和现实逻辑的现象。

实际增长率减去潜在增长率所得到的差，就是所谓的增长缺口。显而易见，正增长缺口表示实际增长超过了增长潜力，往往是政策过度刺激需求造成的结果；负增长缺口表示实际增长没有达到增长潜力，通常是需求不足造成的结果。我们可以分三个阶段进行观察，以便增进对日本经济遭受人口冲击特点的认识。

第一个阶段为1988—1992年，日本经济出现了明显的正增长缺口。在经济受到供给侧冲击、潜在增长率迅速下降的情况下，日本的决策者和经济学家几乎一致认为这是来自需求侧的冲击，因此推动实施了大规模刺激投资需求的政策，把各种版本的凯恩斯经济学演练成刺激措施，因而造成了经济史上前所未有的经济泡沫。这种靠政策手段刺激起来的投资需求，把这个时期的日本经济增长拉到潜在能力之上，形成巨大的正增长缺口，直至伴随着经济泡沫的破灭才得以消除。

第二个阶段为1993—2016年，日本经济基本处于持续的负增长缺口状态，这标志着总需求不足成为经济增长的常态。其间，1993年到2002年间出现持续增大的负增长缺口，可以说是由于此前大力度刺激政策造成严重产能过剩的结果，以致哪怕是在正常的需求条件下也无法满足过剩产能的增长要求。随后，在泡沫破灭的效应逐渐被消化的过程中，总人口峰值同时日益逼近，以致在人口增长由正转负的年份（恰遇国际金融危机），再次遭遇大幅度的经济负增长，负增长缺口更是成为常态。

第三，2017年后出现的小幅正增长缺口，即实际增长率大于潜在增长率的情况,可能是由于这期间日本经济的潜在增长率实在是太低了,如在2017—2019年潜在增长率分别只有0.52%、0.33%和0.17%。由于日本政府确立了2%的通货膨胀率目标,为了尽可能达到这个目标,所出台的任何一个水平的政策刺激都可能导致增长缺口为正。然而,增长潜力低和需求乏力并存,依然是日本经济受到供给和需求两侧制约的基本特征。

可见,随着日本经历两个人口转折点,经济增长先是遭遇劳动年龄人口峰值和负增长造成的供给侧冲击,表现为潜在增长率的持续降低,经济增长陷入长期乏力;随后又遭遇总人口峰值和负增长造成的需求侧冲击,表现为社会总需求成为常态的经济增长制约因素,以致经常性地出现负增长缺口。由此我们可以得出关于日本经济长期停滞的基本逻辑,即人口老龄化是经济增长减速的基本原因,并在不同转折点上带来不尽相同的冲击类型。当然,日本经济最终表现如何,也与其宏观经济政策的应对和微观市场主体的表现密切相关。

二、日本经济陷入长期停滞的原因

第一个人口转折点造成潜在增长率降低的主要原因,是传统增长源泉不再能够支撑既往的增长速度,如果没有其他增长源泉接续,经济增长就会产生一个断崖式的减速。日本在经历大幅度增长减速的情况下,出现了两种反应方式,分别来自宏观政策的应对和微观市场主体的应对,现实运行过程中这两种反应的结合却产生了一个未曾预料的负面结果。

从宏观经济政策上看,日本的决策者从一开始就没有认识到增长减速的供给侧根源,反倒实施了大规模的刺激政策,从财政政策和货币政策两方面倾注了资金,造成流动性泛滥。从微观层面看,市场主体即企业和投资者为了应对劳动力短缺和工资上涨，利用这种宽松的货币环境，加大资本品的投资力度，推动对劳动力的替代。这形成了一个资本深化的过程，显著提高了资本劳动比。从宏观层面与微观层面的结合看，泛滥的流动性造成资金充裕和便宜，也使得资金向非实体经济和非生产领域外溢，进入那些不需要依靠比较优势和生产率来竞争的领域，以股票市场和房地产行业为代表。

政策误判导致的宏观应对与相应的微观反应相结合，造成日本经济的巨大泡沫乃至最终破裂。按照主流增长理论，虽然资本积累及其扩大是经济增长的关键，但是资本投入增长过快和过度则会导致资本报酬递减现象。因此，全要素生产率的提高是经济增长的终极源泉。随着人口红利消失而发生的经济增长减速，原因在于单纯依靠资本和劳动要素的投入不能支撑必要的增长速度。这时，如果全要素生产率不能相应提高，正常的增长减速就会演变为长期的增长停滞。

日本经济陷入长期停滞的根本原因，正是由于全要素生产率不仅没有抵消其他增长因素的负面效应，自身反而陷入停滞甚至负增长状态。我们可以从两个因素的作用来看为什么劳动生产率未能有效支撑日本经济的增长。

首先，劳动生产率提高的源泉不可持续，也没有能够真正提高企业的竞争力。"亚洲生产率组织"的研究表明，在日本平均劳动生产率提高过程中，资本深化的贡献率从1985—1991年的51%，大幅度地提高到1991—2000年的94%，而同期全要素生产率的贡献率则从37%直落到 –15%。

其次，劳动生产率提高对经济增长贡献的绝对水平是有限的。与20世纪70年代相比，90年代以后日本经济增长显著减速，也表现为劳动生产率增长减速以及其中全要素生产率贡献率的下降。

三、对生产率下降和需求不足的解释

在人口红利消失的条件下，经济学家预期资本和劳动投入型的增长模式不再能够支撑以往的经济增长速度，因而必须转向依靠劳动生产率特别是全要素生产率驱动型的增长模式。

高速增长时期的日本是世界重要的制造业中心，也是经济学家所谓东亚"雁阵模型"的早期领头雁。在经历"刘易斯转折点"之后，日本的制造业增长便进入徘徊，劳动密集型制造业逐渐转移到其他东亚经济体，导致日本产业结构的相应变化。

日本经济的生产率表现乏善可陈，进而造成潜在增长率和实际增长率一路降低，主要是由于两个伴随着制造业比较优势下降而发生的现象，可以分别称为企业间资源配置的僵化和部门间资源配置的退化。第一，宏观经济政策长期具有扩张性以及主银行制度，造成货币宽松和信贷宽容，使得那些失去比较优势和竞争力的企业得以喘息，甚至僵而不死，造成资源配置的僵化。第二，制造业增长减速和比重下降，造成制造业就业人数的相对减少，使更多的劳动力转到生产率较低的服务业，造成资源配置的退化。资源配置僵化和退化的结果，必然是生产率的降低。

雪上加霜的是，日本在总人口趋近于峰值乃至跨过峰值进入负增长的过程中，社会总需求对经济增长的制约效应日益显现，经常使已经显著降低的增长潜能不能得到实现。第一，作为最重要的贸易型产业，制造业比重下降使得日本的货物出口疲弱。第二，极低的经济增长速度和制造业的相对萎缩，抑制了实体经济的投资意愿，降低了对基础设施建设投资需求，造成投资率低于储蓄率的过度储蓄现象。第三，由于人口负增长和严重的老龄化，居民消费需求不振，最终消费总额占 GDP 比重在高收入国家中处于偏低的水平。第四，社会总需求不足形成对增长潜力的制约，以致实际增长率经常性地低于潜在增长率，造成负增长缺口。

四、日本的经验教训和启示

在人口转变阶段和经济发展阶段发生变化的情况下，未能准确诊断病源和对症施策，使日本经济表现出生产率徘徊、低通货膨胀、低长期利率、极低经济增长率和高负债率等典型的长期停滞特征。由于人口老龄化严重，日本经济从当年高速增长明星变成如今长期停滞典型的经历，也为包括中国在内的面临老龄化挑战的新兴经济体提供了前车之鉴。

根据本文已经概括的一些经验事实，我们可以推演出人口转变对经济增长产生冲击进而使一个国家罹患"日本病"的一般性轨迹。一个经历二元经济发展阶段的国家，跨越"刘易斯转折点"之后，供给侧增长潜力即开始显现减弱的趋势，这时需求侧的因素通常不是问题所在。对减速的原因做出误判，通常会诱致不恰当的政策刺激进而造成经济泡沫。当人口转变到达第一个转折点，即劳动年龄人口达到峰值进而转向负增长之后，供给侧增长能力的降低愈加明显。虽然拉动经济增长的需求侧能力也相应开始弱化，但是，供给侧潜在增长率下降仍然是主要矛盾。此后，随着人口转变越来越接近第二个转折点，乃至达到并跨过总人口峰值，需求侧对经济增长的制约便日益凸显。或者可以说，在第二个转折点之后，拉动经济增长的需求侧能力的下降速度很可能快于供给侧潜在增长率的下降。这时，出现负增长缺口成为一种常态。

中国自改革开放以来也经历过二元经济发展的过程，通过收获人口红利实现了高速经济增长。随后，中国经济也经历了一系列与日本相似的转折点，却具有明显的"未富先老"特征。也就是说，中国以比日本低得多的人均GDP水平经历每一个类似的转折点。中国在当前乃至更长的时间里所面临的挑战，是如何在"未富先老"的条件下保持经济增长的长期可持续，如期跨越中等收入阶段，并更好向前发展。

从"生之者众"到"食之者寡"

第七次人口普查显示，2020 年中国总人口为 141178 万，比 2010 年增加了 7205 万人，意味着在过去十年以年均 0.53% 的速度增长。这是一个预料之中的结果，既表明中国人口增速慢于此前的十年，并且，一旦把 2020 年比 2019 年多出的 1173 万人口分摊到两次普查之间各年度，也表明过去十年人口增长呈现逐年减速特点。

特别是，历经近 30 年低生育率之后，总和生育率降到了 1.3 的极低水平，标志着老龄化趋势已无可逆转。对大众来说，老龄化挑战愈益凸显；对经济学家来说，人口红利消失的紧迫感也愈加强烈。

古代儒家经典《礼记》中描述的"生之者众，食之者寡"形象地诠释了人口红利。一个国家的总人口按照年龄特征可分为 0—14 岁少年儿童组、15—59 岁劳动年龄组，以及 60 岁及以上老年组。很显然，在这个三段式分组中，中间一组人口的生产性最强，生产大于消费；而"一老一小"两个组的特点则是消费大于生产。在 1980—2010 年，劳动年龄人口增长快于其他两个组，导致人口抚养比既低且持续下降。

这就是典型的"生之者众"和"食之者寡"的情形。这种人口结构特点，通过劳动力数量和质量的充分保障、储蓄率和资本回报率保持高位、劳动力转移带来资源重新配置效率等方式提高了经济增长的潜在能力，谓之人口红利。鉴于这个时期出口、投资和消费三大需求也同样强劲，增长潜力得以发挥，我国经济实际增长速度接近 10%。

随着 2010 年劳动年龄人口达峰，劳动力短缺、人力资本改善减速、资本回报率下降和资源重新配置空间缩小等现象开始加剧,导致潜在增长率降低,进而实际增长率下降。2011—2019 年,笔者估算的 GDP 潜在增长率从 9.4% 降低到 6.1%,统计显示的实际增长率则从 10.4% 降低到 6.0%。两者的高度一致性既证实了人口红利的消失,也在表明这期间中国经济没有受到需求因素的制约。

然而,预计在 2025 年前后迎来的总人口峰值以及随后的人口负增长将从需求侧给中国经济增长带来冲击。也就是说,制造业比较优势下降会削弱出口,经济增长减速会降低投资意愿,老龄化则具有降低消费需求的倾向。无论是从发展目的、现有潜力出发,还是从促进三大需求平衡、保持增长的需求扩大可持续性着眼,应对老龄化的需求侧挑战都应该把着力点放在促进消费需求上面。

人口趋向零增长和负增长,将会产生影响消费需求的总量效应。人口就是消费者的总和,假定其他条件不变,人口增长,消费就增长;人口增长减速,消费增长也减速;人口负增长,消费也难以增长。为了更恰当地描述继劳动年龄人口峰值之后面临的下一个挑战,我们可以对前引《礼记》的那句话做一延伸,人口因素对中国经济的影响已经从过去的"生之者众"正面效应转变为即将出现的"食之者寡"负面效应,即消费需求不足。

应该从以下方面应对老龄化挑战。一是着眼长远,促进生育率向更加均衡水平回升。这要求切实降低生育、教育、养育成本,加快实现家庭自主生育。二是通过收入和保障水平提高,解除家庭消费的后顾之忧。这要求居民收入增长与经济增长保持同步,从初次分配和再分配领域继续改善收入分配,扩大中等收入群体规模。三是增加老年人的福祉。这要求从提高劳动者技能和就业能力入手,渐进延迟退休年龄;从增强普惠性和提高覆盖率入手,完善社会养老保险制度。

老龄化时代如何提高生产率？

在 1984 年美国经济学会第 96 届年会上，德国经济学家赫伯特·格尔施（Herbert Giersch）大胆预言，经济学将从此进入熊彼特时代。[①] 这个判断针对的是那个时期西方国家过分注重以宏观经济政策刺激增长而忽略创新对于经济增长可持续性的重要作用，强调的是经济学范式的转变。中国日益加速和加深的人口老龄化，给经济增长特别是生产率提高带来一系列严峻挑战。为了有效应对这些挑战，中国也面临着一个经济研究范式的转换。

如果说格尔施预言的经济学范式转换意味着告别凯恩斯而接受熊彼特，我将建议在库兹涅茨范式的基础上增加一个熊彼特范式。这样，我们的经济分析工具箱便足以充盈到使我们能够认识中国在迈入高收入国家行列的发展进程中如何发掘所有可能和必要的生产率源泉。本文将简述中国人口老龄化带来的经济增长挑战，阐释两个提高生产率的相关经济学范式，并揭示相应的政策含义和市场启示。

[①] Herbert Giersch, "The Age of Schumpeter", *The American Economic Review*, Vol. 74, No.2, 1984, pp. 103–109.

一、老龄化要求增长动力转换

在改革开放以来的 40 多年里，中国不仅创造了人类历史上少见的高速经济增长奇迹，也经历了人类历史上最大规模的人口转变。前者把中国从 1978 年人均 GDP 只有 156 美元的最贫穷国家，转变为 2020 年人均 GDP 达到 10500 美元的中等偏上收入国家。后者在同一时期把总和生育率从 2.7 降低到 1.3，使中国进入世界上生育水平最低的国家行列；这个人口转变最引人关注的结果，就是人口的日益老龄化。2020 年，中国总人口达到 14.12 亿人，自然增长率每年都创新低，65 岁及以上老年人口达到 1.9 亿人，占全部人口的比重为 13.5%。展望未来几十年，中国老龄化速度将是世界上最快的，中国老年人数量也将长期保持世界第一的位置，预计 2040 年中国 65 岁及以上人口将占全球老年人的 26.4%。

几乎所有国家都会经历一个长期的、以生育率下降为标志的人口转变过程。处在怎样的人口转变阶段，决定一个国家的经济增长模式类型。人口转变过程可以粗略地划分为两个对比鲜明的阶段：一是以劳动年龄人口迅速增长为特征的人口红利时期，二是以快速老龄化为特征的后人口红利时期。以 2010 年 15—59 岁劳动年龄人口达到峰值为转折点，中国此前处于收获人口红利的发展阶段，随后便面临着人口红利消失的挑战。这个人口转折点对经济增长模式的转换提出紧迫要求。

人们常常认为，人口红利仅仅表现为在劳动力数量丰富和成本低廉，因而有利于在劳动密集型制造业形成比较优势，并以此支撑高速经济增长。这样简单理解不利于认识人口红利消失对经济增长形成挑战的严峻性。事实上，人口红利来自人口因素对于经济增长所有变量的正面效果。具体来说，大规模并快速增长的劳动年龄人口，以及低水平且持续降低的人口抚养比,给经济增长带来充足的劳动力供给、不断改善的人力资本、高储蓄率和高投资回报率,以及充分的资源重新配置效率即生产率提高空间,表现为劳动生产率和全要素生产率对经济增长的驱动作用。中外经济学家从不同角度分析过中国经济增长的各种贡献因素,证实了这种人口红利的作用。

中国的劳动年龄人口在 2010 年达到峰值后便逐年减少,相应地,上述有利于经济增长的各种变量也都发生了逆转性的变化,即劳动力短缺、人力资本改善减缓、资本报酬率和投资回报率降低、资源重新配置空间缩小,从而导致生产率的提高减速。由于影响经济增长的基本因素无非就是上述变量,一旦所有这些变量都发生从有利到不利的变化,以往行之有效的增长模式便走到了尽头。

具体来说,老龄化形势提出的增长模式转换包括两个任务。首先,从生产要素驱动的增长转变为生产率驱动的增长。要素投入固然是经济增长不可或缺的,却不是报酬递增的可持续源泉。一旦劳动力不再是无限供给,既意味着劳动力的短缺及成本提高,也意味着资本回报率下降,因为生产率特别是全要素生产率来自创新和优化配置,因而不受报酬递减规律的影响。其次,从主要依靠剩余劳动力转移获得资源重新配置效率的生产率提高模式,转向更加依靠竞争优胜劣汰或创造性破坏的生产率提高模式。由此提出的增长模式转换任务,可以同经济学范式的转换需求相辅相成。

二、关于生产率源泉的两个范式

生产率归根结底是资源配置效率。由于在产业之间、行业之间和企业之间存在着生产率差别,在生产要素遵循向生产率提高方向流动的情况下,即以产业、行业和企业为依托，从低生产率向高生产率进行重新配置，在缩小现存生产率差异的同时，使生产率得到整体提高。从理论上阐释这样的资源重新配置从而提高生产率的过程，有两个著名的经济学范式，分别刻画了库兹涅茨式的产业结构变化和熊彼特式的创造性破坏。

经济学家库兹涅茨基于对经济发展过程中产业结构变化的研究指出，这种产业结构变化本质上是一个劳动力从生产率极低的农业向生产率更高的非农产业转移的过程。[①] 按照经济学家青木昌彦的说法，遵循生产率从低到高这个方向进行的产业结构变化，就是"库兹涅茨过程"，相反，如果产业结构发生一种生产率从高到低的变化，则可称为"逆库兹涅茨过程"。[②] 很显然，从库兹涅茨过程获得生产率提高的源泉，与人口红利密切相关。很多亚洲国家和地区都经历过收获人口红利的时期，因此，农业剩余劳动力转移成为这一地区生产率提高的显著特色。

在中国改革开放过程中，劳动力从农业向非农产业转移、从农村到城市流动，被称为人类历史上和平时期最大规模的人口迁移现象。伴随着农业劳动力比重从 1978 年的 70.5% 降低到 2020 年的 23.6%，中国经济整体劳动生产率（劳动人均实际 GDP）在此期间提高了 20.5 倍。在这个生产率提高幅度中，固然有第一、第二和第三产业各自的贡献，然而三个产业之间的资源重新配置，即劳动力从农业转向非农产业的过程，对整体生产

① Kuznets, S. 1957, "Quantitative Aspects of the Economic Growth of Nations II： Industrial Distribution of National Product and Labor Force", *Economic Development and Cultural Change*, Vol. 5 (Supplement), pp. 3–110.

② Aoki, Masahiko, 2012, The Five Phases of Economic Development and Institutional Evolution in China, Japan, and Korea, in Aoki, Masahiko, Timur Kuran, and Gérard Roland (eds.), *Institutions and Comparative Economic Development*, Basingstoke: Palgrave Macmillan, pp. 13–47.

率提高做出了约 44% 的贡献。[①] 虽然这个生产率提高源泉并没有枯竭，中国仍有大量劳动力有待从农业和农村转移出来，但是，毕竟中国已经进入劳动年龄人口负增长时代，亟待开启不完全依靠人口红利的生产率提高模式。

依据熊彼特的理论，企业家的职能就是在日常经营中从事创新，即创造新产品、采用新生产方法、开辟新市场、获得新的供应来源和实施新的组织方式；在发生经济衰退时进行生产要素的重组，即那些创新企业获得更大的要素配置空间。[②] 这些职能都是通过使高生产率企业生存和扩张、让低生产率企业消亡或退出，即通过创造性破坏过程实现的。所以，这样的生产率提高方式，可以被称作"熊彼特过程"。一旦那些生产率低下因而不具有竞争力的企业，甚至僵尸企业既不死亡也不退出，同时生产率更高或者具有提高生产率潜力的企业难以进入，则形成一个"逆熊彼特过程"，整体生产率就会受到伤害。

三、防止资源配置的僵化和退化

中国在迅速失去人口红利这个经济增长源泉的同时，提高生产率的"低垂果子"也即将告罄，也就是说库兹涅茨过程不再能够满足提高生产率要求，需要尽快转向更加依靠熊彼特过程的新生产率源泉上来。正如发展中经济体通常能够利用人口红利从结构变化的库兹涅茨过程获得生产率提高一样，发达经济体可以在更大程度上依靠熊彼特式的创造性破坏，

① 蔡昉《中国经济改革效应分析——劳动力重新配置的视角》，《经济研究》2017 年第 7 期。
② 参见约瑟夫·熊彼特《资本主义、社会主义与民主》，商务印书馆，1999 年。

获得整体经济的生产率提高。

例如，研究表明，企业之间竞争所造成的进入与退出、萎缩与扩张、生存与死亡等结果，对美国生产率提高的贡献高达 1/3 到 1/2。[①] 中国正处于从中等偏上收入到高收入发展阶段的转变关头，人口红利也在加速消失，应该在保持库兹涅茨过程的同时加快推动形成熊彼特过程，以实现经济增长从要素驱动向生产率驱动的转换。目前，在这两个生产率源泉上，都存在着现实的障碍，阻止着中国经济整体生产率的提高。

第一个需要高度关注的现象，是企业之间的要素配置出现逆熊彼特化。在制造业比较优势弱化的条件下，企业遇到经营困难终究是不可避免的。然而，是迁就乃至保护丧失竞争力的企业，还是刮骨疗伤以保持整体经济的健康，两者产生的结果有云泥之别。一些丧失了比较优势和竞争力的企业，热衷于寻求各种政策保护，并且在宽松的宏观经济政策和宽容的产业政策保护下，得以苟延残喘甚至死而不僵。该退出的低效率企业不肯退出，就意味着该进入的新创企业未能进入，导致资源配置僵化。

第二个值得注意的现象，是产业之间的要素配置出现逆库兹涅茨化。随着中国制造业的比较优势趋于弱化，这个产业占 GDP 的比重自 2006 年以来已经在迅速下降，吸纳的劳动力也大幅度减少。与此同时，第三产业成为农业转移劳动力、新成长城镇劳动力以及制造业转岗劳动力的主要吸纳产业。由于第三产业与第二产业特别是与制造业相比，生产率更低而不是更高，这种就业的相对变化就意味着劳动力从高生产率就业向低生产率就业转移，导致资源配置退化。

---

① Lucia Foster, John Haltiwanger, and Chad Syverson, Reallocation, "Firm Turnover, and Efficiency: Selection on Productivity or Profitability?" *American Economic Review*, Vol. 98, 2008, pp. 394–425.

四、政策含义和市场启示

在老龄化条件下，经济增长动能亟待从要素投入转换到生产率提高上来。与此同时，中国经济却出现逆熊彼特化和逆库兹涅茨化的趋势，为生产率提高设置了新的障碍。在各国经济发展过程中，这两种不利于生产率提高的现象均有表现。如果能够准确地发现问题，有针对性地进行政策调整，及时回到库兹涅茨过程和熊彼特过程的正常轨道，提高生产率就可以成为经济增长的新引擎。

对中国来说，关键是通过深化改革和政策调整，形成竞争政策、产业政策和社会政策协同作用的政策体系。首先，政府职能从直接介入经济活动和选择赢家，转向维护和促进充分竞争，让各市场主体一视同仁地经受创造性破坏的考验。其次，产业政策从提供更有效的公共产品，如保障研发费用规模和比例、引导低碳和去碳投资方向、鼓励创业创新等方面着手，稳定制造业比重并促进其升级优化。最后，完善社会福利体系和社会保护机制，在允许市场竞争发挥优胜劣汰作用的同时，为所有人群提供托底保障。

无论是通过熊彼特过程还是通过库兹涅茨过程，提高生产率都需要借助企业家精神，而中国的企业家精神也需要在老龄化条件下与时俱进。莎士比亚曾经借其戏剧角色之口说道：世事如潮。激流勇进，便可成就一番事业；错过潮流，终将一事无成。老龄化对于经济发展来说不是一时一事的扰动因素，而是不可逆转的长期趋势。因此，对于参与提高生产率过程的企业家和投资者来说，既要对中国面临的老龄化挑战有深刻的警醒，也要善于在应对这些挑战的政策导向中寻找新的创新创业机会。唯其如此，宏观层面上形成的正确政策意图才能在激励相容的条件下在微观层面得到贯彻和实施。

提高全要素生产率，
推动高质量发展

　　党的二十大报告提出着力提高全要素生产率，并将其作为推动高质量发展这一重大主题内涵的任务之一。提高劳动生产率，提高全要素生产率，提高潜在增长率，是 2016 年 12 月召开的中央经济工作会议上首次提出的要求。当时针对的情形，是随着发展阶段变化，特别是 2011 年以来劳动年龄人口进入负增长，在供给侧出现的经济增长结构性减速。在经济增长减速作为特征之一的新常态下，提高全要素生产率是中国经济可持续增长的保障。

　　根据联合国预测，中国人口将于 2022 年到达峰值，2023 年便进入负增长阶段。与此相应，劳动年龄人口减少的节奏也将发生变化，表现为完成缓冲期和进入加速期。例如，15—59 岁劳动年龄人口的年平均减少速度将从 2011—2021 年的 1.3‰，大幅度加快到 2021—2031 年的 6.7‰。此前经济学家普遍预测的潜在增长率，主要都是依据联合国做出修订之前的人口预测数，考虑到人口峰值的提前到来，中国经济的潜在增长率很可能在此前预测的基础上进一步下降。因此，提高全要素生产率的意义更显重大，紧迫性空前增强。

一、以全要素生产率定义高质量发展

资本深化、人力资本改善和全要素生产率提高，是劳动生产率增长的三个主要贡献因素。然而，每一个因素的贡献方式和含义却不尽相同。资本深化是指资本投入增长快于劳动力投入增长的现象，产生的结果是资本替代劳动力。对于提高劳动生产率目标来说，这种方式易于找到实施的抓手。但是，一旦劳动力无限供给的特征消失，在资本报酬递减规律的作用下，这种方式终究是不可持续的。对于经济增长，人力资本既作为一种投入要素做出直接贡献，也作为提高生产率的重要条件做出间接的贡献。人力资本对劳动生产率的贡献，一般来说相对稳定并且可持续，但作用效果在数量上不那么显著。

只有全要素生产率才是劳动生产率提高的最显著、最直接和最可持续的源泉。在经济发展阶段发生变化、人口红利加快消失的新条件下，经济增长动能亟待实现转换。全要素生产率驱动型对要素投入驱动型的增长模式替代，正好对应着转变发展方式的紧迫任务，体现了创新发展，包含了科教兴国内涵，贯穿于现代化产业体系的建设之中。因此，它是衡量高质量发展的重要指标。国际经验也表明，全要素生产率的表现，不仅是任何经济体的增长可持续性表征，也是处在特定发展阶段上国家跨越中等收入陷阱的关键。

与此同时，提高全要素生产率并不像举手之劳那样容易，对制度环境和运行机制的要求也最为苛刻。一般来说，资本、劳动、土地等基本生产要素对经济增长分别做出自身的贡献。作为各要素贡献之外的一个残差项，全要素生产率的提高，与生产要素投入的数量和幅度无关，因而本质上是一种配置效率。

也正是因其来源上的这种性质,全要素生产率的提高对于生产要素的流动性、各种要素之间的匹配关系、资源配置的宏观政策和微观机制,以及其他制度条件高度敏感。也就是说,全国统一大市场的建设水平,包括产品市场、服务市场和生产要素市场的发育程度,以及消除掉所有阻碍生产要素流动的体制机制障碍,是全要素生产率提高的途径。换句话说,全要素生产率的提高要以改革和政策优化为必要条件。

二、用中国经验破解"索洛悖论"

在前面讨论潜在增长率面临进一步下降可能性的时候,我们主要关注的是与劳动年龄人口加快萎缩相关的因素,也就是人口红利消失的直接结果。还有一些会造成潜在增长率下降的因素,虽然不是人口转变的直接结果,却是在人口红利消失的过程中微观行为和(或)宏观政策做出不恰当反应而诱致产生的结果。其中就包括一些导致全要素生产率和劳动生产率增长减慢的因素。

全要素生产率被经济学家看作在总产出增长中,在各种生产要素的投入贡献之外,未得到解释的残差项,科技进步成果得到应用、体制改革增强经济激励、要素流动导致重新配置等,都会提高全要素生产率。由于改革开放的前30年恰好对应着人口的机会窗口期,未予充分利用的劳动力从农业向非农产业、从农村向城市、从中西部到沿海地区的大规模转移,创造了显著的资源重新配置效率。可以说,中国在人口红利的收获时期,全要素生产率的提高,主要组成部分正是显著的劳动力重新配置效率。

许多经济计量研究都可以验证这个结论。例如,我与合作者对1979–2010年间中国GDP增长因素进行分解时发现,平均而言,全要素生产率对这期间 9.9% 的 GDP 年均增长率做出了 39.0% 的贡献，而在全要素生产率的增长中，劳动力重新配置的贡献率更高达 52.3%。[1] 毋庸置疑的是，随着中国经济跨过"刘易斯转折点"，以及人口红利的消失，剩余农业劳动力的规模逐渐缩小，转移的速度放慢，这种资源重新配置的空间显著收窄，全要素生产率的改善也便相应减速。

由此发生的全要素生产率增长减慢，是人口红利消失的直接结果。一般来说，在经济发展进入更高阶段后，不仅需要把增长动能从要素投入转向全要素生产率，也要把生产率的提高，从依赖劳动力流动转移到更多依靠其他方式上去。关键在于，在人口因素之外，同时又与应对人口挑战相关，还有其他一些不利于生产率提高的因素。在考查这个问题之前，我们先来了解一个经济学说史上的著名命题——索洛生产率悖论。

这个命题的原始出处系罗伯特·索洛（Robert M. Solow）撰写的一篇短文中的一句话：人们随处可见计算机时代的来临，唯独在统计中看不到生产率的提高。无论是由于诺贝尔经济学奖获得者的声誉效应，还是由于这句话确实揭示了人们苦思不得其解的现实问题，这个矛盾现象被称为索洛生产率悖论，并引起广泛的讨论。经济学家进行了大量研究，尝试破解这个"悖论"，从不同的角度得出有益的结论。

在这里，我们希望找到的答案应该是这样的：它既符合经济理论的逻辑，也可以从各国发展经验中获得证据，更直接地针对中国面临的现实挑战。实际上，中国在高速增长阶段依靠劳动力流动带来的资源重新配置，整体提高全要素生产率及其对经济增长的贡献，既是一个独特的发展经验，

---

① Cai Fang and Wen Zhao, "When Demographic Dividend Disappears: Growth Sustainability of China", in M. Aoki and J. Wu, eds, *The Chinese Economy: A New Transition, Basingstoke*, UK: Palgrave Macmillan, pp. 13－7, 2012.

也打破了新古典增长理论报酬递减的假设。在生产率源泉变化的情况下，中国可以通过体制机制的改革深化资源重新配置过程，启动生产率提高的崭新引擎。

三、靠搞对机制推动资源重新配置

从国际经验来看，以下两个阻碍生产率提高的机制及其作用方式有助于解释索洛悖论。相应地，破解这个在技术进步和产业结构升级的同时全要素生产率未能得到整体提高的理论谜题，也应该从打破这两个格局着眼和入手。

第一是资源配置的僵化。在市场竞争中，生产率高的企业得以生存和扩张，生产率低的企业则萎缩和消亡，这种进与退和生与死的选择机制，是生产率提高的重要途径。如果低生产率的企业不能退出和死亡，也就阻碍了潜在有效率的企业进入和发展，企业之间就不能进行有利于提高生产率的资源重新配置。在一些发达的市场经济国家，由于私人公司的游说活动等，市场竞争被寻租行为所代替，随着创造性破坏机制减弱，整体资源配置效率也相应降低。

第二是资源配置的退化。很多国家的经验显示，新技术的应用通常有两个特性。其一，技术应用意味着资本替代劳动。也就是说生产率的提高与就业的减少相伴发生。其二，技术应用在企业间是不对称的，导致生产率提高的非同步性，总有被新技术遗忘的角落。因此，由于技术进步和自动化被排斥出来的劳动者，如果回流到生产率较低的农业或服务业，就意味着要素按照生产率提高相反方向的流动，表现为一种资源配置的退化，造成整体生产率不能提高，甚至可能产生降低的趋势。

随着中国经济发展进入更高阶段，在经济增长减速的同时，也会出现一些结构性的变化，给资源配置带来不利影响。首先，在那些依靠传统比较优势发展、如今不再具有竞争力的企业中，虽然不乏依靠优化升级和提高生产率赢得新的优势和竞争力的企业，但也有过度依赖宽松甚至保护性政策求生存的企业。该退出而不退出，则意味着对要素的非生产性占有，也意味着对潜在具有竞争力企业的排斥。其次，传统比较优势的丧失，也导致劳动力从制造业向低端服务业的转移，意味着资源配置过程与提高生产率方向相背离。这两种现象都产生了不利于提高生产率的效应。

打破这两个阻碍生产率提高的效应，应该立足于优化营商环境和促进优胜劣汰、激发各种生产要素的活力，形成配置更加优化的生产函数。首先，政府恰当定位自身职能，深化简政放权和放管服改革，为新创企业、充分就业和大众创业提供良好的政策环境和公共服务。其次，通过合理和适度的规制，打破各种形式的垄断，消除对小微企业、民营企业和其他市场主体的歧视性待遇，促进公平竞争。再次，创造激励相容的机制，提高新技术的广泛应用，增强数据等先进要素的穿透力，让数字经济发挥出深度融合实体经济的职能。最后，强化社会政策托底职能，为转岗劳动者提供社会安全网，剥离微观层面的保护职能，借助创造性破坏提高生产率。

早熟的代价：
保持制造业发展的理由和对策

中国制造业的比较优势和占 GDP 比重下降，固然是人口机会窗口逐渐关闭的结果，但是，中国制造业传统比较优势并未完全丧失，新优势更是潜力巨大，因此，制造业比重下降是一种早熟的表现。这个趋势的延续，将显著缩短资源重新配置的链条，挤压生产率提高的潜力空间，过早过速削弱中国经济增长的潜在能力。稳定制造业增长和经济占比，需要从更新产业政策理念和实践出发，通过扩大资源配置范围、促进增长的分享性、增强发展的可持续性出发，使制造业成为高质量发展的重要引擎。

一、比较优势与制造业比重

中国经济实现长期高速增长，得益于制造业的规模扩张和比重提升。在 20 世纪 90 年代开始的这一轮全球化中，中国丰富而成本低廉的劳动力得以转化为资源比较优势和国际竞争力，劳动密集型产业的比较优势得以充分发挥，制造业产品的国际市场份额也不断提高。以高收入国家为主要贸易对象的特点，显示中国在参与世界经济分工时不仅遵循了比较优势原则，也充分利用了这一模式的于我有利性。从 1990—2003 年各年份的算术平均值来看，中国向高收入国家的出口占全部货物出口的 87.1%，从高收入国家的进口占全部货物进口的 82.5%。

对一个国家来说，以劳动力丰富且廉价作为资源比较优势，归根结底只是特定发展阶段的产物。从中国的人口年龄结构变化趋势来看，在改革开放之前，15—59 岁劳动年龄人口的增长速度，同 14 岁以下和 60 岁以上非劳动年龄人口的增长速度是相同的。只是从 1980 年开始，劳动年龄人口才加快增长，在非劳动年龄人口处于停滞的情况下，便形成"食之者寡、生之者众"的人口年龄结构，构成二元经济发展所需要的劳动力无限供给条件。随着劳动年龄人口于 2010 年达到峰值并转为负增长，这个机会窗口即告关闭。

一旦劳动力不再具有无限供给的特点，制造业比较优势和制造业比重就会降低。中国制造业显示性比较优势指数已从 2013 年开始明显下降，中国制造业增加值占 GDP 的比重在 2006 年达到峰值水平的 32.5% 之后便开始降低，2019 年已经降到只有 26.8%。也就是说，从 2006 年开始，中国制造业比重以年平均 1.5% 的速度降低。

值得指出的是，由于自 2008 年国际金融危机以来世界经济陷入长期停滞的状态，中国经济增长即便在增长放缓的情况下仍然显著高于世界其他国家和地区。同时，在中国制造业占 GDP 比重显著降低的情况下，如在过去十余年中降低 10 个百分点之后，从绝对水平来说，中国制造业占 GDP 比重仍然位居世界前列。因此，中国制造业增加值占全球的比重在 2006—2019 年间仍然有着大幅度的提高，从 10.6% 提高到 28.0%。相应地，中国继续保持着世界上最大的货物贸易国和最大的制造业贸易国的地位。所以，需要为中国制造业发展担忧的不在于其增加值总量，也不是其在 GDP 占比的绝对水平，而是这个占比的下降趋势。

二、中国制造业比重下降条件成熟吗?

虽然制造业在国民经济中的重要性并不会随着发展阶段的变化而改变,但是,该产业在 GDP 中的占比却不会一成不变地提高。如果观察各国长期历史数据,我们大体可以看到一条倒 U 形曲线构成的图形,即随着人均 GDP 的提高,制造业增加值占 GDP 的比重先是持续提高,直到在进入高收入国家行列后的一个人均收入水平上,制造业比重到达峰值,之后通常就进入一个逐步降低的轨道了。

除了以人均收入水平这个指标之外,还可以用人口转变阶段特征来描述发展阶段与制造业相对份额的关系。根据世界银行的分类方法,各国分别相应处在前人口红利、早期人口红利、晚期人口红利和后人口红利这四个人口转变阶段,大体上分别对应着低收入、中等偏下收入、中等偏上收入和高收入这样四个经济发展阶段。根据这个分类,我们可以观察制造业比重与人口转变阶段的关系,以及与之相关的生产率增长和经济增长变化,或者说可以从趋势上认识随着人口红利从无到有、进而人口红利式微乃至消失的阶段变化。

例如,我们可以观察人口转变阶段与制造业增加值占 GDP 比重、劳动生产率提高速度,以及经济增长率之间的关系,这有助于我们认识中国制造业比重下降的经济增长含义。第一,制造业获得较快扩张、从而比重得到提高的过程,是国家或地区享受人口红利的体现。随着人口红利式微乃至消失,制造业在国民经济中的份额相对下降。第二,一个国家在享受人口红利时期,通常也是劳动生产率提高较快的时期,人口红利消失后生产率提高速度也减慢。第三,人口红利通过制造业扩张和生产率提高,取得促进经济更快增长的结果。

一个国家享受到人口红利，就是说有利的人口转变加快了该国的工业化进程。制造业是工业中最重要的部门，工业化通常就意味着制造业化。特别是对于后起赶超型国家来说，丰富的劳动力既是人口红利的直接表征，也是制造业发展的比较优势。劳动力从农业转移到制造业部门的过程，也是这一要素从低效利用到高效利用的重新配置过程，生产率由此得到提高。劳动力充分供给及其相伴随的人力资本改善、更高的投资回报率，加上生产率的提高，为享受人口红利的国家提供了一个有利的生产函数，从而加快经济增长。

　　由此可以推出两个结论。第一，在人口转变阶段发生变化的情况下，如果劳动力供给不再有显而易见的潜力可以挖掘，提高生产率的资源重新配置空间也就日益变窄，无法抵消劳动力成本提高的比较优势弱化效应。这时，制造业比重的降低可谓水到渠成。第二，如果由于体制因素对劳动力供给潜力挖掘以及资源重新配置构成阻碍，致使比较优势过快丧失，制造业比重的降低则是早熟的。一旦制造业比重下降来得过早，也就意味着未能把剩余劳动力充分吸纳，也未能把资源重新配置的潜力利用殆尽，对经济发展便是一个巨大的损失。

　　就制造业比重下降这一发展特征来说，可以概括出三种类型的制造业比重下降。第一种类型的制造业比重下降是在高收入水平上发生的，人均GDP水平跨越高收入国家门槛标准（12275美元），农业就业比重已经很低。第二种类型的制造业比重下降是工业化尚未完成的一种长期徘徊现象，二元经济结构尚未消除。第三种类型的制造业比重下降发生在人均GDP较低和农业就业比重很高的阶段，属于早熟型"去制造业化"的表现。

　　国家经济发展不可回避的任务是工业化，制造业发展则是工业化的主要内容。从制造业增加值占工业增加值的比重来看，2018年和2019年的最新数据表明，前人口红利国家平均为32.1%，早期人口红利国家平均为51.2%，晚期人口红利国家平均为58.4%，后人口红利国家平均为63.6%。中国的这一比重格外高，达到68.5%。如果从制造业在工业全部营业收入中的占比看，第四次经济普查（2018年）数据显示，中国该指标高达89.1%。可见，"去制造业化"就意味着"去工业化"，过早"去制造业化"则意味着过早"去工业化"。如果制造业比重的下降趋势和速度得以继续，不仅中国经济增长会即时遭遇减速的冲击，与长期增长潜力相关的生产率改善速度也会放慢。

三、经济发展中的资源配置链条

在农业剩余劳动力尚未转移殆尽的情况下，随着制造业吸纳就业数量的减少，劳动力必然大量流向低生产率的服务业，造成资源配置的退化。如果放弃使用新古典增长假说来解释二元经济发展的牵强逻辑，而是客观地从各国实际发展经验出发，那么在不同发展阶段上生产率的主要源泉并不尽然相同，相应地，提高生产率的主要方式也存在着发展阶段的差别。配置效率是指生产要素在产业间、部门间和企业间进行更合理的配置所实现的生产率改善。着眼于配置效率，就意味着通过新的市场主体的进入，带动劳动力等生产要素进入新的领域，改变原来进入不足的状况并增强竞争，缩小产业、部门或行业之间的生产率差异，提高整体资源配置效率。生产要素或资源的重新配置，可以沿着一根长长的链条不断深入，因而由此获得的生产率改善潜力近乎没有止境。然而，如果制造业出现早熟型萎缩，沿着这个生产率提高链条进行的配置深化过程便会提前终止。

在二元经济发展过程中，生产率提高的阶段性源泉在于劳动力从农业向非农产业的大规模转移。由于农业劳动生产率大幅度低于工业和服务业，劳动力从农业到非农产业的转移可以产生明显的资源重新配置效应。农业劳动力大规模转移只是经济发展过程中的一个阶段性现象。一旦非农产业对农业剩余劳动力的吸纳达到一定的程度，以至于经济发展迎来刘易斯转折点，劳动力转移速度就会趋于减慢，生产率提高的空间也相对收窄。

然而，就整体经济而言，这并不意味着资源重新配置机会的消失，反而启动了非农产业特别是工业经济内部的资源重新配置，生产率提高的链条得以进一步延伸。在中国国民经济行业分类标准中，作为门类 C 的制造业内部进一步被划分为 30 个大类、178 个中类和 604 个小类。由此可见，仅在制造业内部，资源重新配置的链条就足够深，或者说生产率提高的空间便足够大，制造业可以在相当长的时间里成为生产率提高的重要源泉。如果制造业发展出现早熟型萎缩的趋势，则意味着资源重新配置的链条被缩短，挖掘生产率提高潜力的过程无法得到深化。无论是劳动生产率提高的停滞，还是主要依靠过度资本深化导致的劳动生产率提高，反过来都将进一步弱化制造业的比较优势和竞争力，推动制造业比重下降，使资源配置出现退化的趋势，最终形成一个产业发展和结构变化的恶性循环，而且难以打破。

四、升级产业政策和稳定制造业

如果说，在制造业比重下降符合发展阶段要求的情况下，强求"再制造业化"或"再工业化"可能导致政策扭曲，从而付出"怀旧的代价"，那么中国制造业比重早熟型降低，将会产生阻碍生产率提高的代价。因此，政策应对需要着眼于促进制造业发展从而稳定其比重。尊重经济发展规律，稳定制造业，要依靠升级产业政策和提高各项政策之间的协调性。也要破除传统观念的干扰，确立基本原则以保证实施效果。需要强调的是，保护主义不是产业政策的出发点，要用非保护主义的手段实现产业发展目标；产业政策也不是计划经济的产物，决不能采用行政干预的手段实施。实施产业政策是坚持市场配置资源的决定性作用和更好发挥政府作用以及坚持改革、开放和共享的题中应有之义。我认为应要从以下方面着眼，把经济发展优先次序与政府经济职能相统一，把产业政策的一般目标与稳定制造业的具体要求相结合，形成政策之间的相互补充、有机统一和有效衔接。

第一，扩大资源配置范围。制造业是生产可贸易品的产业，不仅与国内市场和地区分工的扩大密切相关，也需要不断扩大对外开放，把资源配置和重新配置延伸到全球范围。这要求中国借助世界贸易组织及其规制、区域性贸易和投资协定框架，以及"一带一路"建设等机制，推动制造业"走出去"，让企业在国际竞争的环境中提高生产率。随着经济发展阶段的变化，要不断把资源重新配置空间从产业层面深入行业层面和企业层面，从纵向上深化资源配置和重新配置。产业政策不仅与竞争原则是相容的，而且恰恰应该建立在充分竞争的基础上，以促进市场竞争为重要的政策目标。稳定制造业和保持其生产率的持续提高，产业政策最重要的职能是清除行政性和企业垄断、杜绝各种伤害市场机制作用的行为、打破阻止行业进入和退出的体制机制障碍。

第二，促进经济发展分享性。保持和提高发展的分享性，需要从根源上着眼和施策，也就是说要稳定住制造业这个基础。在这一方面，产业政策必须立足于促进制造业创造更多和更高质量的就业岗位。相关政策包括以下方面。首先，涉及引导产业发展和结构变化的产业政策，需要考虑到就业岗位的新旧转换平衡。只有从总量上确保创造出新的就业岗位，才能允许旧的岗位被破坏，以避免劳动者在结构升级中大规模离岗。其次，针对新旧岗位的不对称和人力资本供求的不匹配现象，公共就业服务要着眼于解决结构性就业困难。再次，加强劳动力市场制度建设，也有助于促使企业利用新科技创造更多和更高质量的就业岗位。最后，社会保障制度或者更广义的社会政策密切配套，要对受到冲击的群体做出托底保障，确保作为劳动力载体的人本身不至于在创造性破坏中成为受损者。

第三，保持经济增长可持续性。市场在资源配置中发挥决定性作用，并不意味着国家可以在关键的技术创新领域缺位。随着中国即将进入高收入国家行列，在科学技术方面与发达国家之间的差距在缩小；西方为了遏制中国发展，不遗余力地推动技术和产业链 "脱钩"，都使中国制造业过早丧失后发优势。因此，中国越来越需要倚仗技术自主创新、基础研究的发展以及国家资金的支持。关键技术领域的基础研究，恰恰是更好发挥政府作用的目标所在。应对气候变化要在全球合作的框架内采取包括实施产业政策在内的国家行动。应对气候变化付出的代价是一种社会成本，在使每个市场主体都感受到压力的同时，也不能把全部负担施加在企业身上。需要通过产业政策乃至更广泛的政策和规制，促进生产方式和生活方式的根本性转变。在这个背景下稳定和升级制造业，需要更宽广的视野，把增长、可持续性和美好生活等各种目标统一在政策体系之中。

数字经济如何承载创新共享理念？

数字经济主角即科技平台企业，兼具科技变革与应用、熊彼特意义上的创新、承担和分散风险、报酬递增、资本逐利和扩张渗透等诸多特征。也就是说，数字经济企业是不断重组生产要素、重塑生产函数的主体。如何审时度势、扬长避短、抑恶扬善，决定了数字经济和企业的发展前景、健康程度和可持续性。

一、数字经济的能与不能

过去我们只知道金融衍生技术已经到了无所不能的程度，只有想不到的，没有做不到的。迈克尔·刘易斯在《大空头》里既讲到"将负债变成产品销售"的荒诞无比的闹剧，也讲到那些因预见次贷危机而大获其利的惊险故事。电影里欲做空次贷泛滥的某人把自己的想法告诉券商，后者问："你想让我怎么做？"他说："那是你们的事儿。"事实证明果然可以做到。

如今，大数据加上算法更是无所不能。芝加哥商品交易所出售"事件合约"（events contract），投资人交易的是什么呢？是每个交易者对标普500股指、黄金和原油价格起伏跌宕的判断和猜测。纳斯达克和金融科技公司合作，把美国体育赛事做出期货，用期货交易替代网上赌球。App和复杂的 ETP（Exchange Traded Products，即交易平台交易产品）也使对指数和商品的变动判断成为交易。

然而，数字经济能够做什么，取决于企业有所愿为和有所不愿为。提高企业盈利，给股东带来最大化收益，对企业来说似乎天经地义；数字经济发展却不能为整体生产率的提高做出贡献，造成一个著名的现象即索洛悖论，也不能对收入分配改善做出贡献，说明不存在所谓的"涓流效应"。所以，数字经济要健康发展，在经济学上要破解一个"索洛悖论"，破除一个误区，即"涓流效应"。

因索洛在20世纪80年代后期一句简单的"处处可见计算机，唯独在统计中看不到由此带来的生产率提高"而吸引了众多经济学家的学术关注，产生了大批且众说纷纭的研究成果。斯米尔称之为"分类谬误"（category errors）：受摩尔定律支配的数字技术变革速度并不能保障数字经济以及其他产业和领域能以相同速度发展。之所以叫悖论，是因为生产率提高与技术变化不同步。其实，技术进步是能够提高生产率的，却不能自动、同幅地提高所有产业、行业、企业的生产率。这在现实中便产生资源配置僵化和退化现象。

涓流经济学是最为流行、也最受诟病的经济学信条。在弗里德曼和拉弗等学者倡导下，涓流效应成为新自由主义经济学如供给学派的核心理念，其排斥社会保护和轻视收入分配的相关政策产生了恶果，包括撒切尔和里根执政、"华盛顿共识"等，在很多国家均出现社会保护和福利体制的倒退，它也是造成生产率既不能提高也难以分享以及民粹主义政治泛滥和全球化逆流的根源。

二、理念的引领：创新向善和"助推"

技术创新做大蛋糕的结果并不必然均等地惠及所有群体。企业看重市场潜力，常常差别对待不同领域的不同人群，如对中小微企业、低收入者、老年人等设置进入障碍，技术鸿沟进而演变为"认知鸿沟"，降低了参与率和分享度。例如，数字技术虽未必天然嫌贫爱富，数字经济却确实易于形成歧视和排他，助长"恶意助推"，产生故意设置市场进出障碍、侵害消费者隐私和权益等行为。

如果说初次分配更多依靠发挥市场作用、再分配更加强调以政府为主导的话，在作为初次分配和再分配重要补充的第三次分配领域，则应该改变单纯对股东负责的经营理念，同时把员工、客户、社区和社会利益纳入企业函数，以承担社会责任和企业盈利相结合的方式进行。把政府战略层面树立的以人民为中心的发展思想，转化为企业层面的对应目标函数，要求企业和投资者在经济活动的众多领域，以及生产、雇用、购买、销售等经营活动的各个环节，体现自身的向善意愿，履行应有的社会责任，促进生产率提高及其成果的全社会分享。这就是数字经济和科技平台企业承载创新和共享新发展理念的表现。

三、商机：解铃还须系铃人

在新发展阶段上，中国经济和社会已经、正在和即将发生几个方面变化。变与不变，对中国经济的发展前景的影响是不一样的，对企业的机遇及其大小和性质的影响也是不一样的。相应的变化为企业在第三次分配领域向善创新和助推提供机会，帮助其在模式转变中赢得先机，在捕捉变化的同时获得商机，还能激发企业家和企业无穷无尽的创意，进而分别在市场内外获得真金白银的回报。

首先，经济增长从供给侧制约到需求侧制约变化。2022年中国人口到达峰值，随后进入负增长阶段，正式进入老龄社会。在供给侧冲击即潜在增长率下降趋势进一步强化的同时，以消费为主要驾力的需求侧（三驾马车）制约成为经济增长的又一个新常态。

其次，财政政策作用的增强和支出方向的变化。需求侧制约和进入福利国家建设的窗口期，特别是处于一般规律的中国语境"瓦格纳加速期"，都强化财政政策的作用，同时财政支出的重点也将从直接经济活动转向社会保护、社会共济和社会福利。在社会政策托底更扎实的条件下，创造性破坏的优胜劣汰机制也将得以更好发挥。

再次，经济社会政策关注点从市场主体本位到家庭本位的转变。在需求侧制约常态化的条件下，作为基本消费单位以及人口再生产和人力资本积累主体的家庭，将在宏观政策中得到更高的优先地位。这将显著发掘超大规模市场潜力，也会以恰当方式影响产品和服务市场。

最后，从存在较大收入和基本公共服务差距，到中等收入群体占主体的预期变化，或至少是向这个方向的趋势性变化。基于低收入群体基数加预期的政策效应，中等收入群体倍增有望实现。从微观层面因应这一整体趋势，要求企业从擅长以中等收入群体为目标，更主动转向以低收入向中等收入提升的群体为服务对象。

如何实现经济发展
质与量的有机统一？

2022 年 12 月 15 日至 16 日举行的中央经济工作会议强调，2023 年要推动经济运行整体好转，实现质的有效提升和量的合理增长，为全面建设社会主义现代化国家开好局起好步。其中，实现中国经济的质的有效提升和量的合理增长既是面向 2035 年远景目标的要求，也是在最新国情变化下提出的一项紧迫任务。根据中国的实际数据和联合国预测，2022 年中国总人口达到峰值，2023 年将开始负增长。这将对中国经济发展质与量的关系产生根本性的影响，使其既显现出更加迫切的发展要求，也创造出新的条件和机遇，并促使两者之间实现有机统一。

一、经济发展的质量及其提升途径

按照党的二十大精神，实现高质量发展，归根结底是应符合新发展理念的要求，实现发展方式转变、经济结构优化和增长动力转换，并在此基础上建设起现代化经济体系。同时，这些变革最终必须体现在促进全体人民共同富裕这个目标上面。遵循党的二十大报告和中央经济工作会议精神，针对中国经济发展阶段变化的现实，我们可以从以下四个方面概括经济发展的质量要求。

首先，经济增长从主要依靠生产要素投入驱动，转向更加依靠生产率驱动。总人口的负增长，同时也意味着劳动年龄人口减少速度的加快。例如，在劳动年龄人口进入负增长、同时总人口仍然增长的 2011—2021 年，15—59 岁劳动年龄人口仅以年平均 1.4‰ 的速度递减，而在总人口进入负增长的 2022—2035 年，劳动年龄人口的递减速度将显著提高到 8.3‰。这意味着人口红利已经极大地式微，并将加速消失；唯有加快转向生产率驱动的更高质量增长，才符合新发展阶段的要求。

其次，从着重从供给侧着力稳定和提高潜在增长率，转向从供需两侧赢得改革红利。无论是人口负增长的总量效应、人口老龄化的年龄结构效应，还是经济减速带来的增长效应和收入效应，抑或收入差距造成的分配效应，都将使社会总需求特别是消费需求成为经济增长的常态制约。因此，从供需两侧加大改革力度，才能做到既保持潜在增长率不断提高，又使社会总需求特别是消费需求能够不断扩大，以支撑潜在增长能力的发挥，使 GDP 实际增长速度达到潜在增长率。

再次，经济增长从追求数量的扩大即速度，转向在保障安全的前提下更加注重增长的韧性和可持续性。与经济增长韧性和可持续性相关的安全因素，包括气候变化不断带来的最新后果、过度债务和金融风险的积累、普遍的人口老龄化趋势、单边主义和保护主义造成的逆全球化趋势、疫情全球大流行造成的供应链受损，以及在地缘政治和冷战思维驱使下美国等国主导的针对中国的供应链脱钩和技术封锁等。鉴于其在世界经济和政治中举足轻重的地位，中国的发展必须克服这些安全领域的隐患和障碍，也有能力和机会破解相应的难题，但前提是要未雨绸缪，在意识上和实践中统筹好发展和安全。

最后，从做大蛋糕以分好蛋糕的发展实践，转向以分好蛋糕为前提和新作为，才能保持继续做大蛋糕。经济发展的永恒主题不是一个而是一对，即生产率的提高与生产率的分享，既缺一不可，也不容有任何偏倚。一个普遍被观察到的事实是，越是在更高的发展阶段上，生产率成果的分享越发重要，以至成为生产率得以继续提高的必要前提。

例如，经济学家发现一个统计规律，即随着人均 GDP 的提高，政府用于社会福利的支出占 GDP 比重趋于提高。这虽然是 100 多年前的一个研究结论，按照提出者的名字被称为"瓦格纳法则"，但是，从最新的统计数据来看，这个规律仍然是存在的。进一步的跨国分析表明，在人均 GDP 处于 10000—30000 美元这个区间，政府社会福利支出比重的提高速度是最快的，因此，可以称这个区间为"瓦格纳加速期"。从现在起到 2035 年，中国正处于这样的发展区间，可见通过再分配分享改革发展成果，既符合一般规律，也符合共同富裕的要求。

二、经济增长速度的合理区间

发展是中国共产党执政兴国的第一要务。从远景目标来看，中国将在 2035 年基本实现现代化，成为中等发达国家，同时达到对应的"全体人民共同富裕迈出坚实步伐"的要求。从短期任务来看，亟待破解需求收缩、供给冲击、预期转弱三重压力，实现经济运行总体回升。无论短期还是长期，不断解决人民日益增长的美好生活需要和不平衡不充分的发展之间的矛盾，都要求有一个合理、合意的经济增长速度。由于无论从经济学理论和统计意义上，还是在现实经济生活中，经济增长都可以从供给侧和需求侧两方面认识，相应地，增长速度也必须由供需两侧予以保障。了解供需两侧的状况和变化趋势，也就可以对中国经济增长的数量含义有更好的认识。

从供给侧，我们观察生产要素的供给和配置（生产率）潜在能力能够支撑一个怎样的增长速度。量的合理增长，归根结底表现为符合特定发展阶段的潜在增长能力，或称潜在增长率。由于人口红利式微和加速消失，中国的潜在增长率在 2011 年之后出现放缓增长的趋势，今后仍将继续下降。中国社会科学院学者曾经预测，在 2021—2035 年，中国的 GDP 将以每年 4.84% 的潜在能力增长。不过，这个估算所依据的人口预测数据表明，人口峰值将在 2030 年前后达到。如果采用最新的人口预测数据，即 2022 年人口达到峰值、2023 年后进入负增长的情形，潜在增长率降低到 4.53%（中方案预测），与此前相比进一步下降了 6.4%。

然而，中国仍然有机会保持原来预测的增长率水平，只是这个机会要靠争取得来，或者说来自供给侧的改革红利。在最新的预测中，我们还按照高方案预测了一个为 4.80% 的潜在增长率，可以被视为收获改革红利的情景。如果把之前预测的中方案与最新预测的高方案进行比较，则可以看到两个方案的平均潜在增长率非常接近，分别为 4.84% 和 4.80%。由于高方案就是假设更大的改革力度可以使全要素生产率提高更快一些，因此，以更大的力度推动改革，可以取得一种"取乎其上、得乎其中"的效果。

从需求侧，我们观察的是生产出 GDP 的必要"去处"，表现为净出口、投资和消费这"三驾马车"的总水平。如果没有这些必要的去处，经济增长就不能继续下去，足见需求是影响经济增长速度的因素，其重要性丝毫不亚于供给侧因素。一般情况下，需求侧的影响表现为周期性和暂时性的冲击，导致实际增长率低于潜在增长率。例如，国际金融危机通过对出口的冲击，使社会总需求不足以满足要素充分利用这个条件，因而引起经济增长速度的下行。这时，就需要包括货币政策和财政政策在内的宏观经济政策更加宽松，更加具有刺激性，以便使实际增长速度回归到潜在增长率上来。

2011年以来，中国经济的实际增长速度放缓，然而却不是受到需求侧因素的制约，也就是说，实际增长率和潜在增长率是相符且总体一致的。随着中国进入人口负增长和更深度老龄化时代，需求侧因素特别是居民消费将成为经济增长更常态的制约。因此，无论是对今后一段时期的经济增长来说，还是对宏观经济从新冠肺炎疫情冲击中复苏而言，都需要更加关注居民消费和其他需求因素，政策要致力于打破与之相关的制约。

三、质与量之间不再是取舍关系

从某种程度上说，以往我们在处理经济发展的质与量的关系时，常常难免把两个要求看作一种非此即彼或者此消彼长的权衡，需要在两者之间进行锱铢必较的取舍。在此前的发展阶段上经济高速增长得益于人口红利，更多是依靠生产要素投入取得的，因此，虽然中央政府一再提出质量第一、效益优先的要求，地方政府既然要确保达到特定的增长速度，往往还要诉诸传统发展方式和旧动能。在一定程度上，这种做法有其不可避免性。

2011年以前，当中国仍然处在一个有利的人口机会窗口期时，劳动力数量丰富和质量不断改善、资本报酬率和投资回报率较高、劳动力从农业转向非农产业创造资源重新配置效率等，都是高速增长时期的经济增长动能。只要人口红利带来的增长动能尚未丧失殆尽，对这种增长动能和增长模式的依赖往往就难以根本消除，一有需要和机会便会回潮。如今，随着人口红利加快消失，虽然还存在着一定的潜力空间，可以继续挖掘传统增长源泉，但归根结底，仅仅挖掘传统潜力已经不足以支撑我们需要的增长动能。所以，权衡取舍的思维方式和做法都不再奏效。

与此同时，这并不意味着要对中国经济增长的前景做出任何悲观的判断。无论在理论上还是在实践中，中国经济长期可持续增长的保障，恰恰在于质与量之间具有更加紧密的相互促进关系。认识这种关系，要求在新发展理念引领下进行思维方式和研究范式的转换。从这个意义上看，仍然存在并且有潜力可供开启的经济增长新动能，总体上来自以下几个方面。

从供给侧看，质量与数量是对立的统一，经济增长质量的有效提升可以产生数量提高的效果。每一种生产要素的供给和配置都既有质的方面，也有量的方面，前者的提升可以弥补后者的不足。例如，劳动年龄人口加快负增长，意味着劳动力数量短缺的程度加深，从而产生削弱经济增长潜力的效果。但是，教育和培训的发展可以提高劳动者的人力资本，可以形成新的要素贡献。遵循劳动生产率的提高方向，在城乡之间、地区之间、产业之间乃至企业之间，对劳动力进行更合理配置也同样可以获得新的增长源泉。

从需求侧看，改善社会总需求特别是扩大消费需求的努力，同时也是在发展中保障和改善民生的过程。旨在提高劳动报酬和居民收入、改善收入分配、扩大基本公共服务覆盖面和均等化程度，乃至扩大中等收入群体的改革和制度建设，既直接有利于实现改善民生、提高人民福祉、促进共同富裕的发展目标，也是挖掘居民消费潜力、提高社会总需求、进而保障经济增长实现潜在能力的重要手段。可以说，发展的目的和发展的途径在这里实现了有机统一。

越来越多的改革举措可以同时从供需两侧创造改革红利。从改革的目的来说，改革就是为了获得红利，分别表现在经济增长的质与量两个方面。

在这个发展阶段上，我们既需要也完全可以实现供需两侧的兼容一致，通过深化改革从潜在增长率和需求支撑两方面着眼，在提高发展质量的基础上保持合意的增长速度。例如，推动农民工落户的户籍制度改革，既可以增加劳动力供给和进一步提高资源重新配置效率和潜在增长率，也可以增加新市民规模，扩大中等收入群体，从而大幅度扩大消费需求，提高支撑经济增长的社会总需求能力。

构建新发展格局的
着眼点和着力点

　　党的二十大报告强调，要加快构建国内大循环为主体、国内国际双循环相互促进的新发展格局。报告把构建新发展格局作为高质量发展的必然要求和重要抓手，提出加强国内大循环内生动力和可靠性、提升国际循环质量和水平的新任务。理解这一新表述和新要求，应该从供给侧与需求侧结合的视角，把构建新发展格局放到高质量发展和高水平对外开放的层面，着眼于实现两者的良好结合。

　　从 2011 年中国劳动年龄人口进入负增长以来，中国经济面临的主要挑战一直在供给侧，因此需要着眼于提高生产率、转换经济增长动能，稳定和提高潜在增长率。中国总人口在 2022 年达到峰值，随后进入负增长阶段。这不仅将从供给侧进一步降低潜在增长率，也带来需求侧的崭新挑战。人口总量、年龄结构、经济增长、收入增长和收入分配等诸多方面都会产生抑制社会总需求的效应，需求因素将成为经济增长的常态制约，因此迫切要求我们加快构建新发展格局。

一、从投资回报率入手扩大投资需求

在中国经济高速增长期间，资本要素相对稀缺是发展的主要制约。同时，人口红利阻止了资本报酬递减现象的发生，因此，那时中国的投资回报率处于世界高水平。随着中国经济进入更高发展阶段，在资本相对稀缺程度降低的同时，人口红利消失也导致劳动力短缺，资本报酬递减律挣脱了劳动力无限供给这个缰绳，开始发挥抑制经济增长的常态作用。在现实经济活动中，传统比较优势的式微也导致固守既有经营方向和生产率水平的企业日益感受到投资无利可图。可见，投资回报率下降是投资需求趋于羸弱的根本原因。

在整体投资回报率下降的同时，产业间、行业间、企业间和区域间仍然存在投资回报率的差异。撇开其他因素，生产率上存在的这种差异导致投资回报率大异其趣。如何让真实的投资需求显现出来，发挥投资应有的拉动内需作用，是一个亟待破解的政策难题。对于这个问题，需要从全方位的视角来认识，进而通过全面的改革予以解决。

更加合理、有效地配置资金，整体提高资本报酬率和投资回报率，是扩大投资需求的根本途径。一个产业的份额是否应该遵循经济规律而趋于降低，一个行业是否不再具有比较优势，一个企业能否保持市场竞争力，并不应该由政策制定者说了算，经济学家也无法给出准确的判断。产业和行业的消长以及企业的去留，最终要在要素价格没有扭曲的条件下，通过市场的优胜劣汰机制来决定。归根结底，投资需求来自投资回报率，投资回报率则有赖于生产率和投资效率的提高。

只有在全国统一大市场的建设中，疏通要素流动和重组的渠道，营造创造性破坏环境，资金才能流向真正的需求者，通过改善资源配置效率扩大投资需求。这就要求削峰填谷,改变资本配置的不均衡现象。在投资需求疲弱的情况下,政府采取了诸如宽松货币环境、产业政策性补贴和特惠贷款等手段,旨在刺激投资需求。

然而,银行信贷的发放和优惠政策的施予,无论是出于风险的考虑,还是从免责的角度考虑,往往导致资金向大企业、国有经济和政府大型项目倾斜,甚至鼓励这些领域接受并不需要的贷款,从而造成资金的闲置和浪费。与此相反,中小企业、非国有企业和新创企业则始终处于贷款难、贷款贵、得不到足够政策支持的境地。这种状况同时是投资需求不足、资金配置效率不高和生产率下降的重要原因之一。因此,制定和实施政策需要懂得资源重新配置是经济增长的源泉所在,也是需求合理扩大的潜力所在。

顺应发展阶段变化挖掘基础设施投资需求潜力,尚有很大的努力空间。从需求特点上说,基础设施投资与市场主体的直接投资既有一致的动因,也有不同的特点。相同之处在于,基础设施投资也是经济活动的重要组成部分,也要求顺应发展阶段变化,按照经济增长的新需求进行调整。不同之处在于,基础设施投资需求是一种市场活动派生的需求,建设周期和回报周期都较长,更易受到政府政策的影响,常常被作为刺激经济的载体,因而易于成为债务累积和金融风险发生的领域。

根据这些特点,在基础设施建设中,至少需要在两点平衡关系上把握好分寸。首先,基础设施建设不能与实体经济脱钩。更高质量发展和产业结构的升级换代,都会对基础设施提出新的要求,即在优化布局、结构、功能和系统集成的基础上,构建现代化基础设施体系。其次,从基础设施建设本身仍然可以挖掘到独特的需求潜力。作为一种派生的需求,基础设施建设固然有赖于经济增长的长期趋势和常态速度,然而,补齐现实中存在的基础设施短板,仍然是立竿见影的当下需求。

中国基础设施建设取得的显著成就，容易使人产生一种错觉，以为中国的基础设施建设已经足够超前，以致需求潜力就相对有限了。为了避免高估中国基础设施建设的超前程度，以便看到该领域投资需求的潜力所在，我们可以利用世界经济论坛《全球竞争力报告2019》的信息进行两点比较。[①]首先，在世界经济论坛2019年的全球竞争力指数排名中，中国整体排在第28位，其中由人口规模决定的市场规模排名第一。也就是说，基础设施这个支柱的排位还低于整体位次。其次，基础设施建设水平，在结构上也不尽平衡。这个支柱被进一步区分为交通设施和公用设施，前者的世界排名高达第24位，而后者排名则低至第65位。可见，无论是提升人民生活品质的要求，还是推动户籍人口城镇化的要求，都意味着对公用设施建设和投资的巨大需求。

二、从收入分配入手扩大居民消费

在人口负增长和老龄化加深的时代，居民消费的增长速度将放慢，或者说受到自然的抑制。人口转变的趋势是不可逆转的，所以，由此产生的削弱消费的作用力总体上无法人为加以改变。然而，除了来自人口因素的直接效应之外，还有一些与人口间接相关的因素，以及与之关联度较低的因素，也具有对消费增长的负面影响。从这些因素着眼打破需求制约，尽可能降低负面影响，相关政策大有用武之地。

受到人口间接影响的消费制约因素被称为增长效应或收入效应。随着人口负增长时代来临，中国经济将在更大的基数上和更高的水平上以相对

---

① Klaus Schwab (ed), The Global Competitiveness Report 2019, World Economic Forum, Geneva, Switzerland, p. 155.

慢的速度增长。这个经济增长减速从两个方面降低居民收入增长速度。一方面，经济增量的相对减小，直接限制可以转化为居民收入的蛋糕规模。另一方面，较慢的劳动生产率提高速度也制约了普通劳动者工资的上涨幅度。

20世纪90年代以来，中国的人均GDP、人均居民可支配收入和居民平均消费均以较快的速度增长，这三个指标的变化趋势和相互关系总体上遵循着相同的轨迹，虽然在不同时期三者之间的同步性不尽相同。由这三个指标所表征的中国经济高速增长，大体上结束于国际金融危机时期，特别是在大规模刺激政策效应消失后，中国经济增速便进入常态性的下行区间。也就是说，人口红利消失导致的经济增长减速从此为居民收入和消费的增长设置了天花板。

与此同时，自从中国经济增长进入减速期以来，经济、收入和消费之间的增长同步性却有了明显的增强，表现为在对上述三个指标的增长率进行两两比较时，均可以发现显著的正相关性。例如，在2011—2021年，人均GDP增长率与居民可支配收入增长率之间的相关系数达到0.913，居民收入增长率与居民消费增长率之间的相关系数为0.931，人均GDP增长率与居民消费增长率之间的相关系数为0.833。

与人口因素关联度较低的消费制约因素是收入分配效应。理论和经验都表明，处在不同收入分层的群体，边际消费倾向大相径庭。由于低收入人群尚有未予满足的消费需求，因此，他们在收入增加的情况下会把较大的比例用于消费，即具有较大的消费倾向。由于高收入人群已经难有尚未满足的普通消费需求，他们只会将收入增长的较小比例用于消费，即具有较小的消费倾向。由此可以推论：社会收入差距过大不利于消费扩大。因此，任何改善收入分配的政策，都可以产生扩大消费需求的效果。

上述结论获得很多实证研究的支持。例如,宿玉海等估算了中国不同收入群体在不同消费类型上的边际消费倾向,即家庭收入每增长一个百分点带来某种类型消费的增长百分点。计量结果显示,如果以低收入群体在生存型产品和服务上的消费倾向为 1,则中等收入群体和高收入群体分别为 0.56 和 0.13;在享受型产品和服务上,三个收入组的消费倾向之比为 1∶1.55∶0.34;在发展型产品和服务上,三个收入组的消费倾向之比为 1∶0.61∶0.30。[①]

其中的政策含义是:在无法通过逆转人口转变方向来遏止消费下行趋势的情况下,从改善收入分配状况和扩大中等收入群体规模入手,实施一系列改革和政策调整,可以保持稳定乃至扩大消费的可靠源泉。

三、促进比较优势的转换和升级

改革开放期间,中国享有巨大的经济规模禀赋和边干边学的后发优势,创造了史无前例的经济增长和产业变革速度,在实现赶超的同时,也改写了比较优势。根据世界银行数据,在 2007—2020 年,中国的高科技产品出口占制造业产品出口的比重,总体保持在略高于 30% 的水平,同期美国的这一比重从 29.8% 显著地下降到 19.5%。在 2001—2020 年,研究开发支出占 GDP 的比重,在中国增长了 155.3%,在美国则仅仅增长了 30.3%,全世界平均增长率为 26.7%。

保持和发挥这些优势,正是中国在继续参与全球化的条件下实现自身经济增长和产业变革的底气。在新发展格局下,实现高质量发展和高水平

---

① 宿玉海、孙晓芹、李成友《收入分配与异质性消费结构——基于中等收入群体新测度》,《财经科学》2021 年第 9 期。

对外开放，是中国的必然选择。2020 年，中国资本形成规模的世界占比为 28.6%，最终消费的世界占比为 13.1%，2021 年 GDP 的世界占比为 18.5%。也就是说，国内大循环的"大"字名不虚传，无疑是实现高质量发展足够大的舞台。

高质量发展的内涵，归根结底在于新发展理念指导下的经济增长和结构变革。其中，生产率的提高与分享是轴心，可以把所要达到的发展目标逐一紧密地连接起来。创新发展和协调发展是提高生产率的途径；通过共享发展和绿色发展，可以在全体居民之间、人与自然之间，以及不同代之间分享生产率；在统筹好发展和安全的前提下，新发展理念推动的高质量发展，也必然为更好开放发展打下基础。纵观全球化的变化趋势，从中国在世界经济中的特殊地位来看，中国未来的开放需要适应两个趋势性变化。

第一是国际贸易模式的变化。长期以来，中国参与世界经济分工，以劳动力丰富这一要素比较优势立足。随着经济发展和人口转变阶段变化，劳动力短缺成为常态，劳动力成本显著提高，劳动密集型制造业的比较优势势必减弱。与此同时，改革开放以来的高速增长和工业化进程，也显著提升了中国产业的配套能力、集聚效应和规模经济，为适应贸易模式变化创造了良好的条件。广义而言，这可以看作是比较优势转换的一个重要方面。

第二是国际贸易的多极化。自 20 世纪 90 年代以来，许多新兴经济体和发展中国家抓住了全球化机遇，实现了较快经济增长，赢得了赶超发达国家的机会。这同时也意味着包括贸易和投资在内的国际经贸活动已经并将继续在多元化、多样化和多极化的框架内进行。中国在这个大变局中扮演重要角色，主导和推动着国际经贸格局的变化。以中国贸易伙伴的多元化趋势为例, 在 2001—2020 年, 中国按现价美元计算的进出口总额增长了 813.5%; 与此同时, 中国对世界 230 余个国家和地区进出口额的变异系数下降了 26.9%。

中国在上述格局变化中的主导地位和适应性转型, 一直以来都是与国内经济发展水平的提升同步进行的。进一步对外开放也必然要求以自身的高质量发展为前提, 实现比较优势的转换和提升。中国参与世界经济分工的模式, 将在比较优势转换的前提下同时发生以下变化, 都要求以高质量发展开创对外开放的更高水平和崭新境界。

一个变化方向是遵循动态比较优势趋势, 逐步成为高端产品的出口国。当一个国家的要素禀赋结构发生变化时, 譬如随着人均收入水平提高, 相对于劳动力, 资本的稀缺程度下降, 该国的比较优势就会更加接近于资本密集型产品, 同时逐渐远离劳动密集型产品。于是, 这个国家在世界经济分工中的地位也就发生了变化。中国无疑正在以惊人的速度发生要素禀赋结构的升级、比较优势的转换, 以及产业在价值链上的位置提升, 贸易格局的重塑是水到渠成的。

另一个变化方向是利用超大规模市场和超强生产能力, 以规模经济获得比较优势和贸易利益。这是一种把国内大循环、高质量发展与对外开放结合起来, 内外联动的扩大开放策略。与基于要素比较优势的贸易相比, 基于生产率提高的国内国际双循环具有更为丰富的内涵, 可以在中国与发达国家要素禀赋差异缩小的条件下, 利用包括规模经济在内的其他差异继续开展国际贸易。同时, 中国产业之间和地区之间仍然存在着要素禀赋和发展水平的差异, 恰恰对应着世界经济发展中的差异性, 可以成为中国面向广大发展中国家开展多元化贸易的基础。

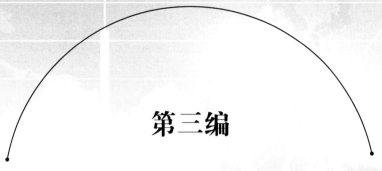

第三编

推动“四化”同步

统筹发展和安全：
重大意义、实践要求和重点领域

> 党中央把防范化解重大风险摆在三大攻坚战的首位，
> 意味着这是中华民族实现伟大复兴必须跨越的关口。关注
> 发展和安全的关系，并将其与五大发展理念并列，理论上
> 和实践上都具有重大意义。一般而言，这是新发展阶段上
> 国内国际环境变化的要求；特殊而言，是大国战略竞争加
> 剧的必然选择。

一、统筹发展和安全的必要性和紧迫性

最大的风险莫过于阻碍或延滞伟大复兴进程。经济领域的"风险""不安全"是发生妨碍经济增长处于完成任务目标的"合理区间"的事件。新发展阶段需要达到更高增长水平，为完成社会主义初级阶段的发展任务打下雄厚物质基础：人均 GDP 在 15 年内翻一番，在"十四五"规划末期达到现行的高收入国家标准，到 2035 年达到中等发达国家水平，即分别达到 12535 美元和 23000 美元，2030 年前后成为世界第一。

凯投宏观的最新预测认为，由于低生育率、劳动力负增长和生产率减速，中国经济增长将继续减速，以致不能在预期的时间里超过美国，一旦机会错过则永远不会成为第一。我们有足够多的证据否定这个预测的可

靠性,例如,劳动力转移仍有巨大空间。农业劳动力比重、城镇化率,以及常住人口和户籍人口两个城镇化率之差,都意味着有很大的劳动力供给潜力;供需两侧的改革都可以带来的生产率提高、潜在增长率提高和实际增长率提高的潜力;经济学家预测的今后15年的经济总量和人均潜在增长率也都证明这一点。

但是,凯投宏观警示的风险也是存在的,特别是人口趋势。而且该机构的警示还不够全面,还没抓住最重要的风险——需求侧风险。因此需要特别强调三个问题,即人口、生产率、增长速度。首先,总人口负增长这个人口转折点或引爆点,带来供给侧和需求侧冲击。其次,供给侧潜在增长率降低是趋势,但仍然在合理区间,如果需求侧冲击导致负增长缺口,实际增长率就会低于潜力。这个假设的情形已经为日本经济和"日本化"的世界经济所证实。最后,存在着两个导致生产率减速的因素:寻求保护和补贴导致企业间资源配置僵化;劳动力从第二产业转向第三产业导致部门间资源配置退化。

新发展理念引领形成新发展格局,就是解决这些问题的关键之举,需要体现在每一项改革举措上面。不改革或者改革不到位,是最大的风险来源。亟待推进的改革需要特别强调几个社会方面。第一是生育政策改革,包括鼓励生育的政策。虽然并不指望因此回归更高的生育水平,但希望挖掘一系列稍纵即逝的潜力,在2050年前使人口发展更为均衡。第二是户籍制度改革。这不仅涉及劳动力问题,更关乎资本回报率、消费需求、社会流动性以及民生安全问题。第三是提高基本公共服务覆盖和均等化水平。中国特色的再分配政策有助于解决共同富裕、社会保障、创造性破坏等问题,也是提高生产率的关键。

二、国际竞争加剧背景下的发展和安全关系

在这种背景下，打造和增强国家竞争力至关重要、异常紧迫，从以下几个角度看有重要意义。首先，国家竞争力是国家安全的重要保障，也是一个国家在国际事务中获得应有话语权的基础和底气。其次，对于当代国际关系领域包括软实力在内的国家竞争，特别是以大国关系为核心的国际经济政治博弈，学者们和顾问们津津乐道于争论中美之间进行冷战甚至热战的可能性，或者争论中美之间"战略性竞争"究竟竞争什么。现实中，国家竞争关系已经日趋强化，主要体现在贸易摩擦乃至贸易战、供应链脱钩、科技封锁、颠覆性科技创新能力竞赛等一系列竞争关系之中。在中美之间，这些竞争与地缘政治战、外交交锋紧密结合在一起，西方已经正式使用"大国战略性竞争"这个词语，美西方已进行全面部署，包括立法、行政、外交和产业政策。最后，国家竞争力是开放经济体维持发展的良性循环的必要条件。

从经济发展角度，可以在两个层次上认识国家竞争力。第一个层次可以称为显示性竞争力，包括国家在国际分工中表现出的产业比较优势、在国际市场上表现出的产品竞争力，以及在全球供应链中所处的产业地位及其韧性。第二个层次可以称为基础性竞争力，包括国家在人力资本和财富上的积累水平、基础设施的完整和可持续程度、战略性资源的储备和动员能力，以及民生保障和社会福利水平。

国家竞争力是由各种成分构成的综合国力表现，须从诸多方面推动形成；同时，根据世界经济状况和国家经济发展阶段，在塑造竞争力过程中侧重点也会随时随地有所变换。每个时期的战略意图要求国家竞争力立足于特定经济社会事务的制高点。对于大国来说，这个制高点一般应该包括：

第一，在世界经济中具有影响力的经济总量；第二，作为国力增强、人民生活水平提高保障的经济总量和人均水平增长速度；第三，总体上堪称完整或至少没有被卡脖子的供应链和科技体系；第四，保障全体人民分享发展成果的社会福利体系和社会保护机制。

向全体居民提供兼具社会福利、社会共济和社会保护功能的基本公共服务，是中国特色社会主义现代化的基本要求，也是促进共同富裕的必要途径。由此产生的提高人民福祉和扩大消费需求效应，是中国经济在合理区间持续增长的基础保障，因而也构成中国国家竞争力的重要组成部分。从合作与竞争相统一的视角，这个既非以邻为壑也非零和博弈的竞争，可以被称为社会福利的竞赛，是当前亟待占领的制高点。

对中国和世界其他主要经济体，国际政治和世界经济格局都提出三个逻辑上紧密相连的任务。其一，提高作为大国博弈基础保障的国家竞争力迫在眉睫。其二，鉴于国内需求特别是居民消费日益成为经济增长的制约因素，运用多种举措扩大消费是当务之急。其三，扩大消费必须提高居民收入和基本公共服务水平。虽然各国政策走向并非全然一致，一些政策动向已经显现出内涵和外延上的相同性或相似性，表明社会福利体系重建正在成为一个各国竞相争夺的制高点。《经济学家》预测，2026 年在所有主要发达经济体中，政府支出占 GDP 比重都将大于 2006 年的水平。

简述各国政策趋势如下。美国拜登政府执着于推动"重建更好未来"等法案，特别强调在育儿、教育、家庭收入等方面的支持，旨在改善收入分配和重建中产阶级、以消费扩张引导投资需求增长，进而打破经济长期停滞的僵局。日本岸田政府计划从教育、住房、收入分配等领域着手，推动"重建中产阶级"的"新型资本主义"战略。英国政府推动扩大政府支出，实施包括社区建设和改善健康等内容的"升级计划"。欧盟着眼于改革财政支出规则,推动实施包括绿色新政、数字转型和加强卫生医疗体系建设等内容的"欧盟下一代"复兴计划。

三、打造竞争力和占领制高点的重点领域

应对中国发展面临的崭新挑战,要求在深化改革和扩大开放的同时构建"双循环"新发展格局,不断提升国家显示性竞争力,在国际经贸体系中实现更高水平的自立自强;围绕建设中国特色福利国家,在发展中保障和改善民生,加快提升国家基础性竞争力,不断推动实现全体人民共同富裕。社会福利的竞赛并不意味着竞相提高福利支出水平。中国仍然要遵循尽力而为和量力而行的原则,着眼于提高社会福利水平与发展阶段之间的适应程度、公平与效率之间的统一程度、短期管用和长期可持续性之间的平衡程度。由此出发,针对中国发展面临的崭新挑战,须从以下层面把握占领社会福利竞赛制高点的要求和路径。

首先,社会福利的竞赛标志着再分配力度的显著增大,但并不意味着仅仅围绕分配进行零和博弈。加快福利国家建设的必要性和紧迫性,既符合一般规律的要求,也因应中国面临的特殊挑战。人均 GDP 从 10000 美元提高到 25000 美元的这个发展阶段(中国未来 15 年正处于这个阶段),是国家的社会支出大幅度增长的区间,这一支出占 GDP 比重平均从 26%提高到 37%。2021 年中国人口接近达到峰值,已经进入老龄社会。克服人口因素不利于扩大消费需求进而制约经济增长的效应,对社会福利水平明显提高提出了紧迫需求。

其次,社会福利水平提高可以确保经济在合理速度区间增长,创造真金白银的改革红利。由于通过再分配提高社会福利水平是为了解决现实的

增长制约，因而这项建设事业将不仅是有回报的。换句话说，分好蛋糕是做大蛋糕的必要前提，通过福利国家建设明显改善基本公共服务水平和均等化程度，可以打破经济增长的需求制约，实现合理增长速度，进而达到扩大 GDP 总量的效果。

再次，通过顶层设计可以以制度安排的方式保障社会福利支出可持续，保证尽力而为和量力而行的统一。中国特色福利国家建设，应该在初次分配、再分配和第三次分配协调配套的制度安排下，着眼于形成一个能够使资源和财政潜力得到充分利用的社会福利支出恒等式。根据一般规律和特殊挑战，在保基本的前提下确立社会福利支出清单，并明确各级政府和社会组织的保障责任，同时也创造条件以最大化发挥社区和企业的作用。

最后，福利国家建设并不限于再分配领域的政策举措，在初次分配和第三次分配领域也可以大有作为。国际比较研究发现，具有较小收入差距的国家，是由于早在利用税收和转移支付等手段进行再分配之前，在初次分配领域就普遍具有更有利于缩小收入差距的政策和制度安排。这也意味着，福利国家建设是全社会的财务和道义责任，并不应该成为国家独自承担的财政负担。

抓住破除二元结构的窗口期

基于"十四五"规划和 2035 年远景目标，我国要在 2025 年成为高收入国家，2035 年成为中等发达国家。这是一个定性和定量结合的要求，其中定量就是要求我国 GDP 总量在 15 年里翻一番，人均 GDP 大约也要翻一番。同时，根据居民收入与经济增长基本同步的要求，城乡居民人均可支配收入的水平也要翻一番。按照这样的逻辑，一方面，消除城乡二元结构是共同富裕的一项重要要求，另一方面，推进城乡融合发展的过程也是促进共同富裕的必要途径和手段。目前，我国正处于破除二元结构的窗口期，紧迫性与机遇并存，通过破解城乡二元结构，"三农"发展也可以对中国经济增长做出自身贡献。

一、中国二元结构的具体表现

首先，城乡收入差距仍然偏大。虽然在过去十余年中城乡居民收入差距有所缩小，但是我国城乡收入差距仍然存在。这也说明，在任何国家，初次分配本身不能完全解决收入差距问题，需要通过再分配才能缩小城乡收入差距。

其次，基本公共服务尚不均等。从某种程度上看，我国城乡居民在享受基本公共服务方面依然有较大差距。例如，城乡二元结构反映在城乡居民的社会保障方面差距比较大。我国目前大概有 10 亿人已经被社会养老保险覆盖，大概有 2.9 亿人实际领取社会养老保险。但在这些人中有 56.6% 即 1.61 亿人领取的是城乡居民养老保险，所领取养老金数额仅占全部发放金额的 5.9%。鉴于城乡居民养老保险中农村居民占比较大，这个数字反映的较大差距也就是城乡养老保险的差距。

最后，不彻底的城镇化降低社会流动性。现行户籍制度造成城镇化的不彻底和不完全，进而降低了社会流动性。社会流动不充分表现在很多方面，非正规就业是其中一个重要体现。我国未落户农民工在城市就业大多数属于非正规类型。目前城镇就业中个体就业和派遣工是典型的非正规就业，至少占全部就业的 30%。非正规就业意味着就业不稳定、工资报酬偏低、社会保险覆盖不充分，以及职业提升空间小。就业非正规化严重降低了社会流动性，尤其是减少了向上流动的机会。此外，户籍身份的固化还降低农民工外出、出县、出省和进城的比例，并造成留守的老人、女性、儿童以及与之相关的社会问题，进一步降低了社会流动性。

二、中国经济未来 15 年面临的挑战

这些问题如何影响我国未来 15 年实现经济社会发展目标？这需要从中国经济面临的挑战来看。首先，中国的人口在加速老龄化，因此一个重要的挑战就是应对即将来临的第二次人口冲击。老龄化也是全世界的一个共同特点。但中国的特殊性在于未富先老，我们还没有成为高收入国家，但老龄化程度已经非常接近高收入国家，远远超过了其他发展中国家。在老龄化过程中通常会有两个重要的人口转折点，两个转折点都会给经济带

来冲击,但它们的冲击性质不一样。在过去十余年的时间里,我们已经渡过了第一个人口转折点对中国经济的冲击,即 15—59 岁劳动年龄人口在 2010 年达到顶峰后,开始以每年几百万的速度负增长。由此产生的劳动力短缺、人力资本改善放慢、资本回报率下降、生产率提高速度放慢等问题,为中国经济带来了供给侧的冲击。

2025 年之前,我国将达到总人口的峰值,随后进入人口负增长阶段,即第二个重要的人口转折点。这对中国经济的增长将造成新的需求侧冲击,如何实现潜在增长率将成为新的挑战。具体表现为三种效应不利于居民消费:第一是人口总量效应。人口数量停滞,消费需求也就停滞,在其他条件不变的情况下,人口负增长,消费也会负增长。第二是年龄结构效应。由于中国老龄化严重,且老年人的收入水平、社会保障水平和覆盖率不高,所以老年人的消费能力和消费倾向不足,使得中国的消费需求难以扩大。第三是收入分配效应。由于富人倾向于储蓄,而穷人又满足不了消费意愿,因此,收入差距过大会导致消费的不足、过度的储蓄,从需求侧抑制中国经济的增长。

我们可以以国外机构对中国经济的悲观预测作为参照系,看应对这些挑战的重要性和紧迫性。如凯投国际认为中国由于未来劳动力增长是负的,因此难以实现自己的增长目标,预计中国不会超过美国成为第一大经济体。再如韩国央行认为中国未来 15 年增长速度可能仅为 3.5%—4%。我们来做一个粗略的模拟。假设美国经济以 2.25% 的速度增长,而中国为实现经济翻一番需以每年 5% 左右的速度增长,那么大体上在 2030 年之后超过美国。但如果按照韩国央行的预测,中国只能实现每年 3.75% 的增长速度,则无法实现超越美国的目标。悲观的预测主要基于两个原因:第一,伴随老龄化加深,中国未来的劳动力将是负增长,削弱了经济增长潜力,这是供给侧的因素；第二，中国人口负增长抑制消费，使既有增长潜力不能实现。这两个理由其实是不成立的。我们可以以供给侧（劳动力供给）和需求侧（居民消费）改革为着力点，通过消除城乡二元结构应对经济增长挑战。

三、破除二元结构的关键抓手

首先，提高劳动生产率是关键。目前，我国 80% 的农业劳动力对应的耕种面积仅为 1—7 亩，对比一些国家家庭农场拥有的大规模土地面积，中国农业的劳动生产率提高受到土地规模的严重制约。据世界银行的数据，我国农业劳动力生产率为 3830 美元 / 年，仅为高收入国家平均水平的 12%，甚至低于中等偏上收入国家。为应对这个问题，一方面要靠分子效应，即依靠科技提高单位劳动的农业增加值；另一方面要靠分母效应，即通过向非农产业转移减少单位产出使用的劳动力。

其次，劳动力转移和城镇化助力经济增长。假设在"十四五"规划期间农业劳动力的比重降低 10 个百分点，即从 23% 降到 13%，那么每年非农劳动力供给可以增加 2.7%。这就否定了凯投国际和韩国央行关于中国未来劳动力是负增长的假设。这就是真金白银的改革红利，即通过促进劳动力转移来增加劳动力供给，进而提高潜在增长率。在需求侧，如果能够消除常住人口城镇化率与户籍人口城镇化率之间的差别，即可增加 2.6 亿城镇户籍人口。按照 OECD 研究人员的估计，农民工获得城镇户口后，其他条件不变，消费支出即可提高 30%。如果继续促进劳动力转移，农村劳动力转移到城镇，他们的消费也可提高 30%。可见，以人为核心的新型城镇化可以大幅度增加居民消费需求。

再次，规模经营既有潜力也有需求。小农户利用各种生产社会化服务，在实际拥有的耕种面积不变的情况下，也可以实现规模经营，获得规模经济收益。美国经济学家舒尔茨曾经指出过农业生产要素的"不可分性"具有特殊的表现。这里，农业生产托管就是解决了不可分性，实现了规模经营的典范。目前，我国托管面积亩次占农作物总播种面积的2/3，这种降成本增利润的社会化服务的推广，就是在稳定农户土地承包经营权前提下中国特色的规模经营道路。

最后，科技创新和科技向善。金融创新、技术创新、产品市场创新可以解决很多问题，包括"猪循环"的难题，难点不在于创新能力，而在于农业比较效益低、在技术上存在"搭便车"现象，因而不能产生创新激励。因此，第三次分配领域不仅要倡导慈善事业，更主要的是鼓励企业履行社会责任，包括倡导科技向善。例如，大数据可以解决很多过去技术解决不了的问题，关键在于要创造一种激励和氛围，形成正确的利益导向，让大数据可以为"三农"服务。这个导向不仅需要物质回报，更重要的是企业的社会责任感。

综上，消除二元结构是未来15年重要的改革任务，既不可回避也不容延误。从这里的分析来看，这些改革都可以产生真金白银的改革红利，从供给侧看就是提高潜在增长率，从需求侧看就是扩大居民消费，以保障潜在增长率得以实现。当我们把改革举措落在了乡村振兴的整个过程中，改革红利也就可以成为战略实施的动能，解决乡村振兴的资金来源和激励来源等难题。

乡村振兴的政策抓手

我们在成功打赢脱贫攻坚战之后，马上转入了实施乡村振兴战略，但是也有些地方不知道该怎么抓乡村振兴，特别是一些基层的领导干部习惯于贯彻直接带着硬抓手的政策，所以要真正看到抓手的时候才知道怎么推进工作。乡村振兴包含非常广泛的内容，他们会觉得使不上劲儿，有时也会导致一些做法的表面化，比如把重点仅仅放在改变乡村的物理面貌上。这些做法都是对的，都是乡村振兴的内容，但是，仅仅抓一个或者两个方面则过于狭窄。因此，我今天想重点讲一讲乡村振兴应该把握住哪些政策抓手。

一、推进乡村振兴须把握的几个要点

在我看来，乡村振兴有下面几个要点，有助于我们把握其方位或时点。第一，乡村振兴是一个长期的过程，我们已经讲了多年，而其最新起点就是在实现了脱贫攻坚之后，与巩固脱贫攻坚成果的衔接处，也就是说，既要巩固住已有成果，又要更上一层楼。第二，乡村振兴的最终目标是实现农业农村现代化。我们也知道，中国到2035年要基本实现现代化，相应地，乡村振兴也对应着基本实现农业农村现代化的目标。第三，乡村振兴的显示性特征是农业强、农村美、农民富。也就是说，乡村振兴最终要用什么来判别呢？农业强，这是产业兴旺的一个要求；农村美，包括基本公共服务供给，也包括村庄面貌建设；农民富，这是共同富裕的根本要求。第四，乡村振兴的基本路径是消除城乡二元经济和社会结构。

实施乡村振兴有很多路径，用高度概括的方式来表述的话，我认为最基本路径应该是，消除城乡二元经济结构和社会结构。二元结构是困扰我们多年的问题，反映的是城乡之间在资源配置上的相互分割。改革开放以来，这种极大的经济结构反差大大地减轻了，却还没有得到根本消除，表现为社会结构反差。因此，今后十几年是消除城乡二元结构的一个窗口期。

比照中国 2025 年和 2035 年预期达到的人均 GDP 目标要求，人均 GDP 处于 12000—24000 美元区间的国家可以作为参照系，在一些关键的发展指标上，我国需要加快缩小与这些国家之间的差距，才能如期实现基本现代化的目标。

我们确立的 2025 年目标是进入高收入国家行列；2035 年目标是成为中等发达国家。它们分别对应的数量要求，一个是 2025 年人均 GDP 超过 12000 美元，一个是 2035 年人均 GDP 达到 24000 美元。按照世界银行的标准，人均 GDP 达到 12600 多美元是目前进入高收入国家的门槛。这一目标我们已经基本达到。随着进入高收入国家行列，中国 2035 年的目标对应的中等发达国家就是在把高收入国家分成三等份情况下的中间那个收入组。这个收入组的门槛值大概是人均 GDP 达到 23000—24000 美元。因此，今后这十几年，中国的发展正是处在人均 GDP 12000—24000 美元的区间。相应地，位于这个阶段上国家的平均水平或一般水平（并不是某一单个国家）便可以作为参照系，就是我们要直接赶超的目标。

同时，我最近在研究中也发现，人均 GDP 在 12000—24000 美元这个发展区间，还有一个突出的特征，就是它同时也是政府推进现代化力度最大、公共支出及其占比增长最快的发展阶段，可以称之为"瓦格纳加速期"。经济学中有一个瓦格纳定律，指随着人均收入水平的提高，政府支出、特别是政府的社会性支出，即用在社会保护、社会共济、社会福利上的支出、占 GDP 的比重是逐渐提高的。同时，它在不同阶段的提高速度不尽相同。

正是在人均 GDP 从 12000 提高到 24000 美元的过程中，政府支出比重的提高速度最快，达到了社会福利支出的基本要求。也就是说，实现了这个区间要求的增长速度，达到了这个阶段上的基准比重，总体上就建成了福利国家。所以我把这个区间叫作瓦格纳加速期。中国从现在到 2035 年的发展正处于瓦格纳加速期，因此，这个区间是我们的一个重要路标，整个国家基本实现现代化要以此作参照，乡村振兴也应该以此为参照。

二、借鉴国际标准，持续帮扶低收入群体

打赢了脱贫攻坚战之后，我们接下来要做的最重要的事情就是不能有规模性的返贫。那么，现在应该做的就是：借鉴一些国际标准，帮扶低收入群体。要巩固脱贫攻坚成果，我的主张是用积极的策略。积极策略的含义是什么呢？叫"取乎其上，得乎其中"。也就是说，不仅仅要保证不发生规模性返贫，还是要着眼于低收入人群，比如说国家统计局公布的农村居民收入分组中最低 20% 这个人群，将针对性的政策举措瞄准他们，促使他们的收入持续增长。在把防止返贫作为最低标准和底线的基础上，更积极地扩大中等收入群体，这样才能达到尽可能高的目标。

农村居民可支配收入五等分组的平均增长率，从高到低的各个农村收入组，2021 年的增长速度分别为 11.8%、10.9%、12.5%、11.5%，均达到了

两位数的增长。但是最低收入这个群体的收入增长是 3.7%，也就是说，它实现了正增长，对于确保不发生规模性返贫是重要的。但是我们想要的结果是"取乎其上"，也就是说，要把这部分低收入群体（至少其中很大一部分）尽快提升为中等收入群体，至少需要使他们的收入增长速度不低于其他收入组，甚至应该更高，各组之间的收入才会收敛。目前，由于新冠肺炎疫情的冲击，很多农村劳动力不能外出打工，低收入组的收入增长更易于受到冲击，这个群体仍然是一个相对脆弱的群体。因此，我们应该用更加积极的措施推动他们的收入增长，才能达到预期的目标。

巩固脱贫攻坚成果，国际上也有一些标准可供我们借鉴。我们脱贫攻坚采用的贫困标准，是高于世界银行原定的每人每天 1.9 购买力平价美元（国际贫困线）的，这保证了我国的脱贫成就是有足够成色的。不过，世界银行于 2022 年已经把贫困标准提高了，预计 11 月份就会采用新的标准，即对于低收入国家，国际贫困线从每人每天 1.9 美元提到 2.15 美元；对于中等偏下收入国家，从原来每人每天 3.2 美元提到 3.65 美元；对于中等偏上收入国家，从过去每人每天 5.5 美元提到 6.85 美元。这种调整是根据新的条件变化，我们在实现脱贫攻坚后同样面对新的条件，所以新标准对我们也具有参考价值。

除此之外 OECD 普遍采用的相对贫困标准，即把居民中位收入的 50%作为相对贫困线。如果借鉴这个标准并称之为"相对收入参照标准"，从统计中可以看到，农村居民的相对贫困标准，即农村居民中位收入的一半，大约为 8451 元。最低收入组整体上处于这个水平之下，也就是说，我们还有相当大规模的低收入群体。值得注意的是，OECD 相对贫困标准是以中位收入作为参照的，着眼于解决相对贫困问题，与我们意欲扩大中等收入群体的目标是一致的。也就是说，按此标准扶助低收入群体，可以产生扩大中等收入群体的效果。

三、推动新型城镇化，促进农业劳动力转移

乡村振兴的一个重要抓手应该是推动新型城镇化和促进农业劳动力转移。这里应该强调的是，推动乡村振兴，一方面固然涉及每个参与者，即每个农民、每个打工者、每个基层干部的努力，另一方面还需要制定相应的公共政策，而公共政策是一种公共品。因此，下面我着眼于相对宏观的层面进行讨论。

我们有一句话：要让农业成为有奔头的产业，让农民成为有吸引力的职业。要做到这两个"让"，就必须达到第三个"让"，也就是让农业有合理的比较收益，成为自立的产业。从目前来看，还很难说农业能够获得合理的比较收益。我们需要看看为什么农业相对收益始终那么低。

我们可以计算一个描述性统计指标，叫作相对国民收入，也可以叫作比较劳动生产率，也就是三个产业中每个产业的增加值占比与劳动力占比的比率。改革开放以来，我国农业劳动生产率大幅度提高，劳动力也得到大规模转移，但是，农业的相对国民收入始终处于低位，归根结底是由于太多的劳动力，只生产了较小份额的产业增加值，这就注定了农业很难得到堪与其他产业一致的收入。很显然，既然是由于过高的劳动力比重造成了农业比较收益的持续低下，根本出路自然还是要继续推动农业劳动力的转移。

转移农业劳动力，就是要推进以人为核心的新型城镇化，包括让农业剩余劳动力以农民工的身份继续外出和进城，以及让进城农民工尽快成为市民。

下面，我们借助前述参照系，观察一下推进城镇化和促进劳动力转移的紧迫性。我们可以设想一张图，国家和地区的排列从中国开始，所有人均 GDP 高于中国的国家都排在坐标的右边，显而易见，我国的农业就业比重在这组国家中处于最高的水平，同时我国的城镇化率也显著低于其他国家的平均水平。即使不与更高收入的国家比较，而是仅与人均 GDP 在 12000 美元到 24000 美元之间的国家进行比较，平均来说，中国在城镇化率上也有 5.5 个百分点的差距；在农业就业比重上，中国更是比这些国家的平均水平高出 18.2 个百分点。

此外，我们还有一个跟自身比较需要缩小的差距，就是在户籍人口城镇化率和常住人口城镇化率之间 18 个百分点的差距。这意味着，通过进行户籍制度改革而推进城镇化以及加快劳动力转移，既可以显著增加劳动力供给，继续获得资源重新配置效率进而支撑生产率的提高，同时也有利于农民工工资的提高和农户收入的增长，大大有助于扩大他们的消费。

OECD 专门研究中国经济的团队做了一项研究，结果表明，农村劳动力转移出来并进城务工后，其他条件不变，他们的消费就可以提高近30%；再进一步，他们进城以后如果再得到城市的户口，因而解除了消费的后顾之忧，消费可以再提高近 30%。可见，供给侧和需求侧都有足够大的改革红利，表明缩小城镇化和劳动力结构方面的差距有多重要。

四、扩大土地经营规模和提高劳动生产率

制约农业比较收益提高的因素还有一个，就是土地规模过小。因为劳动力没有充分转移出去，耕地的流转性也不够强，因此现行的土地经营规模偏低，劳动生产率也就比较低。

根据世界银行提供的数据，我们的农业劳动生产率，也就是每个劳动者创造的农业增加值，是高于世界平均水平的，也高于低收入国家和中等偏下收入国家的平均水平，但是，仍然显著地低于中等偏上收入国家的水平，更不用说与高收入国家的平均水平相比，仅相当于中等偏上收入国家平均水平的 77% 和高收入国家平均水平的 12%。由于中国已经基本迈入了高收入国家的行列，因此，至少要显著缩小与这两个组别在农业劳动生产率方面的差距。总的来说，中国的农业科技和装备水平并不低。特别是在平原地区，虽然农户规模比较小，但是，基本都以租赁和雇用的方式实现了机械作业。可见，农业劳动生产率低的原因归根结底还是农业就业比重太高、经营规模太小。

我国应该说是世界上农业户均土地规模最小的国家之一，而且 40 多年来变化不是非常显著，保持在大约 0.67 公顷的水平。每户土地还分散在若干位置，分散为五六块甚至更多，耕种地块的经营规模更小。世界银行曾经把土地规模不到 2 公顷的农户定义为小土地所有者，我们实际的水平只相当于小土地所有者的三分之一。根据最近一次农业普查的数据，大约 80% 的农业劳动力的耕种规模都在 10 亩以下。这种狭小的土地规模制约了劳动生产率的提高，使得我们不能获得规模经济效应。

五、缩小城乡间收入和基本公共服务差距

目前来看，我们的城乡收入差距仍然存在，幅度也偏大。过去十余年，城乡收入差距有所下降，但是，按合理的标准来比较，城乡收入差距依然偏大，而且城乡收入差距对整体的收入差距做出了接近一半的贡献。这就意味着，推进共同富裕，把基尼系数实质性缩小到 0.4 以下，就必须借助再

分配手段，同时也要靠城乡收入差距的缩小。未来加强再分配力度，需要遵循瓦格纳定律或者瓦格纳加速期的一般规律。

同时，二元经济结构既是一种体制安排，也是这种体制运行的结果。长期的二元经济结构最后就从体制机制上固化为二元社会结构。仍然存在的户籍制度，从统计意义上造成常住人口城镇化率和户籍人口城镇化率之间的巨大差别，现实表现则是在诸多基本公共服务的供给上，城乡之间存在着差别，在进城农民工与城市户籍居民之间也有差别。即便与城市中未就业或者非正规就业群体相比，农民工享受的基本公共服务也较低。

我国城乡之间以及城镇内部存在二元结构，特别是不同人群尚未享受到均等的基本公共服务。目前，由于社会养老保险不同项目之间的保障水平存在差异，占到全部 56.6% 的社会基本养老保险领取者，所领取的养老金总额只占到全部的 5.9%。此外，尚未在城镇落户的农民工，在子女教育、社保、低保等基本公共服务方面均有不充分的情况。也就是说，虽然我们的基本公共服务覆盖率明显扩大，保障水平也有所提高，但距离均等化要求的差距仍然很大。因此，破除二元经济结构迫在眉睫，我们要抓住未来十几年这个机会窗口。

城乡二元结构是一个旧体制的遗产，改革越来越是一个有赖于顶层设计的公共政策调整过程，因此，我们应该注重以公共品供给的方式消除城乡二元结构。相应地，实施乡村振兴，不能仅仅指望参与者各显神通就能奏效，也不是一个可以完全通过市场机制调节的过程。我们既要让市场机制在资源配置中发挥决定性的作用，也要最大限度地调动每个参与方的积极性。但是，作为更好发挥政府作用的重要方面，公共政策决策至关重要，并且能够给我们提供必需的抓手。

第一，产业振兴的根本制约不是资源不足，也不是因为农业是一个天生弱质的产业，而是由于市场回报不够高，导致激励不足。农业市场回报低的根本原因是农业劳动生产率低，导致相对收益低。这就要求政府进行顶层设计并且承担必要的支出责任，通过户籍制度改革加快农业劳动力转移和土地流转，扩大农业经营规模。对这一点我们应该有清醒的认识，既不能把农业置于不能在市场竞争中自生的产业地位，也不能使政府公共品供给职能缺位。

第二，作为公共品供给的相关领域改革和政策调整，并不是零和博弈，而是可以带来实实在在、报酬递增的改革红利，即从供给侧提高中国经济潜在增长率，从需求侧提高支撑经济增长的保障能力。这种改革红利应该成为持续推动改革的动力，因此我们要抓住机会，在那些改革红利最多、最明显的领域加快改革速度，加大改革力度。

第三，消除城乡二元结构的核心是实现基本公共服务均等化。要做到这一点，一方面是政府应主动消除一系列不均等公共服务供给的体制基础，另一方面显著提高政府在社会保护、社会共济和社会福利方面的支出。作为一种必要的公共品供给原则，城乡之间基本公共服务均等化并不与市场机制相冲突。

最后，农业劳动生产率不仅是农业农村现代化的必然要求，也是整个经济的必要基础。当年我们学习马克思政治经济学的时候，熟记了农业劳动生产率是国民经济的基础这个论断。如今这个论断并没有过时，而且，农业在整体经济中的比重越小，农业劳动生产率的基础性作用就越强。因此，没有农业生产率的提高就没有农业农村的现代化，不仅中国的现代化就是不完整的，而且也削弱了整个经济的韧性。

"十四五"时期农村劳动力
转移就业趋势分析

　　当前我国城镇就业占全部就业的 61.6%，其中超过四成是农村转移劳动力，而每年城镇就业的增量部分则主要是进城农民工。此外，农村居民可支配收入中工资性收入举足轻重，多年保持在 40%。可见，农村劳动力转移趋势不仅决定劳动力供求关系和就业形势，还影响一线劳动者报酬、农户收入和居民收入，因而从供给和需求两侧影响我国经济的可持续增长。"十四五"规划时期农村劳动力转移将保持近年来的趋势，预计会形成一些重要的变化。

一、农村劳动力转移速度显著减慢

　　农民工已经成为我国重要的就业群体。2020 年，全国农民工总量 2.86 亿人，其中本地农民工 1.16 亿人，外出农民工 1.70 亿人，年末在城镇居住的进城农民工 1.31 亿人。劳动力供给及其增长的基础是劳动年龄人口的增长，随着 2011 年以来 15—59 岁劳动年龄人口进入负增长阶段，2017 年以来经济活动人口进入负增长阶段，农村劳动力转移速度明显放慢。

　　人口结构分析表明，农村 16—19 岁人口在 2014 年达到峰值后进入负增长阶段。由于这个人口群体是每年农村初中和高中的毕业生或辍学者，也就是外出就业的主要群体，因此这个群体的负增长必然减慢劳动力转移速度，也导致农民工本身的老龄化。外出农民工年平均增长速度从2000—2010年间的6.9%，降低为2010—2020年间的1.0%。按照这个趋势，如果没有相应的政策推动，在农业剩余劳动力尚未被吸纳殆尽的情况下，"十四五"规划期间转移劳动力的增长将耗竭。

相应地，农民工的老龄化趋势也很严重。例如，在外出农民工中，40岁以上的占比从2016年的46.1%提高到2020年的50.6%，提高了9.8%；如果单独看50岁以上的占比，同期从19.1%提高到26.4%，提高幅度高达38.2%。由此可见，目前农村转移劳动力的主要动力已经不是劳动年龄人口的增长，而是城乡之间以及农业与非农产业之间的收入差距。此外，政策环境也发挥越来越大的作用。这个趋势也提示我们特别注意，人口老龄化趋势已经根本改变了劳动力供求关系，对就业工作提出了新挑战和新要求。

二、劳动力转移就业的内卷化

产业结构变化的基本动力和趋势性方向，是生产要素特别是劳动力从生产率较低的部门和地区，向生产率更高的部门和地区转移，与此相反的趋势就是本意上的"内卷化"。总体来说，我国生产率水平差异状况表现为城镇高于农村，一二线城市高于三四线城镇，第二产业高于第三产业，在第二产业内制造业高于建筑业等。农村转移劳动力就业的内卷化趋势，分别表现在农民工就业趋于本地化，以及农民工转向低生产率产业就业的趋势，对提高就业质量和就业扩大的可持续性提出了巨大挑战。

第一，跨乡镇（即外出）农民工相对减少。2016—2020年，本乡镇范围内转移农民工增长 3.2%，而跨乡镇农民工的增长率仅为 0.1%。即使剔除 2020 年受疫情影响的特殊情况，也同样可以看到这样的基本动态。2016—2019 年，在本乡镇内转移的农民工人数增长也快于跨乡镇转移，两者分别增长了 3.7% 和 2.9%。

第二，跨省外出劳动力减少，省内外出流动的人数相应增大。2016—2020 年，在外出农民工中，跨省流动的减少了 8.0%，而省内流动人数增加了 6.9%。与此相关联的现象是，东部地区吸纳转移劳动力的比重也有所降低。

第三，外出农民工就业的县域化程度提高。按照国家统计局定义，离开本乡镇为外出农民工。最新情况是，由于交通条件的改善（如电动自行车的普及），很多外出农民工虽然离开本乡镇，却没有离开本县域，即在临近乡镇或县城就业，很多人甚至是以通勤的方式外出就业。根据国务院发展研究中心调查，2020 年安徽省新增省内就业农民工的地域分布，前三名分别为本乡镇（占 55.6%）、乡镇外县域内（占 36%）和县外省内（占 12%）。

第四，农民工就业的产业分布呈现"退二进三"的趋势。2016—2020 年，农民工在第二产业就业的比重下降了 4.8 个百分点，其中在制造业中就业的比重下降 3.2 个百分点，在建筑业中就业的比重下降 1.4 个百分点。相应地，农民工在第三产业就业的比重提高了 4.8 个百分点。这与我国制造业比较优势下降、制造业在国民经济中的比重下降也是紧密相关的。

三、劳动力供求新形势的经济影响

劳动力转移就业既是一种发展阶段变化的自然趋势，也反映实行积极就业政策、推进就业城乡统筹的工作成效，因此具有积极的意义。农民工进城数量减少和速度减慢,说明我国经济保持健康发展,新创了很多就业岗位,农民工返乡和在乡的就业创业活跃,本地农民工就业的地域范围也扩大了。这也表明在经济增长放缓的情况下,就业在广度和深度上得到拓展,对于保持农村居民工资性收入的继续增长具有积极贡献。

与此同时,如果我们把劳动力转移就业问题与经济增长结合起来认识,也可以从中看到一些令人担忧的因素,需要相应的政策作出应对。

首先,随着农村转移劳动力减少,劳动力短缺现象更加突出,将进一步提高单位劳动力成本,企业招工难和经营困难加剧,制造业比较优势趋势性弱化,不利于稳定制造业比重,实体经济发展受到伤害。加上全球供应链产业链脱钩和全球化受挫的因素,我国出口需求会受到较大冲击。

其次,劳动生产率改善的速度会继续减缓,不利于我国经济向高质量发展的转变,也难以支撑一线职工工资和农户务工收入的增长。加上劳动力转移速度放缓和外出农民工的减少,工资性收入对农村居民可支配收入的贡献率将降低。这将是"十四五"规划时期我国在促进共同富裕方面面临的难点和堵点。

最后,2025年我国将迎来人口总量峰值,在这前后会产生一系列不利于经济增长的需求侧冲击。农村居民收入增长受到实质性的阻碍,不仅影响脱贫攻坚成果的巩固和扩大,不利于农村中等收入群体的扩大,还会由于消费需求的不足干扰经济增长实现其自身潜力,从而对实现2025年进入高收入国家行列的增长目标构成挑战。

四、政策建议

我们讲就业是民生之本,归根结底意味着就业既是老百姓收入之源,也是经济增长之源。因此，积极就业政策既要在微观环节上进行精准帮扶，也要从宏观层面上进行统筹考虑，要跳出就业工作本身来认识事物，以便能够综合施策、对症下药，推进高质量发展和共同富裕的目标。下面我结合个人研究，从就业工作领域内外的一些重要方面，揭示我们面临的挑战并提出政策建议。

首先，与时俱进地转变就业工作优先序。在就业工作重点方针上，从同时强调和关注就业总量与就业结构，转向更加注意解决就业的结构性矛盾。总量和结构因素总是同时存在的，是永恒的并列关系。但是，政策资源也总是有限的，需要与时俱进地确立和调整政策优先序。如果我们面临的就业困难中结构性问题确实已经成为主要矛盾，或者成为矛盾的主要方面，不能突出这一点，就可能降低积极就业政策在具体实施中的效力；一旦抓住和突出了这个重点，就可以产生事半功倍的政策效果。

其次，促进社会性流动，提高务工收入和消费。以推动基本公共服务供给均等化为突破口，加快户籍制度改革，促进稳定进城农民工在工作地落户。户籍制度虽然已经不再阻碍人口和劳动力的横向流动，但是由于有没有城镇户口决定了享受基本公共服务的程度，因此，户籍制度仍然阻碍着人口和劳动力的纵向流动，妨碍这个庞大的人群成为中等收入群体。目前城镇常住人口中，有29%的人口没有城镇户口，而在农村户籍人口中，有34%的人口不在农村常住，这些现象在一个结构转型过程中是不可避免的，但是，如果长期存在下去，则与现代化建设的要求不相符合。

以非居民的身份在城镇就业，农民工的就业必然具有不稳定和不正规的特征。2019年"无单位就业"和"个体就业"占到全部城镇就业的30.9%。根据世界经济论坛《全球社会流动报告（2020）：平等、机会和新的经济需求》一书，中国在社会流动性各项得分中，低于平均分数的三项指标分别是"工资均等程度""学校差别"和"低报酬的比例",这些结果无疑都与户籍身份的差异相关。

农民工虽然常住城镇,他们没有享受均等化的基本公共服务,生活方式未能真正城镇化,由于为自己和家庭的社会保障担忧、与没有外出家庭成员的密切联系,以及考虑到自己未来返乡的因素,他们的消费也存在着后顾之忧。中国社会科学院和经济合作与发展组织都做了研究,结论十分接近,即由于农民工没有城镇的户籍身份,他们消费被抑制的程度高达1/5—1/4。换句话说,一旦解决了城镇户籍身份,在包括收入在内的其他因素不变的情况下,他们的消费支出可以增加27%—30%。

再次,推动农业生产方式现代化。农业现代化的核心是推动农业适度规模经营。我们一直在讲适度规模经营,这里的"适度"应该是一个不断创造条件的概念。鉴于劳动力供求关系的变化、农业机械化水平的大幅度提高,以及农业农村现代化的迫切要求,如今这个"适度"的水平应该明显提高一个数量级。国外有研究机构认为中国经济规模无法超越美国,理由是中国生育率低于美国生育率,而且没有外来移民,因此今后劳动力增长率为负,而美国劳动力增长率是正的,因此,中国 GDP 增长速度将降到美国的水平,从而难以实现赶超。

这个判断显然是错误的,因为我国农业劳动力占比仍然高达23%,美国只有1%,所以我国未来的劳动力供给靠的是劳动力转移,潜力是巨大的。换句话说,按照高收入国家平均的农业劳动力比重3%来看,我们未来还有20个百分点的劳动力可以转移,而每个百分点意味着800多万劳动力。为了长期里释放剩余劳动力,需要创造条件即扩大农业经营规模。

中国怎样才能实现
彻底的城镇化？

中央提出，要在高质量发展中促进共同富裕，这其实提出了四个要求：一是经济增长在合理的增速区间。按照 2025 年和 2035 年分别进入高收入国家和中等发达国家行列的目标，到 2035 年实现经济总量或人均 GDP 翻一番，既是必要的，也是完全有可能的。二是居民收入和经济增长同步，在实现了翻一番经济增长的同时，也使居民可支配收入翻一番。只有这样，经济增长的过程才能够同时促进共同富裕。三是从三个领域改善收入分配。居民收入增长后，还要分好蛋糕，改善收入分配。四是从培养中等收入群体的角度，扩大社会性流动，特别是把横向流动转化为纵向流动。上述挑战，特别是中国经济增长面临的严峻挑战，都可以由新型城镇化做出应有的贡献。

人口变化趋势是中国保持经济增长速度面临的最大挑战，分别从供给侧和需求侧两个方面对经济增长提出制约。今后，中国劳动年龄人口仍将快速下降，2010—2020 年这十年中，每年是几百万劳动年龄人口的绝对减少，未来减速会加快，甚至可以达到一年减少上千万劳动年龄人口的幅度，意味着中国不仅面临劳动力短缺，人力资本也会短缺。

虽然中国的教育水平在改善，但是新增人口是劳动力存量中人力资本的主要来源，新增人口大幅度减少甚至负增长，导致人口存量中人力资本改善速度也在减慢。除此之外，过快的人口减少、劳动力不足还会导致资本过快替代劳动，导致资本回报率下降。劳动力转移减速也使劳动生产率和全要素生产率的增长减速，这些都继续对中国的潜在增长能力构成制约。

根据现在的趋势判断，到 2025 年前，中国达到总人口的峰值，在那之后总人口进入负增长时期。人口增长的趋势可以从三个角度影响消费需求。第一是人口总量效应。因为撇开其他因素，人是消费者，人口增长消费就增长，人口增长停滞消费也停滞，除非有其他变化因素改变这个趋势。第二是年龄结构效应。年龄越大消费能力和消费倾向越趋于不足，老龄化影响消费的扩大。第三是收入分配效应。财富和收入在人群中是如何分配的，决定了消费扩大的潜力。由于高收入人群消费倾向低，如果收入差距太大，就会导致总储蓄大于总投资，从需求侧影响未来经济增长。

中国很多的发展战略都有助于应对上述挑战、解决相应的问题，但是最核心的途径还是要通过城镇化。

中国目前的城镇化水平还低于许多处于同等发展阶段的国家。根据所有人均收入高于中国的国家的情况推测，随着中国收入水平的提高，城镇化率要向这些国家趋同，也就是说，城镇化率始终要提高。同样，中国也要向这些国家的农业劳动力比重趋同，也就是说要持续下降。

虽然中国的城镇化率与中等偏上收入国家的平均水平相差只有 3.7 个百分点，但更大的差距表现在中国自身的常住人口城镇化率和户籍人口城镇化率之间存在 18.5 个百分点的差距。如果到 2025 年能够消除两个城镇化率之间的差距，即届时户籍人口城镇化率相当于 2020 年的常住人口城镇化率，不仅意味着大规模增加具有城镇户籍的新市民，同时也可以带动农业劳动力比重下降。假设到 2025 年农业劳动力比重可以下降 10 个百分点，结果就相当于增加了 8000 多万非农劳动力，也就意味着"十四五"规划期间非农产业劳动力每年可以提高 2.7%。

凯投国际研究认为，中国未来十几年经济总量不会赶上美国，甚至可能永远赶不上美国，因为如果中国增长速度迅速和美国趋同，就不可能超过它。其所依据的理由主要包括两点。第一，中国的生育水平显著低于美国，中国现在的总和生育率是 1.3，美国大体上是 1.7；第二，美国有移民政策，中国没有国外移民。因此，未来中国的劳动力是负增长，美国的劳动力则是正增长，这就意味着中国经济增长速度会逐年下降，很快降到和美国差不多的水平。

这样的论证存在问题。美国的农业劳动力比重是 1%，中国的农业劳动力比重仍然高达 23.5%，也就是说，从长期看中国还有 20 多个百分点的劳动力可以转移，在"十四五"规划期间先转 10 个百分点，就意味着非农产业劳动力以 2.7% 的速度增长。或者说，中国的劳动力供给不靠劳动年龄人口增长，而是靠从农业劳动力人口中转移。中国劳动力供给的这一特殊源泉，将从供给侧支撑中国经济增长。

此外，从需求侧来看，未来中国城镇化率也需要提高。即便假设"十四五"规划期间常住人口城镇化率不变，只是把城镇化的"两率"合一，也就意味着可以显著增加城镇户籍人口。没有城市户籍的常住农民工得到城市户口意味着什么？一方面，在供给侧，劳动力供给更加充足和稳定，有利于保证经济增长速度。另一方面，在需求侧，特别是在居民消费方面将有巨大体现，城市新增的 2.6 亿新市民将扩大消费总规模。在这部分农民工没有城市户口的情况下，未能获得均等的基本公共服务保障，就有消费的后顾之忧，他们的消费模式就不是市民的消费模式，就意味着消费受到抑制。按照中国社会科学院和 OECD 专家的研究，如果使进城农民工获得城镇户口，就意味着他们在基本公共服务上和城市居民实现均等化，仅仅因为这一点，在不考虑增加收入或者其他因素的情况下，他们的消费就可以增加接近 30%。可见，以农民工落户为核心的城镇化，从供给侧和需求侧都能够创造改革红利。

从居民收入增长和 GDP 同步增长的角度来看，总的来说，GDP 增长还需要转化成居民的可支配收入增长。历史地看，中国的居民收入增长和 GDP 增长自改革开放以来总体保持同步，但是不同时期不太一样，自党的十八大以来的十年达到了最好的同步性。如果我们保持这个同步程度，也就意味着中国到 2035 年成为中等发达国家之时，按照人均可支配收入算，中国人也将可以同时过上中等发达国家的生活水平。

做到这一点，仍然需要快速推进城镇化。如果看国民经济的收入结构，劳动报酬和居民收入在可支配收入中的比例先后经历过下降和提升，但是即使在提升的情况下，与国际其他各收入组进行比较，中国的劳动报酬和居民收入所占比重仍然是偏低的。相应地，中国的消费率以及居民消费占 GDP 的比重，都显著偏低。因此，改变国民收入结构是非常必要的，而城镇化有助于促进这一点。

首先，居民收入不高以及在国民总收入中的占比低，主要还在于挣工资的人群规模不够大，仍有大量的劳动者还是在家庭经营的农业中就业，或者是个体就业，这部分人的劳动生产率很低，因而通常没有稳定和持续增长的收入。最典型的数字对比是，占全部劳动力 23.5% 的农业劳动力仅仅创造 7.7% 的农业增加值，相对收益注定是比较低的，而城镇化有助于改善这一点。

其次，在所有挣工资的人群中，工资水平偏低的比重仍然较高。最近，世界经济论坛发布了 2020 年全球社会流动报告，这个报告给每个国家评定社会流动指数，在中国的总得分中，有三个分项是低于平均分数的，其中一个就是低报酬收入人群比例大。因此，促进城镇化，让农民工成为稳定的城市居民和城市劳动者,有利于提高他们的工资,降低低报酬人群的比重。

提高居民的收入、财富和基本公共服务的均等化程度,三个分配领域都可以大有作为。从初次分配领域来看,最大的潜力就是推进户籍制度改革和实现农民工市民化,提高就业的稳定性和劳动收入水平,同时使劳动者有提高人力资本的动力和机会,有更多机会得到职业升迁,从而减少低报酬人口的数量。

再从再分配领域来看。一方面,国际经验表明,过大的收入差距仅靠初次分配是降不下来的,需要借助政府主导的再分配手段。另一方面,在城乡之间和居民之间,基本公共服务获得方面存在的差距比收入差距还大,必须靠再分配才能缩小。西方国家过去搞的是从摇篮到坟墓的福利体系,中国特色的基本公共服务体系着眼于实现幼有所育、学有所教、劳有所得、病有所医、老有所养、住有所居、弱有所扶七个方面的保障。要满足这些社会福利供给,不是要在城市和农村各搞一套社保体系,而是要把农村人口向城市转移,缩小两者之间的差距。

第三次分配和城镇化也有密切的关系。总的来说,现代意义上的慈善事业、志愿者行动以及企业的社会责任,其实都是工业化、后工业化和城镇化的产物,绝非可以在城镇化率很低的条件下实现。所以,第三次分配要发挥更大的作用,推进城镇化也很重要。

中国的城乡收入差距和总体收入差距如基尼系数,在党的十八大以后都从最高点有所下降,但是降到一定水平后便很难再往下降。这也被证明是一个国际教训。由于不存在涓流效应,初次分配可以改变收入分配,但归根到底还是要靠再分配的介入。OECD国家比较低的基尼系数其实主要还是靠再分配实现的,所以三个分配领域要同时发力,来改善收入分配。

改善收入分配归根结底是要扩大中等收入群体，而扩大中等收入群体就是要靠社会流动，并把横向流动进一步提升为纵向流动。中国过去有句话叫"有恒产者有恒心"。这里的"恒产"主要还是指稳定的工作、体面的工资、均等享受的基本公共服务，以及适当的财产收入。中国现在4亿多中等收入群体主要在城镇，多数农村居民还处于中等收入群体水平之下。我们固然需要在中国农村的五亿人口中大量培育中等收入群体，但是，把他们变为中等收入群体的根本途径仍然是把农民转化为非农劳动力，把农村居民转化为城市居民。因此，降低农业劳动力比重，减少农村人口规模，是缩小收入和基本公共服务差距、扩大中等收入群体的必由之路。

在现在的城镇常住人口中，71%有城镇户口，29%还没有把农村户口转换为城镇户口，后者主要是农民工群体。与此对应的是，在农村的户籍人口中，只有66%的人常住农村，34%的人是并不在农村常住，这种现象阻碍了社会性流动。因为很多城镇劳动者是流动性就业，这造成了就业的非正规化，相应地，他们的工资水平和消费水平都受到抑制。

如果我们把城镇中个体就业和无单位就业两类人作为非正规就业的代表，目前这个群体占到城镇全部就业的30%左右，这部分就业的非正规性，是导致收入报酬太低和社会保障不充分的根本原因，都会产生降低社会流动的效果。要改变这种状况，归根到底还是要改变目前这种城镇化程度不够的状况。在中国，只有实现户籍身份转变的城镇化才是彻底的城镇化。

拉美城市化陷阱：
原因与启示

外来人对拉丁美洲国家城市最突出的印象，就是其城市或近郊山坡上鳞次栉比的贫民窟社区及住宅。这种情况与这一地区城市两极分化、收入差距过大现象，恰好构成表里一致的呼应。一般规律是，城市化的推进通常伴随着经济发展或人均收入水平的提高。从这个意义上说，拉丁美洲国家往往显现出过度城市化的趋势。

2020年，拉丁美洲和加勒比地区的中等收入国家（世界银行称之为 Latin America & Caribbean, excluding high income），平均城市化率高达80.5%，比世界银行定义的中等偏上收入国家平均水平高出13个百分点，仅比高收入国家平均水平低1.24个百分点。如果把拉丁美洲和加勒比地区所有国家包括在内（即包括该地区的高收入国家），平均城市化率仅比高收入国家平均水平低0.64个百分点。

本文尝试分析拉丁美洲这种过度城市化现象产生的历史原因、现实困扰和鉴戒意义。下面在讲到拉美国家时，主要是按照世界银行的口径，剔除这一地区的高收入国家，所指的拉丁美洲和加勒比国家中的中等收入国家，2020年平均人均GDP（2015年价格）为7611美元。并且，我们把这个地区作为一个整体进行考察固然容易抓住其突出特点，但也不可避免会忽略了国别的差异。

一、过度城市化：随风起而来却不能随云落而去

拉丁美洲早期的发展水平与北美洲和欧洲没有什么显著差异，并且在落后于欧美之后，也一度出现过表现良好的时期。例如，在 20 世纪 60 年代和 70 年代该地区取得了较高的经济增长速度。也正是在这个阶段上，该地区城市化水平迅速提升，从 1961 年的 48.7% 提高到 1981 年的 63.8%，提高了 15 个百分点。

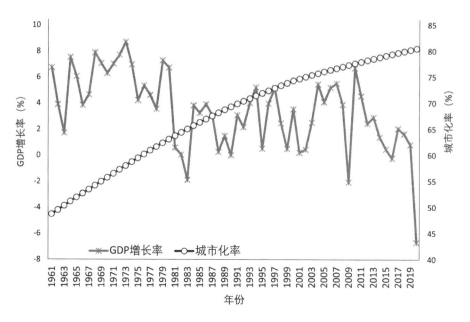

图 1　拉美国家的经济增长率和城市化率

这里可以与中国进行一个比较。中国改革开放经济高速增长 40 余年之后，城市化率从 1978 年 17.9% 提高到 2020 年 63.9%，2020 年城市化率

恰好是拉丁美洲经济增长开始停滞的 1981 年水平。那一年拉丁美洲国家人均 GDP 的平均水平，按照 2015 年不变价为 5881 美元，而中国目前按照相同的口径，人均 GDP 为 10431 美元。

随后拉美各国的经济增长在经历多次起伏中多数都陷入了长期停滞，于是这一地区成为典型的中等收入陷阱样板。然而，在经济增长停滞的同时，该地区城市化速度却仍然继续，最终达到如今世界上最高的城市化水平。一般来说，在城市化超过 80% 的这个水平上，通常就没有太大余地继续提高了。

二、新移民两难处境：既难以回头也前程无望

在高速经济增长时期涌入城市的大批新移民，在经济增长开始停滞的情况下却难以回流，甚至因为城市化速度长期保持较快态势，该地区仍然吸引着新移民的进入。形成这种过度城市化格局的重要原因之一，是拉丁美洲的一个共有特征，即土地所有制结构。由于土地所有权过度集中，大量人口没有自己的土地可以耕种，使得在城市从事非正规就业成为唯一选择。例如，按照中国第一次农业普查数据显示的农户平均土地规模 0.67 公顷计算，尼加拉瓜和巴西的农场平均规模分别为中国的 47 倍和 109 倍，相当于欧美国家的水平。

然而，拉美各国也经历了过早去工业化和去制造业化的过程，例如，平均而言，该地区制造业增加值占 GDP 比重，从 1985 年的 25% 下降到如今的 12%。结果是，服务业的 GDP 占比提高过快并高达 60.3%，比中等偏上收入国家平均水平高 5.1 个百分点，比中国高 8.2 个百分点。由于该地区服务业的劳动生产率仅为工业的 77%，这种产业结构特点意味着资源配

置的内卷化，劳动生产率长期得不到提高，因而不足以支撑劳动报酬的增长，最终导致普遍的贫困。

三、口惠而实不至：做不大蛋糕也分不好蛋糕

在拉丁美洲国家，大部分人口居住在城市，但是，很多人从事的经济活动皆为非正规就业，即岗位不稳定、报酬水平低、缺乏社会保障和权益保护，社会流动性普遍很低。很多人只好居住在生活环境和社会治安都很差的贫民窟。这些地区的政治家在竞选时虽一味承诺，却只是为了获得选票而已，由于不能从根本上解决激发经济增长这个难题，所以承诺也就成为无源之水、无米之炊，即使采取了一些再分配手段、实施了一些社会发展政策，效果也并不明显。

虽然相对来说拉丁美洲平均的政府支出规模占 GDP 比重较高，甚至已经接近世界平均水平和高收入国家平均水平，但是仍然显著低于欧盟国家的平均水平（相当于后者的 77.9%），并且很多国家存在着低效率和腐败现象，这种政府支出并没有产生缩小收入差距的明显效果。例如，经济合作与发展组织国家通过税收和转移支付等再分配手段，把基尼系数降低到 0.4 以下，而拉丁美洲国家的基尼系数普遍在 0.4 以上，居于世界上收入分配最不公平的前茅。

四、对中国的启示：城市化不能停顿但须保持均衡

首先，城市化进程不能停止下来，也不应有丝毫的减慢，因为城市化是现代化的题中应有之义，中国不能成为例外，否则现代化的成色就是不

足的。特别是随着人均 GDP 超过 10000 美元，预计在"十四五"规划末进入高收入国家行列，可以说，中国已经不会落入拉美式的城市化陷阱。相反，就目前的发展阶段来说，中国城市化仍然相对滞后，城市化率比中等偏上收入国家平均水平低 3.7 个百分点，比高收入国家平均水平低 17.9 个百分点，而且户籍人口城镇化率比常住人口城镇化率低 18.5 个百分点。缩小与中等偏上收入国家的差距，消除两个城镇化率指标的差别，应该是中国下一步的主要目标。

其次，要稳定制造业在国民经济中的比重，以及保持制造业作为转移劳动力主要吸纳者的地位。如果制造业比重下降过快，服务业就业就会产生内卷趋势，整体劳动生产率下降，转移劳动力的收入增长也难以为继。中国制造业增加值占 GDP 比重从 2006 年就开始降低，已经从当时的32.5% 下降到 2019 年的 26.8%。值得注意的是，中国在制造业比重开始下降的时候，人均 GDP 按 2015 年不变价仅为 3800 美元，比拉丁美洲制造业比重开始下降的 1985 年人均 GDP 水平（5676 美元）还低，如今中国的制造业比重也已经接近于拉美国家开始降低时的水平。因此，制造业比重水平必须稳住。

再次，要确保转移劳动力和落户新市民在农村的土地及集体资产收益权益。从趋势上和宏观层面说，城市化过程不能逆转，但是对个体而言，既要鼓励前行也应该留有退路。这应该是把一般规律和个体差异相结合、兼顾公平与效率的中国特色城市化解决方案。同时，仍然需要积极探索土地和其他权益的有偿退出机制，这样既可以推动土地规模经营的扩大，也可以使新移民财产性收入变现，作为家庭保险基金和创业种子基金。

最后，要加快推进城乡之间基本公共服务的均等化进程，让农村劳动力转移和人口流动动机回归资源重新配置。如果人口流动更多是出于寻求流入地更好的基本公共服务, 因此造成人口蜂拥而至, 就会降低流入地政府接纳新移民的财政能力和积极性, 反而会贻误户籍制度改革的时机。一旦城乡之间和地区之间基本公共服务供给差距显著缩小, 人们是否流动的抉择就完全依据就业机会等信号做出, 劳动力市场配置资源的功能就能得到更好发挥。

中国制造业如何行稳致远？

党的十九届五中全会审议通过了"十四五"规划和2035远景目标建议，随后全国人大表决通过了"十四五"规划纲要，中央的"建议"和规划纲要对中国实体经济的发展给予了高度重视，有很多重要的表述，也以很大的篇幅进行了部署。

我们讲实体经济的时候用的是比较宽泛的概念，除了媒介的部分之外都是实体经济。但是制造业始终是实体经济中最重要、最基础的部分，也是目前令人堪忧的部分。中国制造业在 GDP 中的比重最高点时曾经占到32%，现在已经降到大约 27%。历史上，我国制造业比重也是有波动的，但是从 2006 年开始的这次则是一个趋势性的下降，因此我们需要阻止是继续降低，稳住实体经济必须先稳住制造业。

制造业的比重下降是和发展阶段相关的。我 2004 年判断，中国到达了一个重要的转折点，那是通过珠三角地区的实地调研并在参考宏观数据和国际经验后得出来的观点。当时叫作刘易斯转折点，也就是说劳动力从那个时候开始出现短缺，相应地工资会上涨，意味着我们的传统比较优势将要消失，消失的结果就是制造业比重的下降，这个过程从 2006 年就开始了。

我们过去参与的国际大循环，其实主要是以劳动密集型产品参与国际分工，因此，比较优势消失就带动制造业比重下降，同时货物的贸易依存度也下降。金融危机之后全世界货物的贸易依存度都在下降，但是中国下降的幅度比世界的平均下降幅度还要严重一些。这个趋势已成现实，是一个经济发展的规律性问题，但是它也有一些可以改变的空间。另外，贸易下降也符合规律，因为深度参与国际大循环只是特定发展阶段的特点，现在是讲以国内大循环为主体，国际国内双循环相互促进。

但是，如果说制造业下降和国内大循环有关系，我们就不能不重视它了。其实，制造业比重和贸易依存度的下降，与中国经济增长速度的放缓也是一致的。而经济增长速度表现为两个部分：第一，中国经济的实际增长速度，从 2012 年开始处于放缓的状态。这是因为经济增长供给侧的能力是下降的，是由发展阶段决定的。第二，中国经济的潜在增长率，就是我们的增长能力，包括生产要素供给和生产率改善。这两个增长率都是下降的趋势。两者之间的关系是什么呢？我们的能力不足了，经济增长速度就会放缓。实际增长率与潜在增长率保持一致，就说明经济增长没有受到需求侧的冲击。但是未来有可能遇到需求侧的冲击，因为人口增长正在不断减速，需求就会出现严重的不足。我们需要同时从供给侧和需求侧关注经济增长速度问题。

有鉴于此，对于如何保持实体经济、特别是制造业的稳定乃至壮大，我提出以下几个方面的建议。

第一，如何拓展我们的优势？传统比较优势消失了，需要我们在更高的技术层面寻找新优势，同时传统比较优势中还会有一些机会，应该把探索升级优势和挖掘传统潜力结合起来，打造新优势。当代的国际贸易或国际大循环方式，已经从过去的产品贸易逐渐演变成了价值链贸易。据统计，目前国际贸易的 2/3 以上已经是价值链的模式。现在已经很难说某个国家具有某个产品的比较优势了，比如说苹果手机，没有一个国家、一个地区说自己拥有生产苹果手机的优势，只能说某国、某企业具有生产苹果手机某个部件的比较优势。

因此，世界各国在产业链中你中有我、我中有你。中国在这方面有一个优势，即我们是世界上拥有最完整产业结构的国家，在二位数、三位数和四位数的联合国产业分类中，我们是最全的。这意味着我们在不同的产业、不同的价值链环节以及不同的生产要素方面都具有比较优势，这样就可以紧紧嵌入全球的产业链当中，让每个环节都有我们的存在。这是我们中国制造业的新优势所在。

第二，对雁阵模型的全面深入理解。过去，产业在不同国家、不同地区的发展遵循了一个所谓的雁阵模型。就是像大雁一样，最早有个领头雁，过去是日本在劳动密集型制造业上占优势，随后转移到了"亚洲四小龙"，又转到了中国沿海地区。再后来是不是又要转到孟加拉和非洲这些劳动力廉价丰富的地方去呢？并不尽然。中国内部的区域差距比较大，因此我们把国际版的雁阵模型变成了国内版，在沿海地区、中部地区、西部地区继续延伸。但是我们在观察了几年之后，发现沿海地区还能重新赢得新的优势。为什么呢？因为产业特别是制造业在哪个地区布局是由两个因素决定的：一是成本效应，有没有充分供给的便宜劳动力，这个优势沿海地区很显然在丧失；二是规模经济效应，或者叫聚集效应，这方面沿海地区还保持强大优势。成本效应和规模经济效应两者之间交互起作用，所以一部分产业转出去以后，最终我们还会通过规模效应赢得新的比较优势。这点我们从国际经验中也可以看到，像德国这些劳动力成本极高的国家仍然继续保持着制造业优势。

第三，中国有巨大的需求优势。过去进行贸易或者投资一般关注的是生产成本优势，看一种产品在哪里生产比较便宜，成本考虑得多一些，现在则是越来越注重一个地方有多大的市场，从过去的关注供给侧转向今天的关注需求侧。中国有14亿多人口，有4亿多中等收入群体，未来新脱贫近1亿农村人口逐渐成为中等收入群体，2.9亿农民工先后成为中等收入群体，2.45亿60岁以上老年人口逐渐过上中等收入生活，这几部分人数就足以给中国一个机会，使中等收入群体倍增。这将为中国赢得巨大的需求优势，应该说是中国国际竞争的新优势所在。

第四，我们要依靠生产率的提高来保持中国经济的竞争力。比较优势的丧失，意味着我们不能靠资本和劳动的简单积累发展我们的产业，要保持经济增长速度，就必须转向生产率的进步。与此同时，经济增长放缓过程中也产生了不利于生产率提高的因素。

第一个现象叫作"逆熊彼特化"，或者叫资源配置僵化。因为这个时候，某些生产率低的企业以稳定就业和稳定税源等为借口得到政府的保护，得到市场的宽容。还有一部分企业利用国家产业政策，靠申请补贴生存。结果是这些企业既没有恢复活力，也没有退出经营，成为整个实体经济中生产率不高的组成部分，甚至有很多成为僵尸企业，总体上导致资源配置僵化，企业之间的生产率差距扩大。熊彼特最早提出"创造性破坏"这个概念，指出创新的过程就是一个既创造又破坏的过程，没有破坏也就不能创造。按照这一理论，对落后的保护就意味着没有创造性破坏这个机制，低生产率的企业不能退出，也不能死亡，因此也不能创造和创新。所以我把这个现象叫作逆熊彼特化。

第二个现象叫作"逆库兹涅茨化"，或者叫资源配置退化。制造业比重下降以后，一部分劳动力的人力资本跟不上产业结构升级的需要，不能进入更高的就业岗位，因此只能退回到生产率更低的产业。当然，只有极少数真正退到了第一产业，主要是那些年龄偏大的农民工。更多的是从第二产业退到了第三产业。由于事实上中国第三产业的劳动生产率是低于第二产业的，服务业的劳动生产率是低于制造业的，因此导致整体劳动生产率降低。库兹涅茨指出，经济结构变化应该遵循向提高生产率的方向进行，但现在劳动力转移的方向出现从高生产率部门到低生产率部门的趋势。所以我把这个现象叫作逆库兹涅茨化。

在这个特殊的发展阶段，我们既要创造也要破坏，但是要真正做到创造性破坏，则必须有好的社会政策兜底。也就是说，企业可能会以种种借口要求保护。地方政府心有顾忌，也不敢随便让无效企业退出和死亡，因为政府必须保障就业和民生。但是，保障就业有时与优胜劣汰产生矛盾。最好的选择是：不要保护丧失比较优势的产业，不要保护低生产率的企业，也无须保护过时的岗位。然而，我们必须保护人本身，但不要在企业层面，而要在社会层面。在社会层面把人保护得越好，兜底越充分，我们就越有信心拥抱创造性破坏。实际上，国际经验表明，OECD 成员的社会福利水平越高，劳动生产率就越高，两者是成正比关系的。

总之，中国制造业的下降具有早熟的性质。世界各个国家这个比重下降的时间不尽相同，大的规律是进入高收入国家行列以后，制造业比重才开始下降。但是我们 2006 年制造业比重下降时，人均 GDP 只有 2000 多美元，目前也还没有跨入高收入国家行列。因此，稳定制造业的比重和促进实体经济健康发展，对于防止劳动生产率的下降、积极扩大中等收入群体至关重要。

升级制造业需要更宽广的视野

  中国经济实现长期高速增长,得益于制造业的规模扩张和比重提升。在 20 世纪 90 年代开始的这一轮全球化中,中国丰富而成本低廉的劳动力得以转化为资源比较优势和国际竞争力。对一个国家来说,以劳动力丰富且廉价作为资源比较优势,归根结底只是特定发展阶段的产物。一旦人口红利消失,劳动力不再具有无限供给的特点,制造业传统比较优势就必然消失。中国制造业显示性比较优势指数从 2013 年开始明显下降。此外,根据世界银行的数据,中国制造业增加值占 GDP 的比重,早在 2006 年达到峰值水平的 32.5% 之后便开始降低,2019 年已经降到只有 26.8%。然而,这个比重下降并不具有必然性。

  政策应对需要着眼于继续促进制造业发展,稳定其在国民经济中的比重。取得这样的认识固然重要,但是这项任务既非轻而易举,也需要把握好分寸感。要做到尊重经济发展规律,不听任制造业自发地萎缩下去,需要依靠升级产业政策和提高各项经济社会政策之间的协调性。实施升级版的产业政策,亟待破除传统观念对实践的干扰,通过确立一些基本原则以保证实施效果。

  中国的制造业比较优势和竞争力,既在于挖掘中西部地区在土地、劳动等要素禀赋上尚存的成本优势,也有赖于发挥沿海地区在产业配套和集聚能力方面的规模优势。然而,从长期可持续的角度来看,制造业发展潜力归根结底在于技术创新。中国即将进入高收入国家行列,在科学技术方面与发达国家的差距在缩小,意味着后发优势的逐渐减弱。与此同时,美国和一些西方国家为了遏制中国发展，不遗余力地推动技术和产业链的"脱钩"，也使中国制造业趋于过早丧失后发优势。因此，对中国来说，无论是经济增长还是制造业的稳定和提升，都越来越需要倚仗技术的自主创新；自主创新更加倚仗基础研究的发展；而基础研究则需要国家通过资金投入予以支持。

在这个问题上，既不能过于天真，更不能心存侥幸。也就是说，市场在资源配置中发挥决定性作用，并不意味着国家可以在关键的技术创新领域缺位。关键技术领域的基础研究，恰恰是更好发挥政府作用的要求所在。发达市场经济国家无一不是如此。例如，美国的科技发展及成果应用的过程表明，在各个产业和领域中广泛得到应用并且不乏具有广泛分享性质的技术，如因特网、全球定位系统、触摸屏、太阳能板、半导体照明以及提取页岩油气的液压破裂法等，在其基础研究阶段都得到了产业政策的扶持和政府的直接资助。

从资源、环境到气候变化等关乎人民生活质量及可持续发展的问题，都体现了从"公地"（the commons）到"地平线"（the horizon）不同层次的外部性问题，不仅意味着市场的失灵，也使得集体行动、单项政策或者单个国家的行动常常不能奏效。特别是，应对气候变化问题具有解决"地平线悲剧"的性质，由此产生两个相关的含义。第一，应对气候变化必然要在全球范围合作的框架内，采取包括实施产业政策在内的国家行动。第二，应对气候变化付出的代价是一种社会成本，在使每个市场主体都感受到压力的同时，也不能把全部负担施加在企业身上。因此，需要通过实施产业政策乃至更广泛的政策和规制，促进生产方式和生活方式的根本性转变。在这个背景下稳定和升级制造业，需要更宽广的视野，把增长、可持续性和美好生活等各种目标统一在政策体系之中。

数字经济发展必须具有分享性

　　党的十九届五中全会做出的发展数字经济、推进数字产业化和产业数字化的部署，直接对标着创新发展和高质量发展的要求。与此同时，在我国已经进入的新发展阶段，经济社会发展的根本要求是促进全体人民共同富裕，因此，发展数字经济也要以人民为中心，体现共享发展的理念。从新发展理念出发，数字经济发展的一个重要维度，即人文视角，应该成为相关领域研究、决策的一个重要出发点和着眼点，以推进数字经济健康发展，同时使这个大趋势的成果得到充分分享。

一、数字经济发展要秉持新发展理念

　　迄今为止人类社会出现过的科技革命，都或迟或早地引起了以相关突破性技术应用为特点的产业革命，相应地，科技革命便赋予产业发展以崭新的驱动力。世界经济论坛主席施瓦布教授认为，正在到来的新一轮技术变革必然导致第四次工业革命，其特点是：互联网无处不在地得到运用，移动性大幅提高；传感器体积越来越小，性能却越来越强大，成本日益低廉；人工智能和机器学习方兴未艾。也就是说，数字经济将是新科技革命导致产业革命的必然结果和主要体现。

无论是从这种革命性变化本身着眼，还是从"十四五"规划乃至更长时期贯彻落实中央部署出发，经济学和其他相关学科都应该加强从数字经济的人文视角进行的研究。技术进步的包容性或者说技术进步如何让全体人民共享的问题，在理论研究中进行过旷日持久的讨论，但是关键性的问题迄今尚未在主流经济学圈中得到完美的回答。

在一些科技领先的西方发达国家，这方面占主导地位的经济学理念是所谓"涓流经济学"，认为虽然科技进步的成果为创新企业家率先获得，但是终究会以一种滴淌的方式惠及普通劳动者和家庭。然而，不仅历史上技术成果分享的问题从未得到良好解决，例如工业革命初期机器的使用对就业的冲击，导致了"卢德运动"的兴起并导致相关思潮流传至今，而且事实上过去几十年的技术发展在很多国家造成了劳动力市场两极化、收入差距扩大和中等收入群体萎缩的后果。

更有甚者，在美国等位居科技前沿的国家中，技术进步助长了民粹主义的经济社会政策，这种政策倾向和民族主义思潮进而演变为国际关系中的单边主义、贸易保护主义泛滥乃至去全球化趋势。这样的结果最终也会反过来影响国内政策，政府的政策被超大规模技术企业和跨国公司所俘获，阻碍了创新潜力的发挥和科技的健康发展，也扰乱了国际经贸秩序。

中国的改革开放始终坚持以人民为中心的发展思想，使最广大的人民群众分享到科技进步和生产率提高的成果。作为新发展理念之一的共享发展理念本身，也摒弃了涓流经济学的虚幻假设。然而，技术创新还在进行，改革也不能停止。正如历史上所有的颠覆性技术革命一样，数字经济的发展自身不能解决广泛分享的问题，不可避免会产生诸如阻碍创新、排斥分享和扩大差距等一系列问题，必须通过相应的制度创新予以解决。

二、数字经济的分享性并非自然而然

面对数字经济发展中诸多具有挑战性的问题，我们需要从理论上给予令人信服的解答，在政策上做出必要的安排，在机制上做出顶层设计，同时加强相关制度的创新和建设。以下几个方面的问题，对中国数字经济发展具有直接的针对性，亟待从理论研究和政策制定的角度予以关注。

第一，数字经济必然加快自动化技术对人力的替代。从理论上说，在数字产业化和产业数字化的过程中，新的、更高质量的岗位也会被相应创造出来。但是，被技术替代的劳动者与有能力获得新岗位的劳动者，常常并不是同一批人群。最新的证据显示，在各国遭遇新冠肺炎疫情冲击的情况下，为保持社交距离而流行的网上远距离办公，再次把劳动者分化成不平等的人群，造成新的劳动力市场两极化现象。可见，如何把数字经济创造的就业机会与劳动者的就业能力及技能进行有效匹配，在理论上和实践中都是无法回避的挑战。

第二，数字经济自身一如既往地解决不了垄断问题。新科技革命的特点使科技公司具有更庞大的体量、更坚固的进入障碍、更严重的信息不对称等性质，这些性质不仅从传统定义的角度来说都是强化垄断性的因素，还产生了"赢者通吃"的新现象，即出现胜出者更容易遏制乃至扼杀竞争对手，可以更肆无忌惮地滥用消费者数字信息等新问题。因此，从促进竞争和创新以及保护消费者权益等方面的必要性出发，防止和打破垄断的任务不容掉以轻心。

第三，从数字经济的性质来看，这一领域具有造成各种数字鸿沟的自然倾向。例如：由于在研发水平、科技人员禀赋以及投资支持等方面存在差异，大企业与中小微企业之间存在着应用数字技术的机会鸿沟；由于在家庭经济地位和人口特征方面存在差异，高收入人群与低收入人群之间、不同年龄段人群之间也存在着在生产和生活中享受数字技术的能力鸿沟；此外，由于人力资本与技术应用之间存在不匹配，在公共服务机构或企业推进数字化的过程中，还出现了直接操作人员技能与数字化系统之间的不匹配情形。

第四，数字经济发展也造成了劳动者权益保障的难题。数字经济本身是新科技的应用，既创造出对人力资本有更高要求的高质量就业岗位，也创造出大量适宜采用灵活性就业模式的非熟练劳动岗位，造成劳动力市场非正规化程度的提高。相应地，灵活就业人员参与基本养老保险、基本医疗保险、失业保险、工伤保险等社会保障的程度趋于降低，通过劳动力市场制度保障自身权益的难度也增大，这些都给数字经济发展成果的分享带来新的挑战。

既然数字经济时代出现的新业态和新就业模式都与相关的技术特点相关联，这类技术本身是存在着解决这些社会保障和劳动权益问题的方案的，关键在于要确立以人为中心的技术和产业发展导向。因此，必须真正认识到不存在所谓的涓流效应，要让解决劳动者保护和成果分享问题的方案内生于数字经济发展本身。

正如鼓励新科技条件下经营模式和业态的创新一样，加强监管也是支持数字经济发展的重要部分，或者说，越是希望加快数字经济的健康发展，便越是需要解决好数字经济发展中可能遭遇的上述及其他各种问题。监管措施越是恰当和及时到位，越有利于避免事后惩戒可能造成的损失。

三、数字经济时代高版本就业优先政策

科学技术的进步和产业结构的升级换代，成果分享的根本途径在于这些过程应该有利于扩大就业，并且从初次分配领域促进工资增长。虽然从理论上说，新技术应用在"破坏"一部分旧岗位的同时也会创造出新岗位，但是，由于现实中存在几个实际问题，即第一，破坏岗位与创造岗位的两个过程所对应的劳动者群体不同，第二，破坏的岗位在数量上往往少于新创的岗位，第三，转岗通常有时差和落差，往往会降低就业质量和工资待遇，因此，创造数量更多、质量更好岗位的目标并不能自然而然达到。

数字经济要健康、可持续发展，技术创新和制度创新都是题中应有之义。其中，就业促进和劳动者保护将始终是政府的职能和责任。因此，在发展数字经济的过程中，需要形成一个就业优先政策的更高版本，以不断有效地解决就业的总量、质量和结构矛盾。

首先，提高公共就业服务效率，降低自然失业率。充分就业并非失业率为零的状态，而是失业率仅反映结构性和摩擦性因素导致的自然失业的情形。自然失业率虽然总是存在，但是，自然失业并不"自然"，其水平的高低往往事在人为。由于结构性失业以及摩擦性失业分别表现为劳动者数量和技能在供需双方之间的不匹配，因此，需要公共就业服务以及政府与社会合作促进就业的机制有效率、有针对性地提供培训和职介等服务，以提高就业岗位在数量、技能、时间、地点等方面的供需间匹配水平。

其次，数字经济催生越来越多的新就业形态，要求社会保障体系和机制与之相适应。由于户籍制度改革尚未完成，我国城镇就业市场上仍然存在一个二元结构的社会保障制度，对从事灵活就业的农民工以及许多新成长劳动力覆盖不够充分，这就意味着社会保障制度尚难以适应新就业形态

的要求。一方面，加快推进以农民工落户为核心的户籍制度改革无疑是解决途径之一；另一方面，随着与数字经济发展相伴的就业形态变化，很多户籍人口也将难以充分被社会保障所覆盖，因此，还须按照增强普惠性的方向探索社会保障的新模式。

再次，探索数字经济时代劳动力市场制度新形式。劳动力资源的配置固然不是市场经济的例外，但是，劳动要素的特点是以人为载体，因而不同于其他生产要素，并不能完全依靠市场供求信号进行配置。各国经验也都表明，劳动者的工资、就业和社保待遇、劳动条件等，从来就是通过劳动力市场与劳动合同、集体协商、最低工资等制度的协同作用来决定的。数字经济固然会改变这些制度形式的作用方式，但不会减少对劳动力市场制度的需求。

最后，加强人力资本积累，更新劳动者技能，提高其劳动力市场适应能力。在数字经济时代，劳动技能是瞬息万变的，因此，从职业教育和培训中获得的专用技能绝不可能终身管用。相反，从通识教育中获得的认知能力和学习能力却可以使劳动者立于不败之地。这就要求在构建终身学习体系的基础上，科学地平衡通识教育与职业教育的关系，而不是机械地将两者隔离，或简单地设立两者招生比例。并且，无论是作为一种社会投资还是作为家庭投资，教育的投入产出都是有风险的，因此，要增强基础教育的多样性和选择性，避免把鸡蛋放在一个篮子里。

数字经济时代
就业促进模式的升级

在总量就业矛盾为主的发展阶段上，产业政策和发展政策主要着眼于以促进经济增长的方式创造岗位；在结构性矛盾成为主要矛盾的发展阶段，公共就业服务主要以提升技能和提供信息等方式，解决自然失业现象；在数字产业化和产业数字化蓬勃发展的新发展阶段，岗位的创造性破坏不可避免，需要社会政策保障和托底，扶助劳动者顺利实现转岗。因此，把促进就业、提升人力资本和稳定民生统一起来，是数字经济时代就业促进模式的升级版。

一、数字经济既创造岗位也破坏岗位

在新技术革命及其引领的产业革命过程中，特别是在数字产业化和产业数字化过程中，理论上会创造出新的和更高质量的就业岗位。以数字技术为核心的新技术虽然具有替代部分就业的作用，但也通过延长产业链的方式提供新的就业岗位。此外，归根结底新技术可以提高劳动生产率，进而提高就业者的收入，劳动者收入增长便会形成新的消费需求，同时也就创造新的就业岗位。

但是，这个过程也必然会产生破坏旧岗位和创造新岗位之间的不对称性, 也就是说失去岗位的部分职工, 由于不具备新创岗位所要求的人力资本, 往往导致技能和认知能力的供需之间不相匹配, 这样就会排挤出一部分劳动者, 或者失业, 或者转岗, 或者退出劳动力市场。这实际上是一种市场失灵现象, 因此, 应对这种不对称和不匹配现象是政府的责任, 应该纳入积极就业政策目标。

二、从增量上和存量上提高劳动者素质

教育发展的结果就是提高新成长劳动力的受教育水平, 进而从增量上改善人力资本, 提高劳动者群体的整体素质。实际上, 目前我们从统计数据中观察到的人均受教育年限的提高, 例如, 在 2010 年第六次人口普查到 2020 年第七次人口普查的十年中, 15 岁及以上人口的平均受教育年限由 9.08 年提高至 9.91 年, 主要反映的就是这种增量效应。

随着新成长劳动力增长速度下降、劳动年龄人口负增长, 以及人口老龄化程度加深, 例如, 2021 年 65 岁及以上人口占比已经高达 14.2%, 这种劳动力素质增量改善的速度趋于递减。与此同时, 随着渐进式延迟退休政策的推进实施, 大龄劳动力的就业需求将增大, 对他们的技能和认知能力的要求也将显著提高。

我们之所以关注数字经济时代存在的"数字鸿沟"问题, 是因为这种数字鸿沟的存在已经产生了一个负面的结果, 即在不同人群之间, 包括在不同年龄的劳动者之间, 已经形成"认知鸿沟"和"技能鸿沟", 从而妨碍我们对丰富人力资源的充分利用, 也不利于扩大就业和提高就业质量。因此, 要把提高劳动者素质的政策着力点转到劳动年龄人口存量上, 特别是帮助大龄劳动者跨越鸿沟上。

三、社会政策托底帮助劳动者转岗

在数字经济发展过程中,在就业创造和就业破坏同时发生的情况下,旧岗位的破坏和新岗位的创造不仅在数量上不对称,在技能的供需之间常常不匹配,在时间空间上也会产生错位现象。特别是,从新一轮科技革命的性质来看,其变化速度之快,使得传统的人力资本培养机制难以与之匹配,因此,新创岗位常常难以赶上岗位破坏的节奏。这便造成结构性失业现象,或因长期面对技能不足的就业困难而退出劳动力市场的现象。

社会保障制度或者说更广义的社会政策需要密切配套,对受到冲击的劳动者群体做出托底保障,确保作为劳动力载体的人不至于在创造性破坏中成为受损者,这是以人民为中心发展的题中应有之义。这种社会政策的导向应该具有一个特点:既然面对的是诸多的不对称现象,精准扶助固然必要,但常常难以做到没有遗漏的逐一对应,因此,为了确保对每个人的托底保障,相应的社会保护机制应该具有普惠的性质。

四、岗位创造、技能培训和转岗扶助

通过以上分析,我们可以得出一个结论:形成就业促进模式的升级版,要求把岗位创造、技能培训和转岗扶助有机地结合起来,这与把积极就业政策纳入宏观政策层面的要求也是一致的。这里我强调一下如何通过创新相关的政策,更好发挥政府引导扩大就业数量和提高就业质量的作用。

首先,更加以人为中心的产业政策,应该注重引导经济发展以创造更多更高质量的就业岗位为导向。要通过更新产业政策理念,因应新科技革命特别是数字技术和数字经济的挑战,使经济增长和产业升级本身具有就业创造机制。这方面国内外都是既有经验也有教训，值得总结借鉴。

其次，应对自然失业现象特别是结构性失业和就业困难，有长期和短期两条途径。长期来看，根本出路在于提升劳动者的整体人力资本。挖掘人力资本提升潜力，从数量上着眼，就是把义务教育阶段向学前阶段和高中阶段延伸，以达到提高新成长劳动力人均受教育年限的效果；从质量角度看，则是强化通识教育，让新成长劳动力和存量劳动力具备学习和创新的能力，以更好地适应日新月异的劳动力市场技能需求。同时也要进一步加大对大龄劳动者的培训力度，改善劳动者存量的人力资本状况。

最后，新技术革命成果应该广泛应用于增加更多更高质量就业岗位、提高劳动力市场匹配度和保护劳动者等各领域。计算机技术、大数据和算法可以提高宏观经济景气分析、劳动力市场预警和判断的及时性、准确性，从而促进政策有效性，也应该用来提高劳动力数量和人力资本的供求匹配度，提高培训效率和效果，明显改善公共就业服务水平。

数字经济对劳动力
质与量的新需求

  党的十九届五中全会特别强调发展数字经济。数字经济要健康发展，必然要对其进行充分的考虑。数字经济是应用新技术的一个主要领域，从工业革命开始，人们谈技术进步对产业影响时就有一个说法，今天仍然存在争议，即新技术在替换旧岗位的同时，是否创造了更多新岗位？存在争议主要是因为：一是新创造岗位少于被替换岗位，新创造岗位可能质量更高些，但是数量不一定多；二是新技术替代的岗位与创造的岗位所需要的工人不是同一批人，在这个过程中会出现失业或者就业不足的问题；三是由于技能无法跟上新岗位需求，大多数人转岗后的工作比以前质量低、待遇差。

  这些问题造成了实际的劳动力市场问题和就业难点，也是我们讨论劳动力市场和就业转型问题的关键所在。我们要探讨的是如何让数字经济创造更多的高质量就业岗位，以及让那些被替代的工人重新找到更好的岗位。

一、技术进步能做大蛋糕，但不能解决分配问题

  我们先来看一看数字经济和就业岗位是什么关系。一是数字经济和所

有新技术带来的产业革命具有一个共同点，即必然造成"创造性破坏"，首先要破坏掉一些旧岗位，才能创造出新岗位，破坏掉一些传统生产方式，才能提高劳动生产率。数字产业也是这样，用自身替代传统产业，破坏传统岗位。产业数字化，就是把数字经济的一些主要理念、技术和组织方式应用到改造传统产业中，数字化技术作为人力资本、物质资本含量更高的生产方式，也会替代原来普通的非熟练劳动者。

假设我们的人力资本是涌流般充足的，如果创造更多对人力资本要求高的就业岗位，那么大家都认为劳动者可以从旧岗位中退出来进入新岗位。但事实上，我们目前城市就业岗位中农民工的比重已经占了相当高的比例，约为40%。农民工的教育构成中初中学历占55%，超过样本总量的一半，达到高中、大专程度的只有20%多，而大专及以上学历的人数比例只占12%。

那么在这种情况下，无论创造多少新的岗位，必须考虑到这些劳动者的人力资本如何和新的岗位相适应。这里有一个理论问题，即在经济学界大家都比较热衷讨论的、经济学家罗伯特·索罗提出的一个质疑"生产率悖论"——在这个时代处处可以看到计算机，但是唯独看不到计算机提高生产率。人们也对信息技术的应用与发展到底能不能提升生产率产生疑问。很多经济学家用发达国家的一些例子做实验，观察一段时间内该国对生产率的改进情况，发现在技术大规模进步的时候，生产率的确没有得到整体提高，因此大家觉得"生产率悖论"是一个谜，纷纷对其进行研究。但同时我们也知道，提高生产率可以使工资提高，从而增加收入。任何工资的上涨如果不能建立在生产率改善的基础上，就不可能持续，因此没有生产率的改善，工资就不能提高，这是很显然的道理。

我用一个简单例子来解释"索罗悖论"。假设在技术进步之前，经济社会是由两个部门组成的，一个高生产率的部门，一个低生产率的部门。假设最初的情况下他们各有 100 个劳动力，但是高生产率部门可以生产的产值是 10000，低生产率部门生产的产值是 1000，用产值除以劳动力数量，就得出高生产率部门的生产率是低生产率部门生产率的 10 倍。那么全社会平均化以后，全社会的劳动生产率是 55。

技术进步之后，假设应用了数字技术等新科技去改造高生产率部门，使它的生产率更高。从这个意义上说，没有"生产率悖论"，因为任何一个企业花钱应用新技术，都是为了获得生产率的提高，否则它是不会投资的。因此假设高生产率的部门产值没变，劳动力减少了 80%，那么生产率提高了 4 倍，变成了 500，那么低生产率的部门，它没有应用新技术，还是生产原来那么多产值，它必须接受更多的劳动力。因为我们假设了这个经济社会只有两个部门，从一个部门被排挤出来的劳动力，必然要进入另一个部门，因此它的劳动力增加了 80%，生产率降到了 5.6，那么全社会的劳动生产率还是 55，没有提高。但是发生了一个重要的结构性变化，部门之间劳动生产率的差距更大了，部门之间相应的工资差异也就更大了，我们把它叫作劳动力市场两极化。

劳动力市场两极化会带来：第一，收入差距拉大；第二，中等收入群体减少，这种现象在我国还没有明显出现，但是在美国已经得到充分验证。美国社会现在收入差距很大，原因就在于美国科技进步很快，一些部门在应用新技术提高生产率之后，被排挤掉的劳动力只好退到生产率更低的服务业中，这部分人收入提高很慢，因此造成社会两极分化，收入差距扩大，中等收入群体萎缩。当经济处于两极化情况下，人们的价值观就变成了对立的，因此社会分化、政治分裂是必然的，也就造成了美国今天的状况。如果没有解决办法，在国内就只好实行民粹主义政策，而民粹主义政策最终在国际上就表现为民族主义、单边主义、贸易保护主义等，最终推动了逆全球化进程。以上是以美国为例总结的一些教训。

技术进步同全球化一样，是可以做大蛋糕的，但是分好蛋糕和技术进步无关，必须专门做好分蛋糕的工作。同样的道理，技术进步的确可以创造更好的岗位，但不是自然而然的，不是经济自发产生的效果。

二、制造业转岗者和新成长劳动力向何处去？

再看中国，我们目前面临着什么样的挑战？我国这些年产业结构变化非常快，总体就业形势也很好，但是有一些潜在危机。2010年，中国劳动年龄人口到达了峰值，此后开始负增长，负增长意味着劳动力短缺，工资会上涨，但是工资上涨过快，会带来比较优势的丧失，劳动密集型产业比较优势就会弱化，那么相应的制造业在GDP中的占比就下降了，制造业在相对萎缩。

在制造业比较优势弱化的情况下，企业会用机器去替代劳动力，从而产生了就业减少的倾向。虽然固定资产投资是上涨的，但是单位就业呈现明显下降趋势。这意味着企业可以用更多的资本、更多的机器，雇更少的人创造同样的效益，虽然提高了劳动生产率，但是劳动生产率的提高并没有阻止企业资本报酬率的下降，因此没有真正提高企业竞争力，长期看这是不可持续的。

那么这个情况必定造成就业减少，这些人总要有一些去处，去哪儿？

图1左边是我们第一、二、三产业劳动力的数量，阴影的部分是农业劳动力，这些年长期处于下降的状态。早在20世纪90年代时，第二产业的增长速度已经没有那么快了，在过去十几年，它是绝对下降的。那么减

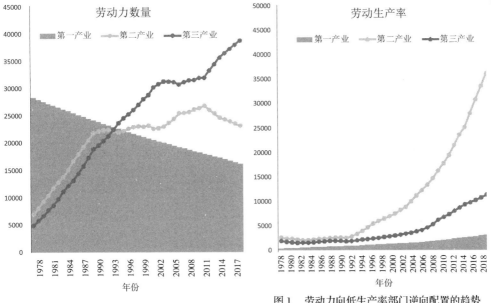

图1　劳动力向低生产率部门逆向配置的趋势

少的这些人去哪儿了？大多数情况下，他们不会回到农业中。农业的劳动生产率太低了，报酬也低，因此多数情况下他们到了第三产业，去了生产率相对较低的生活服务业中。那么我们看两个图的第三产业曲线，第三产业的劳动力是增长较快的，但这也产生新的矛盾，劳动力的内卷化就发生了。更多的人集中在生产率更低的部门，可能造成生产率进一步下降。虽然岗位还在，但是破坏掉的岗位比新创造的岗位的质量还高，新创造的岗位比破坏掉的岗位的生产率还低，这个不是我们数字经济发展的初衷。

同时，还有一个很重要的劳动力市场现象。我们知道经济社会在任何时期总存在一定比率的失业人口，因此经济社会在正常情况下的失业率叫作自然失业率，它反映的是劳动力市场的匹配情况。过去一些年自然失业率是有所提高的，这意味着虽然劳动力短缺现象始终比较严重，企业都在抱怨找不到工人，但是工人实际上也有就业困难。这些困难以结构性困难为主，就是说虽然企业有岗位，但是工人的技能、人力资本和岗位不匹配，所以工人不能进入岗位。因此我们国家自然失业率的提高也证明了，在数字经济发展过程中，必然要提高劳动力市场的匹配性，所以当我们讲在数字经济条件下劳动力市场转型的时候，其实最重要的是如何让劳动者的技能、人力资本和数字经济发展的需要相匹配。

三、数字经济时代促就业重点在于加大人力资本投入

关于数字经济时代促进就业，我认为数字经济时代应该打造一个更高版本的就业优先政策。过去全社会劳动生产率的提高靠什么？一方面是靠技术进步，但是最快、最主要的路径是靠劳动力从生产率低的部门转向生产率更高的部门，由农业转向工业及其他非农产业，这个过程具有帕累托改进的性质。这个过程中至少有部分群体获益，而没有其他群体受损。但是随着农村人口减少，今后劳动生产率提高的一个主要途径就不具有帕累托改进的性质了，我把它叫作"创造性破坏"，即生产率高的企业生存并发展，生产率低的企业退出、萎缩甚至死亡。

在这个过程中，生产率高的企业可以得到更多的生产要素进行重新组合，整体生产率得到提高。在整个提高生产率的过程中是有企业要受损的，有产能是要被破坏掉的，但是不能破坏人，因为劳动力被承载在人的身上，因此人不能被破坏。那么，如何创造就业保护人本身，就是政府的责任。在更高的科技发展的情况下，这个责任就更重，要求也就更高，于是我们需要更高版本的就业优先政策来统一解决就业总量问题、就业结构问题和就业质量问题。

第一，提高政府的公共就业服务水平，降低自然失业率。自然失业率是可以降低的，需要的是通过更好的培训、职介和信息沟通，使劳动力供

需得到更好的匹配。政府需要和社会携手，也需要一些必要的机构来参与，提供最好的培训服务。我觉得这部分现在遇到的一个难点和堵点，是如何把培训做到符合劳动者和企业的需求，这个需要政府重视，因此政府提供的公共就业服务的核心也必须是以需求为导向的。

第二，新经济的发展创造了新的就业形态，催生出更多灵活就业的形式。如何构建一个新型社会保障模式适应新的就业形态，成为一个重要课题。农民工在城镇就业中的占比已经相当高了，让他们在城市落户得到城市居民身份，至少要让他们和我们原来的城市就业群体没有差别，这一点很重要。另外新就业形态要求社会保障的匹配，城镇就业市场的二元社会保障制度对灵活就业（如农民工）覆盖不够充分，难以适应新就业形态要求，须按增强普惠性的方向探索新模式。

第三，提高人力资本，形成终身学习体系，在这个基础上平衡通识教育和职业教育。比如我们现在说延迟退休，但一线工人不太希望延长他们的退休时间，原因是什么？因为他们已经处在人力资本不足的年龄段上，劳动力市场地位是比较脆弱的，对于他们来说，正常年龄退休后反而能得到保障。这就要求对他们进行培训。此外，我们的教育和培训必须是多样化的，不能把鸡蛋都放在一个篮子里，加大它的风险程度。目前来看，数字经济时代，数字技术进步千变万化，产业结构调整的速度也很快，这意味着技能也是瞬息万变的。因此这时通识教育很重要，包括提高人的认知能力、学习能力以及对劳动力市场的适应能力，而这些不能从职业教育和职业培训中获得。通识教育和职业教育要兼顾平衡，更要融合发展。

数字经济既要技术创新也要制度创新，制度创新的要求更高，任务就更重，完成起来也更复杂，所以我们从一开始就要关注如何在政策上适应好新的科技革命，否则就难以有健康的发展。

如何创造更充分
和更高质量就业

    党的二十大报告强调，要强化就业优先政策，健全就业促进机制，促进高质量充分就业。报告还特别抓住新情况下的就业特点，突出了就业工作的重点，要求推动解决结构性就业矛盾。在很长时间里，中国就业主要面临劳动力过剩而岗位不足的总量矛盾。随着 2004 年中国经济跨过刘易斯转折点，2011 年以后劳动年龄人口进入负增长阶段，劳动力短缺现象经常发生，同时结构性就业矛盾愈加突出。

    就业的这种结构性矛盾造成这样一些问题。首先，劳动者特别是新成长劳动力就业难和企业招工难现象同时存在，劳动力市场匹配度偏低。其次，在技术变革和产业调整中，被更新的岗位和新创造的岗位在数量上不对称，结构性失业现象增多。再次，较大规模的人群处于灵活就业状态，又由于工作不稳定、工资偏低、社会保障不充分等问题，这种就业状态转变成非正规就业。最后，非正规就业阻碍了社会性流动，劳动者实现自身发展的机会变窄。因此，积极就业政策从应对总量矛盾转向应对结构性矛盾，是在发展中保障和改善民生、推动高质量发展、促进全体人民共同富裕的必然要求。

    劳动经济学通常对就业做出正规就业与非正规就业两种类型的划分。大体上说，我们可以从具有正式劳动合同、参加基本社会保险、稳定的岗位、合理的劳动时间、符合社会平均水平的工资和待遇等方面区分正规就业与非正规就业。在实际中，对哪些劳动者处于何种就业的类型做出区分，在个体层面通常是可行的，在宏观层面做出整体评估则有较大难度。不过，我们可以从众多调查和研究中得到一些规律性的经验，同时借助城镇就业结构数据尝试做出一种粗线条的识别。

我们看到的城镇就业数据，其实并非来自同一个统计体系。从基于住户的抽样调查数据，我们可以得到城镇就业人员这个加总数据，同时，由于抽样规模等技术原因，我又无法从同一数据来源获得更详细的分类就业数据。因此，要想得到分类就业数，我们就要诉诸报表制度中汇总的数据，以及其他部门的调查数据。具体来说，根据报表制度和相关部门的数据，城镇就业可以按照国有单位、城镇集体单位、股份合作单位、联营单位、有限责任公司、股份有限公司、私营企业、港澳台商投资单位、外商投资单位，以及个体城镇就业等做出分类。

根据前述的识别标准，城镇就业中有两个组成部分具有典型的灵活就业特征，我们可以粗略地将其视为非正规就业。第一部分是个体就业。这部分包括自我雇用和个体工商户雇用的人员。显而易见，在几乎所有的就业条件上，这种就业类型都难以达到正规就业的标准。2019年，这个群体占城镇就业的25.8%。第二部分则是一个统计"余项"。基于住户调查得到的全部城镇就业总数，与各种经济类型就业的加总数据之间，存在着一个差额或余项，大体上反映了那些没有被单位或者工商登记部门所记录的就业人员。2019年，这部分人群占城镇就业的5.1%。这两个部分合计起来，占到城镇就业的30.9%。这个比例的变化轨迹，可以反映出城镇非正规就业或灵活就业的一些特征。

在20世纪90年代中期以前，就业仍在一定程度上保留着计划经济的特征，劳动力市场尚未获得充分的发育，灵活就业比重并不高，1990年仅为17.2%。伴随着国有企业进行减员增效改革，作为应对严重的失业下岗现象的手段，灵活就业受到鼓励，比重逐渐提高并在 2003 年达到 49.1%。由于那时劳动力市场制度尚不完善，所以灵活就业与非正规就业两个概念之间几乎可以画等号。随着就业形势逐渐好转，特别是 2004 年中国经济跨过"刘易斯转折点"，劳动力短缺现象日渐严重，以及 2011 年以后劳动年龄人口负增长，灵活就业比重显著下降，2013 年之后大体稳定在 30%。

可见，灵活就业是打破计划经济"铁饭碗"的产物。同时，劳动力市场制度的完善有利于就业规范程度的提高。伴随着中国经济跨过刘易斯转折点，劳动立法和执法得到增强，最低工资、集体协商、劳动合同等制度得到迅速推广，基本社会保险制度的覆盖率也得到大幅度提升，这些都增强了就业的规范化程度。从一定意义上看，很多灵活就业人员获得了较好的社会保护，并不完全等同于非正规就业。

近年来，随着数字经济的发展，特别是一些数字经济平台企业的发展，以及新型职业和新的就业形态的大量涌现，新创就业岗位越来越多地采取了灵活就业的形式。与此同时，由于户籍制度仍然存在，基本公共服务供给体系也存在着分割的现象，以及其他影响平等就业和均等享受社会保障的体制和政策弊端的存在，这些灵活就业或多或少具有非正规就业的性质。与此相应，非正规就业比重不再下降，甚至有一定的回升迹象。

我们固然不应排斥灵活就业创造岗位的有益功能，也欢迎新型职业和新的就业形态的产生，但是也要防止和抑制非正规就业比重的过度提高及其负面效果。非正规就业产生的负面效果，主要体现在可以用劳动力内卷来刻画的两种现象上。

首先，劳动力配置呈现出不利于整体生产率提高的倾向。非正规就业通常与劳动力过度集中于低生产率行业的现象有关。一方面，没有与企业签订正式劳动合同的劳动者，以及在个体工商户甚至未注册市场主体中就业的群体,显然更多地从事着低生产率的岗位。另一方面,农业劳动生产率低于非农产业,普通服务业的劳动生产率也低于制造业。2021年,第一产业、第二产业和第三产业的劳动生产率(每个就业人员创造的增加值),分别为487万元、2077万元和1700万元。因此,非正规就业增长和比例的提高,意味着劳动力向低生产率产业的配置。

其次,非熟练劳动者工资和普通家庭收入的提高受到抑制。根据第七次人口普查数据,2020年,在全部15—59岁劳动年龄人口中,受教育水平在初中及以下的占39.0%,高中占24.8%,高等教育占36.2%。劳动力的这种人力资本禀赋状况,意味着非正规就业的劳动力供给潜力仍然是很大的,这种供求关系加上这类就业的低生产率性质,决定了他们的工资水平及其提高均受到制约。与此同时,这个就业群体获得的社会保护程度也明显低于其他群体。

国际比较研究显示,工资平等程度是社会流动性的一个重要支柱,也恰恰是中国的一个弱项所在。例如,以中国的整体劳动收入中位数为界,位于底部50%的劳动收入,仅相当于位于顶部50%的劳动收入的12.9%,低工资人群的比重达到21.9%。[1]非正规就业压低家庭收入、抑制居民消费和阻碍社会流动的弊端是显而易见的。此外,还可以看到,20世纪90年代以来,城镇非正规就业比重与反映收入差距的重要指标基尼系数的起伏变化,几乎呈现完全相同的轨迹。这显然说明,越多的劳动者群体处于非正规就业状态,同时意味着较大的人口比重未能获得体面的工资和合理的收入,全社会收入分配的公平程度也就越低。

---

[1] World Economic Forum, The Global Social Mobility Report 2020: Equality, Opportunity and a New Economic Imperative, World Economic Forum, Cologny/Geneva, Switzerland, 2020, p. 63.

降低或者缓解劳动力内卷给供给侧和需求侧带来的不利影响，需要破解经济发展过程中长期存在的诸多难题。具体来说，应该从以下三个方面着眼和着力。第一，使技术变革特别是数字经济发展成为产业之间和企业之间的连接器而不是分离器，促进生产率在不同类型的部门之间以及不同规模的企业之间趋同，在全社会同步提高。第二，拆除尚存的体制机制障碍，疏通劳动力等生产要素的流动渠道，让劳动者及其家庭在资源重新配置过程中分享生产率。第三，扩大社会福利的供给范围和覆盖面，让所有领域的就业者享受均等的基本公共服务。

　　必须承认的是，数字经济的发展正在不断地颠覆我们对就业的认知，很多新创岗位与我们熟知的传统就业形态大异其趣，其中不乏对人力资本要求更高因而从业者能够获得充分市场回报和社会保障的岗位，也有很多更具有灵活就业性质的岗位在就业稳定性、报酬水平和社会保护方面更具挑战性。譬如快递骑手、网约车司机、剧本杀写手、带货主播等职业，均存在着社会保障体系覆盖的困难。这就要求我们按照新型业态和新就业形态的特点，探索新型的社会保障覆盖模式，使灵活就业不再是非正规就业的同义词，从而实现生产率提高、生产率分享、社会流动性增强和社会福利水平提高的统一。

数字经济的核心是深度融合

党的二十大报告强调，要加快发展数字经济，促进数字经济和实体经济深度融合，打造具有国际竞争力的数字产业集群。这既是党中央的重大部署，也深刻揭示了数字经济发展的本质和内涵。从中我们可以得到这样的理解：数字经济发展的关键，并不在于这个经济形态的孤立发展。与实体经济和其他产业的深度融合，才是数字经济持续、健康、包容发展的要义所在。

国内外经验和教训都显示，数字经济是新科技革命条件下产业发展的方向，是产业结构升级优化的引擎；然而，这个经济形态也是一柄双刃剑，如果不能把握好其发展的目标取向问题，换句话说，如果不能使数字经济发挥好融合实体经济和连接相关产业的功能，便可能产生有投资无回报、有能力无功能、有产业无融合、有要素无市场，进而有水涨无船高的现象。破解这个"双刃剑效应"，至少需要从以下几个方面着眼，从理论上形成正确的认识，并用来指导政策制定和实际运行。

第一，促进产业的融合，实现同步的现代化。现代化从来都是社会经济各组成部分的整体、全面和同步的现代化。中国经济现代化具体表现在新型工业化、信息化、城镇化和农业现代化。在这"四化"过程中，信息化是连接其他各部分的枢纽，即通过数据产业化和产业数据化，新技术革命中产生的最新科技通过数字经济的发展应用到各个产业之中。可见，数字经济与实体经济的深度融合，既是数字经济发展的核心，也是创新发展的最重要表现形式。

第二，提高资源配置效率，破解"索洛悖论"。索洛做出"处处可见计算机，唯独从统计中看不到生产率提高"这一描述，其实具有深刻的隐喻意义。例如，在数字经济的发展中，经常产生的数字技术的硬件建设与其所发挥的效能脱节的现象，无疑可以成为"索洛悖论"产生的原因的典型注解。这方面通常有多种表现。可以说，任何投入大量资金并形成有形设施、却没有使产能得到充分利用的情形，譬如有了大规模的数据中心及其算力设施、却没有与之相匹配的计算需求等，都不可避免产生索洛效应。可见，数字技术的进步仍然需要遵循"诱致性技术变迁"（induced technological change）规律，数字经济的发展也需要遵循社会需求导向规律。

第三，推动和规范数据要素市场的发育。在数字化时代，数据成为越来越重要的生产要素，也自然要求通过市场机制进行配置。然而，这并不意味着该要素的市场可以自然而然地形成和完善。因此，不仅需要像在其他要素市场那样精心培育数据市场的发展，还应该探索数据要素市场的独特规律，如特殊的定价方式、交易规则、流通渠道和配置机制。例如，与数字经济的报酬递增性质相关，不仅产生了促进生产率提高的正面效应，也存在着"赢者通吃"从而垄断和更易产生侵权的负面效应。因此，探索和形成与数字经济特征相适应的管理体制和治理模式，不仅是打破数据壁垒、填平数字鸿沟的重要途径，也是数字经济与市场经济共生共荣的关键。

第四，促进共享发展和创新向善。数字经济融合实体经济的功能，归根结底在于其对各类产业和行业的连接性。而增强这种连接性的关键在于，数字经济企业特别是大型数字平台企业，不仅追求市场收益，还要负有社会责任，即创新向善。把数字产业化规模与产业数字化规模合计，研究者估算出，2021 年中国广义数字经济规模高达 45.5 万亿元，占 GDP 的比重为 39.8%。① 然而,如果从应有的税收贡献和带动就业贡献、发挥产业融合和企业连接的功能,特别是发挥赋能传统产业转型升级的作用来看,数字经济在共享方面的成效与其规模的庞大数量级尚不对称。

数字经济可以说是一个受到新科技革命的规律、"摩尔定律"支配的领域。数字经济以其令人难以置信的发展速度和无所不能的应用前景,一方面造就了大量的巨富、快富现象,另一方面被寄予了应对人口老龄化、气候变化等全球性挑战的期望。但是,现实和期望之间并不存在天然的关联性,负面效应和正面效应均难免发生。特别是,在产业之间、行业之间、区域之间、市场主体之间和群体之间,仍然存在着较大的、有时还在扩大的数字鸿沟,阻碍数字技术收益的分享。只有通过政策调整和制度创新,形成一种激励相容的格局,才能使数字经济真正具有共享的性质。

第五,在保障数字安全的前提下,推动数字经济的开放与合作。党的二十大提出发展数字贸易的要求,这是数字经济发展和高水平对外开放的结合点。积极参与数字经济的国际合作,既是数字经济发挥促进开放作用的必然要求,也是与世界数字信息技术紧密接轨、保持中国始终处于该领域前沿的必需之举。这包括进行国际科研合作、加入相关的数字经济合作协定、参与国际数字治理规则的制定,以及利用数字技术特别是数字货币等手段推动对外贸易、对外投资、区域合作以及"一带一路"建设等。

综上所述,数字经济本质上是一个经济整体有机发展的问题,而不应仅仅将它当作一个产业的建设问题。因此,中国经济发展赖以进行的市场配置机制和政府作用,同样适用于数字经济领域。具体来说,数字经济需要来自两个层面的保驾护航。一方面,在发展方向和行为准则方面,要以

---

① 中国信息通信研究院《中国数字经济发展报告(2022 年)》,《集智白皮书》,No. 202209,2022 年 7 月。

法律法规、产业政策、体制机制环境的全面配套进行规范。另一方面,在现实运行和发展过程中,仍然要依据市场表现进行评价,以产业竞争力来筛选,用生产率和经济效益来检验。

需要指出的是,这里点到的远非关于数字经济发展的完整题目,我也没有能力给出确定的答案,而是旨在提出自己认为重要因而需要研究者投入其中的课题。数字经济在中国的发展方兴未艾,各学科对这个领域相关问题的研究,特别是经济学家关于数字经济规律的探索,也应该是无止境的。

以新发展理念
促进区域协调发展

党的二十大报告提出促进区域协调发展的要求,并相应部署了一系列重大区域性战略,包括区域协调发展战略、区域重大战略、主体功能区战略、新型城镇化战略等。这种部署着眼于以更完整的战略体系来优化重大生产力布局,构建优势互补、高质量发展的区域经济布局和国土空间体系,体现了党中央根据中国经济发展阶段变化的特征把新发展理念融化在各项战略部署之中,在关于促进区域协调发展认识上的重大飞跃。

进入 21 世纪以来,中国实施的一系列区域协调发展战略取得了良好的成效,区域发展格局整体上更为均衡。与此同时,地区差距仍然存在,并且出现诸多新的情况和新的问题。针对这些新情况和新问题,党的二十大报告提出了新的政策理念和战略部署。习近平总书记针对地区发展不平衡问题指出:"不平衡是普遍的,要在发展中促进相对平衡。这是区域协调发展的辩证法。"这是习近平新时代中国特色社会主义经济思想中的辩证思维方法在区域发展领域的具体要求,是我们认识党的二十大促进区域协调发展各项战略部署的根本引领。

一、区域发展的成就与新情况新问题

党中央一贯高度重视地区平衡发展问题。早在 1956 年,毛泽东主席就把"沿海工业和内地工业的关系"以及"中央和地方的关系"作为"十大关系"中的主要问题予以论述,计划经济时期的一系列政策也在一定程度上促进了沿海和内地工业布局的相对平衡。改革开放以来,由于各地区的工业基础不尽相同,改革开放的推进过程具有梯度性,以及其他影响区域发展的因素,区域不平衡现象有所加剧。到20世纪末,地区发展差距和收入差距均显著扩大。以泰尔指数(Theil index)作为衡量指标,在1992—2000年间,省际实际人均GDP差距扩大了27.7%。

针对这种地区差距严重扩大的问题,党中央做出重大部署,宣布并实施了西部大开发、东北等老工业基地振兴、中部崛起等区域均衡发展战略,以及一系列配套和补充的区域性战略。20年来,这一系列战略的实施卓见成效,表现为中西部地区的经济增长速度快于东部地区,区域之间呈现趋同的势头,地区差距有所缩小。在2001—2021年间,东部、中部和西部三类地区的地区生产总值年均实际增长率分别为9.5%、9.7%和10.3%。同样以泰尔指数作为衡量指标,地区差距在这一期间缩小了56.0%。

然而,地区差距并没有消失,并且还有一些新的表现。从2021年人均地区生产总值来看,以江西省这个中位数(103851元)水平为基准,排在之前的15个省份的算术平均值是排在之后的15个省份算术平均值的1.8倍,而排在前三位省份的算术平均值更是排在最后12位省份的算术平均值的3.0倍。地区经济发展水平不平衡的一个新表现是,东北地区和北方省份的增长速度进一步显现出相对滞后的态势。在2001—2021年间,东北三省的年均实际增长速度仅为7.7%,北方15个省的年均实际增长速度为9.0%。

正确认识这种区域发展过程中的新现象,需要具有区域协调发展的辩证思维,从发展阶段的变化、不平衡与相对平衡的动态性等方面对区域均衡战略实施做出评估和展望,并且涉及区域经济发展的模式转变和相应的研究范式转换。更深刻理解习近平总书记关于区域经济发展的重要思想，特别是其中的认识论和方法论，对于实施好党的二十大部署的各项区域协调发展战略，具有十分重要的意义。与此同时，经济研究也要善于提出相应的学术课题，在为决策提供有力学理和经验支撑的同时，推动经济学理论创新。

二、区域发展模式变化和范式转换

区域经济发展均衡性的整体提高也好，同时出现的新情况和新问题也罢，都与中国经济所处的新发展阶段密切相关，预示着地区差异模式的变化，提出了区域经济研究范式转换的要求。为了观察地区差异模式的变化趋势，可以把人均地区生产总值的泰尔指数进行分解，分别观察整体地区差距的两个构成部分，即东中西三类地区内部的省际差异、三类地区之间的差异，以及两种差异对整体差异的相对贡献。计算显示，虽然两个部分的差距都下降了，但每个部分对整体地区差距的相对贡献率却发生了显著的变化。在 2001—2021 年间，地区内差距的贡献率从 39.4% 提高到 54.5%，地区间差距的贡献率从 60.6% 降到一半以下，仅为 45.5%。

这反映出一个根本性变化，分别表现为区域经济模式变化和区域研究范式转换。一般来说，在经济发展的较低阶段上，地区差距总体上可以用一种二分法的范式来刻画，即每个地区分别处于富裕与贫穷、发达与不发达，或者具备或不具备发展能力的二元反差之中。与此对应的区域发展战略，通常着眼于识别出相对落后的地区，以倾斜式的支持政策，弥补关键生产要素的持续性不足，以打破发展瓶颈。一旦国家整体进入更高的发展阶段，现代经济增长方式居于主导地位，由于要素的禀赋、积累、流动、配置和重新配置都不再存在根本性的障碍，处于相对落后地位的地区并不注定缺乏发展的必要条件。这时，地区差距仍然存在，但不表现为二元对立式的，影响地区发展差异的因素更加多样化，地区差距的表现呈明显的多元化特征，在区域分布上也因时因地而不同。于是，传统二分法的研究范式，在信息基础上愈显捉襟见肘，现实解释力和政策启示力也就相应降低。

中国经济发展水平已经达到较高阶段，从大的区域分块概念来看，已经没有任何一类地区仍然受到资本要素和基础设施的持续性制约。目前存在的地区差距，主要表现为在较小的区域分块层次上，由于局部性、独特性和非系统性的因素，单个地区发展的相对滞后现象。地区发展差距仍然是我们不希望看到的结果，因为差距的存在具有恶化收入分配、降低生活质量均等化水平、导致现代化进程不平衡等不良效果。同时，差距造成生产要素特别是人口和劳动力的流失，也伤害地区的长期可持续增长能力，形成新形式的恶性循环。因此，面对这种区域差异模式变化，需要应用新的认识框架、选用新的政策工具，以便不断消除新的地区差距。

三、区域协调发展战略体系的新特征

地区发展格局和模式的变化，要求我们以更加整体、综合和动态的视野看待区域经济发展，在全面贯彻新发展理念的基础上，因地制宜、与时俱进地做出新的战略思考。为了准确理解党的二十大报告对区域协调发展的最新战略部署，我们可以从以下几个方面的转变上认识区域协调发展战略思路的内在逻辑，把握国土空间体系的顶层设计和全面布局。

首先，从补要素短板为取向的倾斜性扶助战略，转向实施综合提升发展能力的全面战略。在早期发展经济学文献中，无论是平衡发展战略，还是不平衡发展战略，本质上都是冀图以不平衡的政策推动形成平衡发展的格局。地区差距通常需要经历一个从二分式整体区域不平衡到多元化区域局部不平衡的稀释过程，最终实现动态、相对平衡的目的。这时，战略的制定和实施就要转向直接以相对平衡为取向。在中国经济发展的新阶段上，这种战略理念和实施举措的转变，也体现在区域协调发展战略的具体目标之中，总体上越来越全面体现新发展理念的要求。

其次，从旨在填平要素禀赋缺口的政府主导性支持政策，转向政府着眼于营造良好的营商环境，构建要素充分流动和有效配置的体制机制，促进全国统一市场的形成。在地区差距具有二分式特征的情况下，相对落后的地区迫切需要获得稀缺资源，政府通常采用倾斜式投资等优惠政策予以满足。一旦这种资源或要素的持续性稀缺特征消失，就更需要以激励机制为核心的制度建设，立足于在激励相容的前提下，推动相对落后地区进入经济发展的良性循环。

最后，从实施基于宏观层面大板块划分的区域均衡发展战略，转向进行更加精细的区位界定，更加面向地方特殊难点和比较优势，部署更具体有效的政策举措。随着区域协调发展战略的整体性、多元化、丰富性、立体感的增强，中国解决地区差距的新战略已经处在这样的演进过程中。例如，在实施针对中东西部和东北地区的区域均衡战略基础上，国家还部署和实施了主体功能区、京津冀、粤港澳、长三角、海南、成渝等区域，以及长江和黄河两大流域等区域重大战略；"两横三纵"城镇化战略布局和多核多层的城市群战略；促进内外联通、对外开放和国内区域均衡相衔接的"一带一路"倡议；针对特殊目标和功能的地区设立的开发区、试验区、示范区、引领区、新区等；支持欠发达地区、革命老区、边境地区、生态退化地区、资源型地区和老工业城市等特殊类型地区的政策。

98.3748

735.120

第四编

保障和改善民生

456.123

如何畅通向上流动的通道？

我们所讲如何畅通居民向上流动的通道，实际上是讨论社会性流动对促进共同富裕的作用。社会性流动是实现共同富裕的一个重要途径。党的十九大报告首次提出"社会性流动"概念："破除妨碍劳动力、人才社会性流动的体制机制弊端，使人人都有通过辛勤劳动实现自身发展的机会。"

2021 年 8 月 17 日召开的中央财经委员会第十次会议部署在高质量发展中提到促进共同富裕，构建初次分配、再分配、三次分配协调配套的基础性制度安排时，也再次提及"社会性流动"问题。会议强调："为人民提高受教育程度、增强发展能力创造更加普惠公平的条件，畅通向上流动通道，给更多人创造致富机会，形成人人参与的发展环境。"

社会性流动为什么重要？首先，"人人向上"才是共同富裕，或者说，共同富裕代表着"人人都要向上"，而不是一些人向上流动，另一些人保持在原来的位置不变，甚至还有人的情况发生恶化。发展社会主义市场经济需要竞争和优胜劣汰，但是从人的发展机会、基本权利和基本生计角度来说，只能有"赢家"，不能有"输家"。

其次，在社会学中，社会流动通常被定义为："相比父母一代，下一代改变收入地位的机会。"加拿大经济学家迈尔斯·克拉克借一部小说之名提出的"了不起的盖茨比曲线"，就体现了社会性流动问题，即子女超越父辈所处经济阶层的可能性大小，与收入分配的情况具有显著相关关系。相应地，这也说明社会性流动可以通过改变个人的收入状况实现共同富裕。由此还可以想象到，如果一对夫妻对其子女未来改变社会地位和收入状况的预期不乐观,那么他们的生育意愿就会降低。因此,社会性流动也是促进生育率提高的一个重要手段。

再次,社会性流动是一种正向激励,是在社会公平正义的前提下,社会活力获得激发、创新创业活动得以蓬勃进行的有效动力。

怎么促进社会性流动?我主要讨论三种具有针对性的途径,分别通过以增量调整存量、用纵向流动带动横向流动,以及把内卷因素向外展开,实现促进社会性流动的目标。具体而言,可以从以下三个角度入手。

第一个途径,是把人口和劳动力的横向流动延伸并提升为纵向上升的流动,让个人的收入水平、社会身份、职业水平、受教育水平等各方面都向上提升。

目前的劳动力迁移总体表现为横向流动,纵向流动尚未充分展开。如图1所示,在我国城镇常住人口中,有接近30%的人口没有城镇户籍。这

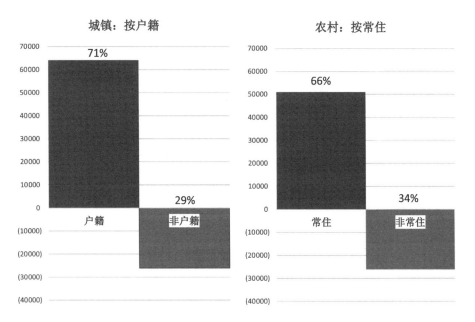

图1　我国城市与农村人口分布情况

部分人主要是农民工。由于没有获得城镇户口，他们不能均等地享受基本公共服务，就业和收入不稳定，不能像真正的城市居民一样消费。相应地，这部分群体向上流动的空间也比较小。

而从农村来看，在农村户籍人口中，仅66%为常住人口，也即三分之一以上的人口并不居住在农村，这部分非常住人口就对应着常住于城市却没有城镇户籍的农民工群体。由于在城市务工，他们不再为农村做直接的生产贡献。这种人户分离的结果，也造成妇女、儿童、老人留守，形成了农村的"三八六一九九"现象，与此同时，他们也没能在城市里社会性地立足。

未来中国的城镇化还有巨大的提升空间。我国目前的城镇化水平仍然低于同等收入组，即中等偏上收入组的平均水平。根据跨国数据可以看出，中国在今后人均GDP的提高过程中，有较大潜力向人均GDP高于中国的国家城市化平均水平靠近。这意味着，从当前发展阶段到2035年人均GDP达到2.3万美元阶段，我国城镇化水平还会显著提高。

城镇化率的提高指的不仅是常住人口城镇化率提高，更为重要的是户籍人口城镇化率也要提高。目前我国常住人口城镇化率已经达到63.9%，但真正拥有城市户口的人口比例仅为45.5%，二者之间仍存在18个百分点的差距。如果能够缩小这一差距，让更多农民工获得城市户口，使他们能够享受到均等的基本公共服务，没有了后顾之忧，那么这一群体就可以发挥更大的消费潜力。

根据我的同事估算，即使在工资等各方面都没有变化的情况下，仅由于获得城市户口就可以使农民工的消费提高27%。OECD中国研究部的研究也显示，农民工获得城镇户口可以提高接近30%的消费。同时，满足城镇新居民的保障性住房需求和城市基础设施需求都将带来巨大的有效投资机会。农民工在城市落户也会提高社会保障覆盖率和均等化水平的提高，特别是可以促进养老保障的共济池扩大蓄水。除此之外，城镇化在促进横向流动的同时也能够搭设社会阶梯，让农民工及其家庭在受教育水平、职业类别、收入水平和社会身份等方面向上流动，真正成为中等收入群体，实现中等收入群体倍增计划的目标。

第二个途径，是推进教育深化，促进人力资本与就业的匹配。过去一些年里，我国教育事业快速发展，主要得益于九年制义务教育的普及和高校的扩招，推动新成长劳动力的受教育程度变得更高，人均受教育年限变得更高，人力资本禀赋也变得更高。然而，这个接受过良好教育的群体，就业情况并不理想，其中有相当多的"灵活就业人员"或"非正规就业者"，所学非所用现象越来越普遍，这是对花费出去的教育资源和积累起来的人力资本禀赋的一种浪费，也形成了劳动力市场上人力资本供求之间的错配。

在图2中，横坐标表示年龄（0—100岁），分年龄的劳动收入表现为正

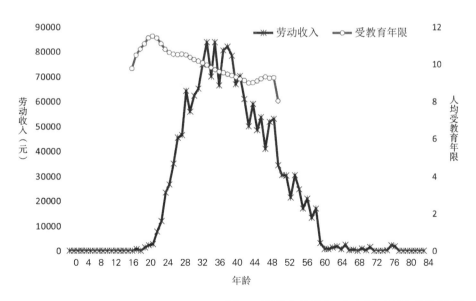

图2　我国各年龄段人口劳动收入与平均受教育年限

态分布。人们获得劳动收入的年龄段是在 20 岁至 60 岁,在 30 岁至 40 岁时达到峰值。渐进式延迟退休的政策预期,就是通过使这条曲线有更肥大的尾部而提高老年人收入水平。较短的这条曲线代表相应年龄段的人均受教育年限。值得注意的是,两条曲线达到峰值的年龄并不相同。由于我国人口的特点是年龄越大受教育年限越低,劳动力素质不足,必然导致劳动参与率随年龄而下降。在延迟退休年龄的情况下,结构性就业困难可能加剧,收入增长反而遭遇障碍。可见,人力资本禀赋与就业年龄的非对称性会阻碍更多更好就业岗位的创造,造成人力资本不能和劳动力市场有效结合,还可能阻碍新技术革命深入进行和成果分享。对此,需要采取相应的对策,多途径增加平均受教育年限,提高教育质量。

一是改变应试教育导向,在止住横向教培的干扰后,着力大幅增加受教育年限。平均受教育年限即每个劳动年龄人口接受教育的平均时长。经济学家在度量人力资本时,通常使用平均受教育年限作为一个代理变量,将其纳入经济增长模型。大多数研究都发现,劳动人口平均受教育年限对经济增长有显著的贡献。换句话说,教育发展提高受教育年限对经济发展具有巨大的促进作用。因此,在质量既定的前提下,受教育年限的长短就变得十分重要。从这个意义上来说,现在要做的不是像有些人所说的那样缩短学制,相反,我们应该尽一切可能延长学制。

二是义务(免费)教育延伸到学前阶段和高中阶段,并提高职业教育中的通识化水平。在过去促使我国教育快速发展的九年制义务教育普及和高校扩招这两个因素中,前者是提高受教育年限的一次巨大突破,后者则进一步使更多人获得大学学历,同时以上大学的预期吸引更多的学生进入高中阶段,使我国总体受教育年限大幅度提高。在此基础上,未来想要进一步提高受教育年限,就要有新的有力举措。我认为,应该着眼于延长义务教育年限，或者也可以不叫义务教育，但是关键是要免费，增加三年学前教育和三年高中教育。同时，在发展职业教育时，要注重提高职业教育中的通识化水平，提高学生的学习能力、适应能力和一般认知能力，而不仅仅是学会一种技能，因为劳动力市场千变万化，一种职业技能可能会逐渐被市场淘汰，最后变为"屠龙之技"，但学习和认知能力是可永远使人受益的。

三是加强以企业为主体进行的在职培训，提高大龄劳动者的就业技能和劳动力市场适应性。从国际比较中可以看出，在我国从当前发展阶段到实现未来发展目标的过程中，我国教育发展仍然任重道远。在我国目前所处的发展阶段上，即人均 GDP 达到 10000 美元的阶段，其他很多国家的人均受教育年限都比我国高，这意味着我国在提升劳动年龄人口的平均受教育年限方面还有很大的潜力，需要付出巨大的努力。也可以说，在我国的这个发展阶段上，致力于人均受教育年限的总体提高和教育均等化水平，远比追求大学的全球排名更为重要。

三是家庭的时间预算，让人们有更多的自由时间来实现自身的发展提升。现在社会上经常讨论"996"现象，意味着过长的工作时间和过度加班是一种家庭时间预算的内卷现象，不仅导致劳动者产生焦虑和沮丧的情绪，还可能造成对人们身体健康的长期不利影响，最终给社会性流动制造一个人力资本障碍。此外，家务活动的负担过重，也具有相似的影响。并且，两者之间是有密切联系的。也就是说，企业层面和家庭层面共同压缩了居民家庭的时间预算。

据国家统计局 2018 年的调查，全国城乡居民每天平均从事有酬劳动的时长为 311 分钟，从事无酬劳动的时长为 164 分钟，二者之比为 1：0.53，即以家务劳动为主的无酬劳动时长超过了有酬劳动的一半。其中，有酬劳动包括就业、经营、交通等，在SNA体系（The System Of National Accounts，国民经济账户体系）下能够纳入GDP核算范围，家务劳动和照料等无报酬劳动则属于非SNA活动，不计入GDP，而目前我国非SNA活动时长的占比是相当高的。

考虑到我国的劳动参与率，即劳动年龄人口就业的比例较高，尤其是女性就业比例高，非SNA活动的占比应该是很高的。与此同时，女性还承担了更重的家务劳动负担，这会妨碍她们的社会流动。现在我们常常提到"内卷"的概念，我认为，家务劳动的负担恰恰造成了家庭总时间预算的内卷，对此应采取相应的措施。

一个最直截了当的结论，当然就是促进家务劳动的社会化，将家庭中的无酬劳动转化为就业活动，把非SNA活动转化为计入GDP的经济产出，相应也创造出新的商业机会和新的经济增长点。目前，居民每天付出的311分钟有酬劳动对应着我国近10万亿元的GDP总量，据此推测，无酬劳动若能全部转化为GDP，理论上最高能够使GDP增加53%。当然，这一理论上的最大值是无法达到的，因为在无酬劳动中，除了体力性的家务劳动外，还包含用于满足亲情需要和具有精神慰藉效果的照料活动等，后者并不适宜完全社会化。但是，无论如何，这里的空间是巨大的。

除此之外，企业在帮助扩大家庭时间预算方面也大有可为。我们习惯于把第三次分配理解为企业拿出多大比例的收入用于社会慈善事业，其实更应该注意的是企业在各方面体现自身的社会责任。减少不合理的过度加班、改变劳动时间的"996"现状，不仅不会导致生产率的损失，还会由于以下原因，产生社会、职工和企业共赢的结果。家庭时间预算的增加可以产生多种正面效果。

首先，增加劳动者及其家庭成员花在旅游、购物等方面的时间预算，可以提振居民消费，拉动经济增长。并且，消费的增长会产生乘数效应，进而加倍拉动GDP。其次，劳动者个人和家庭成员可以获得更多的学习时间，从而改善人力资本，进一步提高就业质量。再次，一般性家务劳动的减少可以增加花在生育、养育、教育子女上面的时间，提高家庭的生育意愿，从而提高总和生育率。最后，闲暇和娱乐本身是提升幸福感的重要因素，也是促进共同富裕的重要内涵。

总而言之，共同富裕的核心是生产率提高的成果在全社会范围内更加充分和合理的共享。人口和劳动力的横向流动是这个分享过称的途径之一，而纵向流动则是横向流动的升级和归宿。从生产率共享以及社会性流动的角度来看，初次分配、再分配、第三次分配三个领域的职能各有重合，所要完成的任务相互补充，都可以从以上各方面为经济增长做出自身的贡献，从而实现"同途同归"。

在更高水平上
实施就业优先战略

党的二十大报告指出，要强化就业优先政策，健全就业
促进机制，促进高质量充分就业。在中国经济逐步转入更高
的发展阶段的同时，劳动就业形势也发生了新的变化。2011
年以来，中国15—59岁劳动年龄人口处于负增长之中，这
缓解了就业的总量矛盾。与此同时，结构性矛盾不仅依然存
在，而且有所增强，成为就业的主要矛盾。因此，党的二十
大报告特别提出要推动解决结构性就业矛盾。

为应对20世纪90年代末失业下岗现象，中国推出了积极的就业政策。
为应对新发展阶段面临的新挑战，中国需要统筹运用一系列政策工具，把
就业优先政策真正置于宏观经济政策层面，并且使其切实得到体制机制的
支撑，在实际政策决策和实施中予以落实。这也要求形成积极就业政策以
及宏观经济政策推出升级版。也就是说，以就业为中心，以劳动力市场指
标为依据，宏观经济政策最终目标就有魂，政策意图就有舵，政策措施和
实施手段就有锚。

为在更高水平上实施就业优先战略，形成积极就业政策的更高版本，
劳动经济学和宏观经济学研究要在深入学习贯彻党的二十大精神的同时，
在理论上做好准备，澄清认识、改变理念和把握经验事实。本文论述升级
积极就业政策的必要性；归纳政府实施积极就业政策的职责，阐释政府就

业责任及其不同类型政策的针对性；从理论和经验上论述劳动力市场指标应该成为宏观经济政策的基础信息和决策依据；围绕政府部门如何各司其职以形成合力，提出有针对性的政策建议。

一、强化就业优先政策

经济发展是中长期增长与短期波动的统一，受到供给侧增长潜力的制约和需求侧周期变化的影响。积极就业政策同时面临着长期的就业促进、经济增长常态下的自然失业治理和就业困难扶助、遭遇冲击时的周期失业治理，以及劳动力市场制度建设诸项任务。因此，强化就业优先政策，需要从以下方面着眼和发力。

首先，与长期经济增长对应的就业创造。新技术革命和产业革命既破坏旧岗位也创造新岗位，导致劳动者技能的供需不匹配。新一轮科技革命的性质使得传统的人力资本培养机制更难实现及时匹配，造成结构性失业或就业困难。中国劳动力市场也表现出就业破坏和就业创造并存的局面。应对这种不匹配及其造成的就业扩大与经济增长之间的不同步，解决就业创造与就业破坏之间的矛盾，是政府的责任。

其次，完善和扩大劳动力市场制度功能。就业优先政策最集中体现了以人民为中心的发展思想。劳动是以人为载体的特殊生产要素，工资水平、工作待遇和劳动条件等的改善，并不完全由劳动力市场供求关系决定，还需要发挥监督执法、最低工资、集体协商、劳动合同等劳动力市场制度的作用。新科技革命和产业革命带来的挑战，更需要劳动力市场制度介入创造性破坏过程，促进生产率成果的共享，保护劳动者权益，形成和谐劳动关系。

再次，公共政策需要优先解决结构性和摩擦性矛盾。失业通常表现为三种类型，分别为结构性失业、摩擦性失业和周期性失业。前两种失业与宏观经济状况没有直接关系，且无论何时何地都是存在的，故合称为自然失业。目前中国的自然失业率约为5.5%，超出的幅度就是周期性失业。公共就业服务的基本功能就是从劳动力市场发育、劳动法规执行、岗位信息和中介服务等方面提高劳动力市场效率和供需匹配度，降低自然失业率。

最后，宏观经济政策应对周期性失业。如果实际增长率与潜在增长率一致，经济增长就处于稳态，宏观经济相应处于充分就业状态。实际增长率低于潜在增长率则意味着要素不能得到充分利用，便出现周期性失业现象。宏观经济部门治理周期性失业，一般通过三个途径改变总需求不足状况。第一种是创造更为宽松的货币环境，提高实际增长率。第二种是创造非常规的国内需求，增加投资以扩大需求。第三种是通过社会政策稳定居民收入和消费。

狭义宏观经济政策即货币政策和财政政策，最直接对应的就是周期性失业。把就业优先政策置于宏观政策层面，要求把劳动力市场指标、特别是城镇调查失业率作为狭义宏观经济政策决策的重要和主要依据。随着统计体系的逐步完善，相关的劳动力市场指标已经具有了辅助政策实施的功能。可以从以下几个方面来认识。

失业率含有关于宏观经济形势的充分信息。实际调查失业率及其与自然失业率的关系，既可以揭示出增长率缺口，也可以帮助我们认识实际通货膨胀率与通货膨胀目标之间的偏离程度。如果调查失业率处在自然失业水平上，增长速度就与潜在增长率一致，就业便是充分的。宏观经济波动使实际失业率提高到自然失业水平之上，即出现周期性失业，意味着宏观经济处于下行区间，并且具有进入衰退状态的趋势。

失业率不是宏观经济的滞后指标。当人们对经济指标做出先行、同步或者滞后这种归类的时候，主要是指这些指标对投资者等市场人士的意义，而不是对宏观政策决策者的意义。从宏观决策者的目的来看，劳动力市场指标事实上并不滞后。经济学家推荐"萨姆法则"，即根据最近三个月失业率的平滑水平，将其与此前 12 个月中的失业率进行比较，如果最新数据比此前任何一个月的失业率水平高出 0.5 个百分点，则表明经济在此前 2—4 个月的时候便进入衰退。利用失业率指标的变化规律，能够较为迅速地对宏观经济形势做出关键性判断。这个经验法则固然值得借鉴，但是需要根据中国的数据归纳出适合中国国情的"拇指规则"。

劳动力市场各项指标具有互补作用。中国的失业率与经济周期之间已经表明存在显著的关系，前者的宏观经济决策信息作用已经具备。同时，综合观察多种劳动力市场相关指标，形成互补性的信息，不仅从不同侧面反映宏观经济趋势，也有侧重地对就业和民生的特定方面做出反应。提高信息的完整性和准确性，使决策者能够从就业指标的预警和特征叙事入手，合理决策并及时出台保（稳）就业和民生的政策措施。

二、健全就业促进机制

健全就业促进机制，需要以就业优先为导向、以劳动力市场指标为依据的政策决策，把宏观经济相关的周期波动问题、长期增长问题、制度建设和改革问题，与现实的民生问题紧密结合，实现政策目标之间的内在统一和逻辑一致。在实施层面创造必要的条件，围绕政府的就业责任形成宏观经济政策体系，可以使政府部门之间协调一致，同时根据就业问题的性质各司其职。

首先，就业优先目标法律化和制度化。为了在宏观经济决策中更好体现就业目标优先序，把劳动力市场指标作为货币政策决策依据，应进一步明确促进和稳定就业在宏观经济调控目标中的优先序，并赋予其法律地位。应该借修订《中华人民共和国中国人民银行法》之机，把这一要求确定为货币政策目标。这并不意味着中央银行以就业为唯一目标，或者从技术意义上把调控失业率作为唯一政策要求，而是为了在宏观政策层面确保两个根本性要求。第一，把以人民为中心的宏观经济政策出发点真正落实在积极就业政策这个根基上。第二，以就业这个最直接的民生指标作为宏观经济政策优先序的判定原则。在满足这两个根本性要求的基础上，操作规程尽可以根据国情和发展阶段确定，并可以根据宏观经济发生冲击的性质相机抉择。

其次，政府统筹协调就业工作的机制。政府各部门都从自身职责定位，帮助形成良好的就业优先政策环境。这里拟强调一下如何通过创新相关政策，发挥政府引导扩大就业数量和提高就业质量的职责。第一，更加以人为中心的产业政策，应该注重引导产业发展以创造更多更高质量的就业岗位。经济增长中就业创造不是自然而然的，没有所谓的"涓流效应"；相反，就业破坏却是不可避免的。所以要通过更新产业政策理念，因应新科技革命的挑战，使经济增长本身具有就业创造机制。第二，应对自然失业现象特别是结构性就业困难，有长期和短期两条途径。长期来看，根本出路在于提升劳动者整体人力资本。经历普及九年制义务教育和高校扩招之后，挖掘人力资本提升潜力，从数量角度看就是向学前阶段和高中阶段延迟免费教育阶段，实现提高新成长劳动力人均受教育年限的效果。从质量角度则是强化通识教育，让新成长劳动力具备学习和创新的能力，更好适应日新月异的劳动力市场技能需求。第三，创新劳动力市场制度及其实施，并通过企业履行社会责任促进形成和谐劳动关系。

最后，以就业优先理念创新宏观调控。狭义的宏观经济政策一般指货币政策和财政政策，主要针对短期周期性的波动进行逆周期调控。在一些情况下，政府也会把一些影响中长期经济增长的手段视为宏观经济政策，包括产业政策和区域政策等。毋庸置疑，打破经济学教科书画地为牢的做法、综合考虑各种政策手段是实事求是的做法。与此同时，明确各类政策的应用界限、适用范围和各自的优势，有助于找到政策实施中可以进一步完善的方面，以及相互之间进行良好协调的最佳领域。

重要的是从三个方面发力完善就业促进机制。一是从促进共同富裕目标出发，依据应对失业及就业困难的长期策略与短期措施性质，界定各类政策在就业优先政策实施中的独特作用。二是把有效实施就业优先战略和积极就业政策纳入创新和完善宏观调控的任务目标，特别是加强货币政策和财政政策的协调、协同作用。货币政策的实施原则，应该是保持适度充足流动性下的精准帮扶，在微观层面更多着眼于企业纾困；财政政策的实施原则，则是阳光普照下的精准帮扶，在微观层面更多着眼于家庭保障。三是新技术革命成果应该广泛应用于增加更多更高质量就业岗位、提高劳动力市场匹配度和保护劳动者等各领域。

三、促进高质量充分就业

在新技术革命及其引领的产业革命过程中，必然会产生破坏旧岗位和创造新岗位之间的不对称，突出表现在失去原有岗位的职工并不具备新创岗位所要求的人力资本，往往导致技能的供需之间不匹配。特别是从新一轮科技革命的性质来看，其变化速度之快，传统的人力资本培养机制无论如何赶不上与之匹配的步伐，因此，新创岗位常常难以赶上岗位破坏的节奏。这常常造成结构性失业或因长期面对技能不足的就业困难而退出劳动力市场的现象。中国的劳动力市场也表现出就业破坏和就业创造并存的局面，从而导致就业的非正规化。

研究者常常对就业做出两种类型划分，即正规就业与非正规就业。大体上说，我们可以按照是否具有正式劳动合同、参加基本社会保险、稳定的岗位、合理的劳动时间、符合社会平均水平的工资和待遇等，区分正规就业与非正规就业。在实际中，对哪些劳动者处于何种就业的类型做出区分，在个体层面通常是可行的。然而，在宏观层面做出整体评估则有较大的难度。不过，我们可以从众多调查和研究中得到一些具有规律性的经验，借助城镇就业结构数据，尝试做出一种粗线条的识别。

根据前述的识别标准，城镇就业统计数据中有两个组成部分具有典型的灵活就业特征，我们可以粗略地将其视为非正规就业。第一部分是个体就业。这部分包括自我雇用以及个体工商户雇用的人员。显而易见，在几乎所有的就业条件上，这种就业类型都难以满足正规就业的标准。2019年，这个群体占城镇就业的25.8%。第二部分是那些没有被单位或者工商登记部门所记录的就业人员。2019年，这部分人群占城镇就业的5.1%。把上述两个部分合计起来，占比为城镇就业的30.9%。

这个比例的变化轨迹，可以反映出城镇非正规就业或灵活就业的特征和演变趋势。在20世纪90年代后期，伴随着国有企业进行减员增效改革，作为应对严重失业下岗现象的手段，灵活就业开始受到鼓励，比重逐渐提高并在2003年达到49.1%。由于当时劳动力市场制度尚不完善，所以灵活就业与非正规就业两个概念之间几乎可以画等号。随着就业形势逐渐好转，灵活就业比重显著下降，2013年之后大体稳定在30%。

近年来，随着数字经济特别是其中平台经济的发展，以及新型职业和新的就业形态的大量涌现，新创就业岗位采取了灵活就业的形式，同时或多或少具有非正规就业的性质。与此相应，非正规就业比重不再下降，甚至有一定的回升迹象。我们不应排斥灵活就业创造岗位的有益功能，也欢迎新型职业和新的就业形态的产生，但是也要防止和抑制非正规就业的过度出现及其负面效果。

非正规就业产生的负面效果，主要体现在以下两种现象上，均可以用劳动力内卷来予以刻画。首先，劳动力配置呈现出不利于整体生产率提高的倾向。非正规就业通常与劳动力过度集中于低生产率行业的现象有关。因此，非正规就业增长和比例提高，则意味着劳动力向低生产率产业的配置。其次，非熟练劳动者工资以及普通家庭收入的提高受到抑制。与此同时，这个就业群体获得的社会保护程度也明显低于其他群体。

我们可以从一个统计现象进一步观察非正规就业与收入分配状况之间的相关关系。20世纪90年代以来，中国城镇非正规就业比重与反映收入差距的重要指标基尼系数的起伏变化，几乎遵循了完全相同的轨迹。这显然说明，越是较大比例的劳动者群体处于非正规就业状态，就意味着越大的人口比重未能获得体面的工资和合理的收入，全社会收入分配的公平程度也就越低。

降低或者缓解劳动力内卷给供给侧和需求侧带来的不利影响，需要破解经济发展过程中长期存在的诸多难题。具体来说，应该从以下三个方面着眼和着力。第一，使技术变革特别是数字经济发展成为产业之间和企业之间的连接器而不是分离器，促进生产率在不同类型的部门之间以及不同规模的企业之间趋同，在全社会同步提高。第二，拆除尚存的体制机制障碍，疏通劳动力等生产要素的流动渠道，让劳动者及其家庭在资源重新配置过程中分享生产率。第三,扩大社会福利的供给范围和覆盖面,让所有领域的就业者享受均等的基本公共服务。

必须承认的是,数字经济的发展不断地颠覆我们对就业的认知,很多新创岗位与我们熟知的传统就业形态大异其趣。其中不乏对人力资本要求更高因而从业者能够获得较高市场回报和充分社会保障的岗位,也有很多更具有灵活就业性质的岗位,在就业稳定性、报酬水平和社会保护方面更具挑战性。新科技革命及其诱致的产业革命,不仅没有降低反而加强了劳动力市场制度的意义和作用。在应用新技术的过程中,会产生一个与就业扩大及劳动者保护相关的悖论。一方面,如果市场缺乏激励竞争的机制,企业就可能缺乏足够的动力采用新技术,劳动生产率增长缓慢也必然意味着工资不能相应得到提高,无法达到高质量就业的要求;另一方面,即便企业有激励并且实际采用了新技术,它们也往往借助新技术用资本替代劳动的特点,解雇现有工人或者缩减雇用规模,这从整体和群体意义上都造成对劳动者的伤害。

要破解这一悖论,劳动力市场制度具有特定且不可或缺的功能。首先,在经济整体层面或至少在一个产业范围内确立最低工资标准,即那些能够应用新技术提高劳动生产率的企业,与那些劳动生产率未得到提高的企业,支付工人的工资水平是相同的,也意味着前者通过提高劳动生产率可以获得超额利润。其次,劳动合同制度和其他稳定就业岗位的法规或契约,可以阻止企业根据劳动生产率提高的幅度解雇工人。最后,保证工人获得社会必要需求相对应的工资和体面的就业岗位,也有助于扩大社会有效需求,激励企业在依靠扩大投资、改善管理和应用新技术提高劳动生产率的同时,扩大产量和就业规模。可以说,这是一种有劳动力市场制度介入其中的创造性破坏过程,也是社会总供给与总需求良性互动的过程。

灵活就业不应成为
非正规就业的同义语

        党的二十大报告强调，要强化就业优先政策，健全就业促进机制，促进高质量充分就业。近年来，随着数字经济的发展，特别是一些数字经济平台企业的发展，以及新型职业和新的就业形态的大量涌现，新创就业岗位越来越多地采取了灵活就业的形式。与此同时，由于户籍制度仍然存在，基本公共服务供给体系也存在着分割的现象，以及其他影响平等就业和均等享受社会保障的体制和政策弊端的存在，这些灵活就业或多或少具有非正规就业的性质。与此相应，非正规就业比重不再下降，甚至有一定的回升迹象。

固然，我们不应排斥灵活就业创造岗位的有益功能，也欢迎新型职业和新的就业形态的产生，但是也要防止和抑制非正规就业比重的过度提高及其负面效果。非正规就业产生的负面效果，主要体现在可以用劳动力内卷来刻画的两种现象上。

首先，劳动力配置呈现出不利于整体生产率提高的倾向。非正规就业通常与劳动力过度集中于低生产率行业的现象有关。一方面，没有与企业签订正式劳动合同的劳动者，以及在个体工商户甚至未注册市场主体中就业的群体，显然更多地从事着低生产率的岗位。另一方面，农业劳动生产率低于非农产业，普通服务业的劳动生产率也低于制造业。2021 年，第一产业、第二产业和第三产业的劳动生产率（每个就业人员创造的增加值）分别为 4.9 万元、20.8 万元和 17.0 万元。因此，非正规就业增长和比例提高意味着劳动力向低生产率产业的配置。

其次，非熟练劳动者工资以及普通家庭收入的提高受到抑制。根据第七次人口普查数据，2020 年，在全部 15—59 岁劳动年龄人口中，受教育水平在初中及以下的占 39.0%，高中占 24.8%，高等教育占 36.2%。劳动力的这种人力资本禀赋状况，意味着非正规就业的劳动力来源范围仍然是很大的，这种供求关系加上这类就业的低生产率性质，决定了他们的工资水平及其提高均受到制约。与此同时，这个就业群体获得的社会保护程度也明显低于其他群体。

国际比较研究显示，工资平等程度是社会流动性的一个重要支柱，也恰恰是中国的一个弱项所在。例如，以中国的整体劳动收入中位数为界，位于底部 50% 的劳动收入仅相当于位于顶部 50% 的劳动收入的 12.9%，低工资人群的比重达到 21.9%。非正规就业压低家庭收入、抑制居民消费和阻碍社会流动的弊端是显而易见的。此外还可以看到，20 世纪 90 年代以来，中国城镇非正规就业比重与反映收入差距的重要指标基尼系数的起伏变化，几乎遵循了完全相同的轨迹。这显然说明，越多的劳动者群体处于非正规就业，同时意味着较大的人口比重未能获得体面的工资和合理的收入，全社会收入分配的公平程度也就越低。

降低或者缓解劳动力内卷给供给侧和需求侧带来的不利影响，需要破解经济发展过程中长期存在的诸多难题。具体来说，应该从以下三个方面着眼和着力。第一，使技术变革特别是数字经济发展成为产业之间和企业之间的连接器而不是分离器，促进生产率在不同类型的部门之间以及不同规模的企业之间趋同，在全社会同步提高。第二，拆除尚存的体制机制障碍，疏通劳动力等生产要素的流动渠道，让劳动者及其家庭在资源重新配置过程中分享生产率。第三，扩大社会福利的供给范围和覆盖面，让所有领域的就业者都能享受均等的基本公共服务。

必须承认的是，数字经济的发展不断地颠覆着我们对就业的认知，很多新创岗位与我们熟知的传统就业形态大异其趣。其中不乏对人力资本要求更高、因而从业者能够获得充分市场回报和社会保障的岗位，也有很多更具有灵活就业性质的岗位，在就业稳定性、报酬水平和社会保护方面更具挑战性，譬如快递骑手、网约车司机、剧本杀写手、带货主播等职业，均存在着社会保障体系覆盖的困难。这就要求按照新型业态和新就业形态的特点，探索新型的社会保障覆盖模式，使灵活就业不再是非正规就业的同义语，从而实现生产率提高、生产率分享、社会流动性增强和社会福利水平提高的统一。

实施积极应对
人口老龄化战略的主要举措

"十四五"规划期间，我国人口自然增长率预期进一步减慢，总人口逐渐向峰值接近，人口老龄化进程将明显加快。老龄化因素从经济、社会、民生等诸多方面影响我国中长期发展，最严峻的挑战将出现在"十四五"期间。与此同时，"十四五"也是一个采取相应措施为深度老龄化社会来临做足准备的关键时期。因此，实施积极应对人口老龄化的国家战略，为一系列相关政策措施确立一个整体框架，可以把不利因素控制在尽可能小的影响范围内，充分利用我国经济的有利条件，创造第二次人口红利，为实现第二个"一百年"奋斗目标打牢基础。

这一战略要达到的目标是，充分利用老年人力资源，保持我国经济增长可持续；保障和完善老年人口民生，挖掘和提高该群体的消费潜力；形成养老、敬老、爱老、尊老的社会风气、物质设施、服务体系和运行机制；提高人口均衡发展水平和可持续性，为防范总人口负增长的冲击未雨绸缪。以下简述积极应对人口老龄化战略应包含的内容和政策措施。

一、促进生育率回归可持续水平

我国多年以来已经处于低生育率阶段，总和生育率大幅度低于 2.1 的更替水平。2016 年以来，处于生育旺盛期的 20—34 岁育龄妇女也开始负增长，人数减少的速度将越来越快。生育率下降是经济社会发展过程中带有规律性的现象，因此我国总和生育率不大可能回归更替水平。但是，实施有效的政策调整、防止生育率继续大幅度下降还是非常必要和紧迫的。

首先，要进一步调整生育政策，尽快实现自主生育。2003 年以来我国人口自然增长率年均为 5‰。2014 年和 2016 年我国分别进行"单独二孩"和"全面二孩"的调整，出生率和自然增长率也仅在 2016 年有小幅回升，随后再次进入降低的轨道，2021 年降到 0.34‰，是除 1960 年之外新中国历史上的最低水平。这说明，在生育意愿已经很低的条件下，自主生育不会导致出生人口的显著增加，也不会造成新生儿堆积的现象。

其次，要形成和完善育儿友好的公共服务体系和配套政策。实际上，政策限制很久以来已经不是抑制生育意愿的主要因素，年轻家庭抚养子女的收入能力、入托和入学机会、孕产妇保健和母亲工作保障，以及产假、陪产假保障等因素，使实际生育决策低于真实意愿。因此，政府在调整生育政策的同时，还需要通过财政支持和政策引导，加大在上述领域的公共服务供给，增加怀孕、保健、分娩、养育的便利性。鉴于人口均衡发展具有突出的社会效益，相关的服务内容还应纳入基本公共服务系列，以满足群众多样化生育的服务需求，切实降低家庭生育和抚养孩子的成本。与此同时，我们要在法律法规和舆论导向方面进行适应性调整。

二、制定延迟退休的时间表和路线图

通过延迟退休增加劳动力供给、缓解养老金支付压力，是各国应对人口老龄化普遍实施的举措。2018 年，经济合作与发展组织国家平均正常退休年龄为男性 64.2 岁，女性 63.5 岁。其中冰岛和挪威的全部性别以及以色列和意大利的男性，正常退休年龄则高达 67 岁。退休年龄预期还将继续提高，2018 年 22 岁进入劳动力市场的劳动者，预期的正常退休年龄，男性将提高 1.9 年，女性将提高 2.2 年。我国目前法定退休年龄较低，实际退休年龄还低于法定年龄，造成劳动力市场和养老金支付双重压力。

渐进延迟退休的政策难度，在于年龄偏大的劳动者受教育水平低，就业能力不强，因而劳动参与率下降。因此，推动该政策实施不能把法定退休年龄一提了之，而应该从提高特定劳动者群体的技能和就业能力入手。首先，把提高老年人劳动参与率纳入积极就业政策的框架内，特别是加大技能培训的支持，消除就业领域的年龄歧视，通过提高老年人实际劳动参与率，降低提高法定退休年龄的实施难度。其次，从养老金支付方式入手，设计有利于提高老年人延迟退休的激励机制。最后，利用人口回声效应，着眼未来提高人力资本。未来的劳动者数量和质量取决于今天每个年龄组人口的状况，这就是人口的回声效应。既然人口老龄化是未来的常态，应对老龄化是长期战略，那么把当今的教育发展纳入其中也是符合规律的。

三、完善面向老年人的社会福利政策

社会养老保险制度是老龄化社会居于基础地位的社会保障制度，其运行效率、支付保障水平、均等化水平和资金可持续性，对于保障和改善民生的影响越来越大。完善社会养老保险制度和体系，应重点增强养老保险基金的可持续性、改变碎片化现状，以及增强保障体系的制度化和可持续性。这里，我们可以超越养老保险这个范围，着眼于建立面向老年人的更全面的社会福利政策体系。

全面建设社会主义现代化与积极应对人口老龄化，无论是从时间节点还是从目标要求来看都是交织重合的。实现现代化的题中应有之义，是建立具有中国特色的福利国家；进入深度老龄化时期，"老有所养"面临的挑战也逐渐增大，日益成为以实现"七个有所"为内涵的社会福利政策体系的重中之重。建议从完善老年人基本公共服务体系入手加快中国特色福利国家建设，遵循尽力而为和量力而行的原则，兼顾公平与效率，毕其功于一役。

第一，从现代化一般规律看。国际经验表明，人均 GDP 从 10000 美元到 25000 美元的发展阶段，是福利国家建设任务的完成期，其间政府公共开支占 GDP 比重将提高 10 个百分点，即从 26% 达到 36%。这个发展阶段恰好对应着我国完成"十四五"规划和 2035 年远景规划增长的目标期，人均 GDP 在 2025 年达到 13000 美元，2035 年达到 23000 美元。同一时期，我国 65 岁以上人口比重提高约 10 个百分点。可见，福利国家建设不但不容延误，更要与积极应对老龄化相结合。

第二，从养老保险体系可持续性看。从现在起到 2035 年，即便考虑到退休年龄的提高，我国人口抚养比（65 岁以上人口与 15—64 岁人口比率）的提高幅度也将超过 90%，现收现付式养老保险体系可持续性降低，家庭养老模式也难以为继。因此，在现行养老保障、医养和护理制度的基础上，增加一个完全依靠公共支出形成的、更具有普惠性的保障支柱，确保对老年人群的全覆盖和兜底保障势在必行。

第三，从保持增长合理区间看。随着 2025 年后人口进入负增长阶段，我国经济增长的制约因素越来越转向需求侧。未富先老的特点决定了我国老年人消费力和消费倾向都很低。调查显示，年龄在 65—85 岁之间的城镇居民，年龄每增长一岁，平均消费支出就下降 2.9%。此外，由于承担着社保缴费和预防性储蓄的负担，随着老龄化的加深，就业人口的消费力和消费倾向也趋于减弱。基本公共服务水平和均等化的提高对于解除居民消费后顾之忧从而扩大内需至关重要。

第四，从实现共同富裕目标看。事实表明，初次分配手段改善收入分配的效果终将面临天花板，对于完成实质性降低收入差距的任务力有不逮。近年来，我国收入差距的改善趋势已现徘徊之态，人口老龄化特别是老年人口的数量增长也增加了一个新的致贫风险。因此，加大再分配力度，更多利用福利政策为重点人群兜底，才能把规模日益扩大的老年人培育为中等收入群体。

破解"生育率悖论"

生育率随经济社会发展水平的提高而下降，是一个各国普遍观察到的现象。同时观察到的事实则是，生育率长期处于较低水平，则导致人口老龄化不断加深，反过来削弱经济增长潜力，拖慢经济社会发展的步伐。研究者由于对于生育率变化决定因素的规律尚未充分认识，在解释这种不对称乃至对立的因果关系方面颇显捉襟见肘，因而构成一个所谓的"生育率悖论"。

中国的生育率下降是改革开放时期经济社会高速发展的结果，也是符合一般规律的现象。与此同时，低生育率及其导致的老龄化不断加深的后果，也产生了对经济增长的制约效果。"解铃还须系铃人"，生育率适度向 2.1 这一更替水平回升，也需要经济社会的进一步发展。根据国际经验，这里所说的经济社会发展水平，更恰当的表达指标即为人类发展指数。按照设计初衷、理论定义和统计方法，人类发展指数从内涵上是经济增长和社会发展的统一，在统计意义上是更加丰富反映经济社会进步诸多指标的一种集成，在促进途径上要求把社会流动和政府提供社会福利进行有机统一。

改革开放以来，中国的人类发展水平得到不断提高，成为联合国开发计划署自 1990 年编制并发布人类发展指数以来唯一从低人类发展水平、经过中等人类发展水平、进入高人类发展水平的国家。这是在经济社会高速发展基础上，立足在发展中保障和改善民生的结果。一方面，市场在资源配置中发挥决定性作用，在初次分配领域突出激励和效率；另一方面，更好发挥政府作用，特别是在再分配领域更加强调公平。可见，人类发展指数体系和提升机制与促进共同富裕的要求是一致的，也是打破"生育率悖论"的实践抓手。然而，正如经济增长并不能指望"涓流效应"自动解决收入分配问题一样，通过促进人类发展推动生育率回升也不会是自然而然的。只有针对中国家庭面临的现实制约，在政策实施中更贴近问题，才能取得实际效果。

在推动生育率下降的因素中，既有经济社会发展这个规律性的驱动力，也有计划生育政策的特殊驱动力。随着政策的不断放宽和辅助配套政策的激励，那部分被抑制的生育意愿终究会被释放出来。通过设计更有针对性的政策工具并予实施，中国生育率回升的潜力是巨大的。

第一，中国的人类发展水平固然提升很快，2019 年人类发展指数已经达到 0.765，位于"高人类发展水平"的行列，并且人类发展水平的排位比按购买力平价计算的人均 GDP 排位更加靠前；但是，距离生育率可能回升的转折点水平仍然有差距。一般来说，生育率触底并且回升的情形，至少要发生在人类发展指数达到 0.80—0.85，这属于"极高人类发展水平"的行列。

第二，在人类发展水平一般性提高的同时，还需要特别关注提升性别平等程度才能创造出生育率回升的更直接条件。在这方面，中国虽有良好的基础，但进一步改善也任重道远。从经济层面来看，性别平等既体现在劳动力市场上的平等对待，也表现在家务劳动的两性合理分担，进而表现为男女具有均等的机会实现横向和纵向的社会流动。

党的十九大提出了在幼有所育、学有所教、劳有所得、病有所医、老有所养、住有所居、弱有所扶上不断取得新进展的要求，这"七个有所"既与人类发展水平的提高方向是一致的，也对居民的基本公共服务内容有更为广泛的覆盖。顺应新发展阶段的新挑战和新要求，中央财经委员会第十次会议强调，要在高质量发展中促进共同富裕，正确处理效率和公平的关系，构建初次分配、再分配、三次分配协调配套的基础性制度安排。

从一般规律来看，中国已经进入再分配力度明显提高、社会福利体系加快建设的发展阶段；从特殊针对性来看，中国在未富先老国情下形成的极低生育率，提出了通过提高基本公共服务水平和均等化促使生育率向期望生育意愿回升的紧迫需要。中国作为人口规模最大的国家，曾经经历过人类历史上最大规模的劳动力流动和最大规模的人口转变，也可以创造最大规模的生育率回升，从而打破"生育率悖论"。

把生育支持
纳入民生政策体系

　　党的二十大报告要求实现好、维护好、发展好最广大人民根本利益，紧紧抓住人民最关心最直接最现实的利益问题，采取更多惠民生、暖民心举措，扎实推进共同富裕。在这些人民群众急难愁盼问题中，与增进民生福祉对应的收入水平提高，以及形成与家庭意愿相一致的可持续生育率，是两个有着紧密关系的任务。这既是发展中保障和改善民生的关键领域，也与人民群众日常生活枝叶相连，应该在促进共同富裕的过程中协同实现。

　　按照二十大报告要求扩大中等收入群体，有利于同时实现上述两个任务。形成中等收入群体为主体的橄榄型社会结构，既要借助人口横向流动这一途径，又要求实现人口纵向流动这一目标。通常这种流动以家庭为基本单位进行、实现和衡量。在影响社会流动的诸多障碍中，整体上处于拮据状况的家庭预算约束特别是以往关注较少的家庭时间预算约束，不仅应该名列其中，而且应该予以格外重视。这是因为家庭预算约束过紧，在空间和时间上均会产生显著的负外部性。也就是说，家庭层面的取舍难题，最终将对全社会产生长期的不利影响。所以，问题要得到根本解决，需要借助公共政策职能有所作为，从制度安排上实现一劳永逸。

　　人口再生产职能的重要环节和主要活动，通常落实到家庭这个社会基本单位。在共同的财务收支预算和时间安排基础上，家庭成员要从事消费、储蓄、生育、养育和教育子女、劳动就业、人力资本积累，以及针对"一老一小"和病残家庭成员的照料等活动。家庭的预算约束，通过对这些活动的影响，可以分别促进或阻碍家庭的发展。家庭发展的成效，在很大程度上反映社会流动性和居民收入质量的高低，以及实现共同富裕的成色。

从中等收入群体的规模、比重，以及城乡居民可支配收入水平来观察，可以说中国社会的主体结构还不是一个橄榄型，很多家庭面临着偏紧的财务预算约束。不仅如此，家庭的其他资源预算，同样处于紧约束和紧运行的状态。其中，时间不仅是家庭职能得以履行的不可或缺条件，还通过其特有的一些性质，对家庭发展产生影响。由于时间流逝的不可逆性，所以每时每刻对于个人的一生来说，是一种不可再生的资源。家庭生育、养育和教育子女的行为，在某种意义上相当于对父母生命的延续，所以是时间最接近于被再生出来的方式。因此，定量观察家庭的时间预算约束，可以帮助我们理解许多现象，得出更有针对性的政策结论。

根据中国社会科学院人口与劳动经济研究所"中国城市劳动力调查（2016）"，以及国家统计局"全国时间利用调查资料（2018）"，我们可以实际观察 15—49 岁这个生育年龄人群特别是其中 20—34 岁这个生育旺盛年龄段的家庭时间预算约束。以年龄做基准的劳动收入和家务劳动时间变化，恰好可以反映家庭成员在寻求职业发展与履行家庭照料责任之间的取舍。鉴于女性家务劳动时间平均为男性的 2.6 倍，在国际比较中处于较高水平，从女性的家务劳动时间占比可以最恰当地认识家庭预算约束这枚硬币的家庭发展侧面。

对个人来说，无论生育期还是生育旺盛期，在年龄上都是同主要的劳动参与期重合的。特别是在整个生育旺盛期，个人劳动收入始终处于攀升期，而一旦达到劳动收入的最高点，则仅仅能够维持数年，从 40 岁开始便迅速降低。与此同时，女性的家务劳动负担也在攀升，并于 30 岁左右达到最高点，在整个生育年龄都保持在这个高水平上。从表面上看，家庭预算约束的拮据似乎是一个无解的两难。一方面，家庭需要兼顾职业发展和家庭发展双重职能，对提高社会流动提出郑重的需求；另一方面，雇主追求劳动力利用效率最大化，似乎也无可厚非。找到破解这个难题的出路，要求我们重新认识人口再生产责任的本质，重新定义家庭功能和家庭发展对社会整体的含义。

这里，我们可以借用一个经济学概念，即"鲍莫尔成本病"。威廉·鲍莫尔（William Baumol）曾经以表演艺术为例，尝试解释一种产业的劳动生产率长期滞后于社会平均水平的现象。与制造业所具有的生产率不断提高和单位成本不断下降特征相反，表演艺术的生产率始终没有什么显著的提高，结果只能是单位成本的不断上升。不过，既然人们对演出具有实际的甚至是日益增长的需求，这个行当的实际报酬水平仍然可以随着全社会报酬水平的提高而水涨船高。也就是说，无论采取何种具体方式解决，表演艺术是依靠生产率的分享而得以存在的。

如果把鲍莫尔讨论的表演艺术改换成家庭发展中的必要活动，譬如以家庭照料为代表，破解家庭两难抉择的思路就可以清晰起来。不仅如此，如果说社会对表演艺术的持续需求反映了生活质量的提升和多样化，人口再生产则关乎全社会的发展可持续性。虽然都要求对生产率进行分享，前一情形仍然属于私人需求，市场机制解决的成分更大一些；后一情形则涉及社会效益，政府应该发挥较大的作用。换句话说，具有社会效益的事务，例如这里涉及的对未成年子女的照料和对老年人的照护，自然不应该让家庭独自承担。对于照料工作具有的社会收益性质，或者说关于把照料工作作为某种程度的公共服务，由社会提供或承担支出，我们可以做进一步的阐释。

既然存在着市场失灵现象，纯粹基于市场供求关系的价格形成机制就不足以保障这种社会必要服务的充分供给。而这种服务的供不应求状况，常常导致该领域就业活动的非正规化。在很多情况下，社会只能依靠刚刚进入劳动力市场的非熟练劳动者特别是农村转移劳动力满足对这类服务的需求。这些新来乍到者通常接受较低的保留工资和不尽如人意的工作条件，从而处于非正规就业状态。与此同时，这种非正常劳动力供给的时间窗口也是短暂的。一旦这些劳动者在劳动力市场上获得了更多的信息和更好的适应性，他们就会离开这个岗位，需求者只好转向下一批新成长劳动力。

在这种条件下，照料岗位必然会始终处于从业者报酬不充分的状态，同时服务质量也难以得到提高，这个领域的劳动力供给愈加短缺，导致家庭时间预算无法摆脱紧约束，总体上表现为一个恶性循环。打破这个恶性循环的根本出路，是让照料工作乃至更多的家庭发展活动获得更多的公益性待遇。从恶性循环转向良性循环的路径和步骤可以简述如下。

第一步，把目前家庭成员承担的家务劳动社会化。其中的照料活动应该按照基本公共服务的政策思路予以扶持。具体来说，通过补贴和其他优惠措施，鼓励发展托儿所、养老院和社区照料机构，使成本真正降低到家庭可以承受的水平，从而解放家务劳动。这种做法的必要性不仅在于照料工作具有的社会收益性质，还由于家务劳动社会化可以显著增加经济总量。国家统计局 2018 年全国时间利用调查显示，全国城乡居民所从事的以家务劳动为主的无酬劳动时间，相当于有酬劳动时间的 52.7%。这就是说，无酬劳动中任何一个部分为市场活动替代，都意味着相同比例的 GDP 总量的增加。

第二步，把目前家庭或者市场承担的部分职能纳入基本公共服务供给体系。我们先来认识以下三个特征化事实。其一，经济学家发现，教育的社会收益率与教育阶段成反比，即越是在低年龄的教育阶段上，社会收益率越高。不言而喻，学前教育具有最高的社会收益率。其二，相对于私人收益率，社会收益率高的活动领域正是政府承担支出责任之所在。其三，在较低的年龄阶段上，照料与教育之间并没有明确的分界线，通常是融为一体的。根据这三个事实判断，以特定的方式把儿童照料作为基本公共服务，适时把学前教育纳入义务教育要求，或实现这个阶段的全覆盖免费教育，可以显著缓解家庭预算约束，同时达到提高生育意愿和生育率，以及提升人力资本积累的多重要求。

第三步，营造家庭友好型的政策环境和社会氛围。这正是党的二十大报告中提出的"建立生育支持政策体系"要求的内容之一。除了承担必要的财政支出责任予以扶持之外，政府还应该通过监督法规的执行、制定行业发展规划、建立公私合作伙伴关系等方式，把促进家庭发展纳入自身常规的职能范围。在中国，社区是最接近家庭同时履行部分政府职能的社会组织，它们直接参与照料活动的组织和运行，具有天然的便利，也能够产生恰当的激励。此外，企业把遵守劳动法、承担社会责任和改变发展取向结合起来，把员工福祉纳入企业经营函数，可以在拓宽家庭财务预算和时间预算方面有所作为。

扩大中等收入群体，
加快构建"双循环"新发展格局

"双循环"不是简单从某一种需求因素转向另一种需求因素，但是确实强调了重点。鉴于现在错综复杂、充满挑战的国际环境和发展中的新变化，"双循环"更加强调以国内大循环为主体。国内大循环主要依靠内需，内需中的消费需求是最基本的需求。从国际比较来看，无论是和中等偏上收入国家、中等偏下收入国家比较，还是和美国、欧盟这些主要经济体比较，我国消费率仍然偏低。

按照趋势看，中国在过去这些年消费总额的提高速度是世界上最快的，虽然消费率低于主要经济体，但增长速度要远远快于它们，同时消费增速也快于 GDP 增速，因此未来中国的三个"世界占比"会产生趋同。第一，我国最终消费占世界比重现在是 12.1%，会提高到接近于 GDP 的世界占比 16.4%。这中间至少提高 4 个百分点的总额，世界 GDP 的 4 个百分点是一个巨大的数目。第二，GDP 的世界占比 16.4% 会向人口的世界占比 18.2% 趋同。长期看人口的占比还会降低，这两者之间趋同意味着中国人均 GDP 会达到世界平均水平。2025 年中国人均 GDP 可望达到 13000 美元甚至 14000 美元。这三个"世界占比"之间的趋同，意味着中国在不断走向富裕。

人均 GDP 的显著提高并超过世界平均水平，乃至达到高收入国家的门槛水平还不够，因为人均 GDP 不完全等于居民收入水平，只有 GDP 的增长速度和居民收入的提高速度保持同步，或者基本同步，我国才能在进入高收入国家行列的同时，人民生活也相应达到高收入国家居民的水平。所以，我们必须通过充分就业、高质量就业等做法来保证"两个同步"，最终实现城乡居民收入水平相应提高，这也是保障消费需求不断提高的前提。

收入的提高就是做大"蛋糕"，"蛋糕"做大以后如何更好分配至关重要。特别是当我们到了中等偏上收入阶段、临近高收入国家门槛的时候，将会面临一个"中等收入陷阱"的挑战，一个重要表现就是收入差距过大会阻碍经济进一步的稳定发展。

总体来说，改革开放是分享式的经济增长，所有群体的收入都是增长的，低收入群体状况也是不断改善的，所有人都分享经济发展的成果。未来，经济增长在减速，"蛋糕"还在做大，但做大的速度会放慢。这时，如果不能分好蛋糕，就会产生不能共享的结果。过去更多是靠初次分配，用的是劳动力市场机制解决分享的问题，现在看来，把收入差距缩小到更合理的水平，仅靠初次分配的机制是不够的，必须有收入分配政策的转变、收入分配体制的改革和更大的再分配力度，才能把收入差距真正缩小到社会可承受并与发展阶段相符合的水平。

中等收入群体不断扩大的过程其实就是收入分配改善的过程。中等收入群体的基本定义和特征，包括较高并不断提高的收入、比较稳定和相对正规的就业、比较均等和适当水平的基本公共服务供给、合理适当的财产收入、一定的教育水平。在这种情况下，整个社会不断从低收入群体向中等收入群体靠近，就是改善收入分配、改善居民福祉。并不是说每个群体都能够很快地、同步进入中等收入群体。每个群体逐渐向中等收入群体靠近、都逐步具有中等收入群体主要特征的过程，就是一个不断改善的过程，这也是一个社会流动性提高的过程。可以重点从以下三个方面培养扩大中等收入群体。

第一，打赢脱贫攻坚战之后，解决相对贫困问题十分重要。我们已经取得了脱贫攻坚的历史性成就。脱贫之后，解决相对贫困问题非常关键。如果以中位收入的 50% 水平作为相对贫困标准，目前农村仍有不少人的平均可支配收入未达到相对贫困线，是相对贫困的收入帮扶对象。在解决相对贫困问题的同时，要不断提高所有农村人口的收入水平，不断使这些群体进入中等收入群体行列。

成为中等收入群体，对农村居民来说必须拓宽收入来源。农业是国民经济的基础，但是农业占 GDP 比重不断下降，这说明不能指望经营农业获得足够多的收入，使很大比重的人群致富。因此，我们要将农村人口转移出去，使工资性收入占比提高，才可能更快地解决农村居民进入中等收入群体的问题。必须要有劳动力的充分流动性，这个流动性首先是横向流动（迁移、外出），只有在横向流动的过程中才可能出现纵向流动，使他们的收入和经济地位不断得到提升。

第二，消除两个常住人口城镇化率和户籍人口城镇化率之间的差异。我国农民工群体规模庞大，这部分人从现有的较低收入群体地位进入更高收入群体地位，给扩大中等收入群体提供了非常重要的来源。把农民工转变为城市居民，使其享受到更好的基本公共服务，在职业阶梯中有更多的机会向上攀升。这就要进行户籍制度改革，也就是以人为核心的新型城镇化。新型城镇化的重点是消除两个"城镇化率"之间的差异。

目前我国常住人口城镇化率达到 60.6%，是把常住城市的农民工也计算在内了，但这些人没有得到城镇户口，拥有城镇户口人群只占全部人口的 44.4%，上述两个城镇化率之间一直保持着 16 个百分点的差距。如何消除这个差距，让更多人享受到更稳定的就业、更均等和更高水平的基本公共服务，是我们必须解决的问题。

户籍制度改革可以取得"一石三鸟"的效果。首先，通过促进农业劳动力转移，可以稳定劳动力供给、提高劳动参与率。其次，让农民工继续保持流动，可以通过资源重新配置提高生产率。再次，可以扩大新市民的消费需求。庞大的农民工群体很多已经住在城市，从事着城市居民的工作，甚至工资收入也逐渐向城市居民靠近，但是由于没有享受到均等的公共服务，消费有后顾之忧，消费模式没有变成城市居民那样，消费能力也就受到了抑制。模拟表明，在其他条件都不变的情况下，仅仅让农民工获得城镇户口，就可以使他们的消费能力提高27%。

第三，扩大老年中等收入群体。目前我国 60 岁以上的老年人已经有 2.76 亿。党的十九届五中全会提出实施积极应对人口老龄化的国家战略。其中重要的就是要保证他们的收入水平不降低，解除他们消费的后顾之忧，让他们发挥重要的消费者群体的功能。通过教育培训和公共就业服务，提高老年人的劳动参与率，同时提高社会养老保障水平，增加基本公共服务供给，减轻老年人对后代承担的责任，可以大幅度挖掘这个群体的消费潜力。与此同时，让越来越多的老年人享受到中等收入群体的生活水平，也符合促进全体人民共同富裕的理念。

公共政策促进形成
橄榄型社会结构

迈向橄榄型社会是共同富裕的一个重要的标志。中国 14 亿多人口中有 4 亿多中等收入群体,为了让总人口发挥出超大规模市场的作用,以保证经济增长的消费需求,同样需要扩大中等收入群体规模,形成橄榄型社会结构,而这个结构的形成需要增强社会流动。

一、橄榄型社会结构尚未形成

改革开放以来,特别是党的十八大以来,人口的横向流动性已经显著增强,包括人口跨城乡、跨省份、跨东中西部地区、跨产业、跨行业、跨职业、跨企业等大规模的横向流动。从这些方面看,中国已经是一个人口和劳动力高度流动的社会。劳动力的城乡流动在过去几十年既对农民收入的提高做出了巨大贡献,也对宏观经济增长、生产率的提高做出了巨大贡献。

现阶段我国城镇居民和农村居民收入都保持着较快增长,但是两者之间还有差距。造成收入差距的一个重要原因在于,虽然人口的横向流动比较充分,但纵向流动还不够,也就意味着我国尚未形成典型的橄榄型社会结构,人们在教育水平、职业身份、收入分组等各方面的平等向上的通道还不够畅通,或者说纵向流动没有伴随着横向流动同步取得进展。

目前，国家统计局定义的中等收入群体已经达到 4 亿多人。考虑到中国有 14 亿多人口，4 亿多中等收入群体的规模还是不够大的。目前中国采用的中等收入群体标准，即典型的三口之家，年收入在 10 万—50 万元。虽然这一界定符合我国当前发展阶段的现实，但是还不能说是一个很高的标准。根据这个标准，我们从城镇居民和农村居民的收入五等份分组数据来看，符合中等收入群体的人群主要还是在城镇的高收入组和中等偏上收入组，可以说还没有构成很大的人群规模，也就是说橄榄型社会结构尚未形成。

二、制约社会流动的因素

橄榄型社会结构尚未形成，归根结底是由于社会流动不足。那么，制约我国社会流动的主要因素有哪些呢？

在改革开放的早期阶段，我国社会的横向流动在很长时间是非常通畅的。随着经济增长速度的降低，这种社会流动性、至少是横向流动有减慢的趋势。从一定程度上说，我国改革开放早期经济增长速度快、教育发展快、产业结构调整快，那时出现大量的机会，人人都可以实现"帕累托改进"，即人们在获得更好发展机会的同时，并不会减少其他人的机会。一旦这种机会变少，在一定程度上，社会流动就具有了"零和博弈"的性质，也就是说部分人获得改善的机会，就有可能减少其他人的改善机会。因此，总体上来说，经济增长减速对社会流动性是有负面影响的。

同时，中国的人口老龄化正在加剧。2021 年我国的人口增长速度，也就是综合考虑出生和死亡后的自然增长率是 0.34‰，2022 年很可能就达到零增长。同时，2021 年 65 岁及以上老年人的占比已经达到 14.2%，按照国际标准,我国已经正式进入老龄社会。

老龄社会也会降低社会流动性。首先,从个体层面看,随着年龄的增长,人们倾向于较少追求职业的变化、居住地的变化和生活方式的变化,横向流动趋于降低。其次,从总体层面看,个体年纪变大降低变化意愿这个微观特征,也会汇总成为老龄社会降低社会整体横向流动的宏观特征。横向流动的减弱必然会降低纵向流动性。最后,从社会意义上来说,进入老龄社会后,需要顺应变化形成一个老年友好型的环境,包括就业环境、创业环境、生活环境等,而这种环境的形成也需要假以时日。在此之前,上述因素都产生降低社会流动性的效果。

应该说,虽然经济增长速度下降是符合发展阶段变化规律的,老龄化也是不可逆的趋势,在一定程度上产生降低社会流动性的效果也难免。但是通过解除各种体制性机制性障碍,仍有巨大的社会流动的空间可供拓展。

我国有两个关于城镇化的指标,一个是常住人口城镇化率,目前已经达到 64.7%;另一个是户籍人口城镇化率,目前只有 46.7%。也就是说,真正拥有城市户籍的人口占比,还显著低于常住城镇的人口占比,二者之间 18 个百分点的差距反映的主要是进城务工的农民工,这部分实现了横向流动的群体未能同步地实现纵向流动,可见现行户籍制度仍然是不利于中等收入群体扩大的体制障碍。

三、促进社会流动的着力点

在分析了体制因素以后,我们就很自然要探寻促进社会流动的政策着眼点和着力点。就是说,我们应该从公共政策的哪些方面出发呢?

第一，促进社会流动要靠改革和制度建设。在目前发展阶段上，推进改革可以带来报酬递增和真金白银的改革红利，这个改革红利就是消除各种阻碍经济增长、收入提高、差距缩小和社会流动的体制机制障碍。

按照党中央确定的 2035 年基本实现现代化的目标，在今后 13 年里，我国发展处于一个重要的窗口期。在这个窗口期，深化经济体制改革、社会政策调整和推动制度建设，对于赢得改革红利至关重要。这期间，我国正处在人均 GDP 从 12000 美元到 23000 美元过渡的区间。因此，我们希望达到的社会流动性水平，可以与处在相同发展阶段的国家进行比较，也就是以人均 GDP 处于 12000 到 23000 美元区间国家的平均水平作为我国的参照系。具体到初次分配、再分配和第三次分配领域，固然各自都有独特的职责和作用可以发挥，但也需要协同发力促进社会流动。

第二，初次分配领域着眼于生产要素的配置，以及生产要素在各自所有者之间的合理分配。消除城乡二元结构是该领域最紧迫的改革任务，所以可以说今后 13 年是消除城乡二元结构的重要窗口期。一般而言，随着人均收入水平、现代化水平和城市化率的不断提高，农业就业比重会不断下降。与前述参照国家的平均水平相比，我国城市化率的提高尚有 5.5 个百分点的差距，农业劳动力比重下降差距则高达 18 个百分点。

因此，我们需要从两个方面做出努力。一方面，继续推进新型城镇化，同时推动农业劳动力转移，缩小与参照国家之间的差距。另一方面，还需要缩小我国常住人口城镇化率和户籍人口城镇化率之间的差距，让农民工成为城市居民，把横向流动转化为纵向流动。这样从供需两侧都可以创造改革红利。从供给侧看，可以增加非农劳动力供给、提高劳动参与率、推动重新配置资源进而提高生产率，这都可以提高经济增长率。从需求侧看，可以通过增加居民收入、缩小收入差距和解除后顾之忧，大幅度扩大消费，确保我国的社会总需求不断扩大,真正形成庞大的国内市场。

第三,加大再分配力度,需要显著增加政府社会性支出。在观察跨国数据时,我们看到有一个规律性的现象:随着人均收入水平或人均 GDP 的提高,政府支出、特别是政府的社会性支出占 GDP 比重不断提高。这一现象以最早发现这个现象的学者命名,人们一般称之为"瓦格纳定律"。我国未来 13 年的发展任务,是实现人均 GDP 从 12000 美元到 23000 美元的过渡。同时,一般规律也表明,在这个区间政府的社会性支出比重提高是最快的,因为我国正处于"瓦格纳加速期"。顺应这个规律显著扩大社会性支出,才能实现基本公共服务的全民和全生命周期覆盖这一重要的再分配目标。

第四,第三次分配领域是对初次分配和再分配的重要补充,个人、企业和社会均可以大有作为。大家都知道第三次分配涉及慈善事业、志愿者行动、企业社会责任等。在这些之外,我想再强调一个内容,即企业的科技向善、创新向善、算法向善,也就是说企业要形成以人为中心的发展导向和经营导向,这是第三次分配中最重要的,但迄今为止或多或少被忽视的一个方面。具体来说,我们需要转变企业的目标函数,用创新的方式把员工、用户、供应商、社区、社会和环境都纳入企业的生产函数。这样,我国的企业发展既可以产生无穷无尽的创意,也能从市场内外获得回报。

这里我举一个企业可以促进社会流动的例子。一般认为,20—35 岁是人口的生育旺盛期,同时也是人们的核心劳动时间。从中国的情况看,在这个年龄区间,人们始终处于职业的上升期,直到 35 岁才达到顶点,而在此后通常就进入下降期。与此同时,这也是个人从事家务劳动幅度持续攀升的时间区间。这就产生了一个职业发展和家庭发展的矛盾,极为拮据的家庭总资源约束恰恰是我国生育意愿不高和生育率下降的重要原因,也是制约就业质量提升的因素，从而影响我国社会流动性的提高。鉴于所谓的"996"工作模式在缩小家庭预算约束上起到的作用，企业通过创新向善的安排和助推，能够让职工的职业和家庭都获得正常发展。

加大再分配力度
培育中等收入群体

　　"涓流效应"是新自由主义经济学中的一个重要概念，强调在一国经济发展过程中并不给予贫困阶层或弱势群体特别优待，而是通过经济增长扩大社会总财富，最终使穷人受益。从历史经验来看，这一概念建立在一系列的假设条件之上，在现实中并不成立。一是假设能够做大"蛋糕"，实现社会总财富的增加。二是假设初次分配可以实质性缩小收入差距。事实证明，初次分配确实可以改善收入分配，但无法实现收入差距的实质性缩小。三是假设中等收入群体可以随着经济发展水平和人均收入水平的提高而形成和壮大，这也与实际情况不符。在我国，为了扎实推动共同富裕、培育和巩固中等收入群体，就必须加大再分配力度。

　　习近平总书记在中央财经委员会第十次会议上指出，坚持以人民为中心的发展思想，在高质量发展中促进共同富裕。对我国来说，今后 15 年保持增长合理区间，在高质量发展中促进共同富裕，必须在供给侧不断提高潜在增长率，在需求侧保障实现经济增长的潜力，做到尽力而为、量力而行。根据党的十九届五中全会提出的 2035 年远景目标，我国将在 2025 年左右进入高收入国家行列，到 2035 年成为中等发达国家。

　　我们的预测也显示，我国人均 GDP 到 2035 年基本可以达到 23000 美元，居民可支配收入也将达到一个新的水平。这说明我国居民收入增长和GDP增长基本保持同步，人民能够共享发展成果。但也应该看到，不论是人均GDP还是人均居民可支配收入，都是一个平均值，并没有涉及收入分配的状况。因此，实现共同富裕还必须尽快缩小收入差距。党的十八大以来，我国城乡居民收入差距在经历缩小后进入徘徊期，这就需要我们寻求其他思路，以确保实质性推进共同富裕。

在西方主流经济理论中，有两个著名的关于经济增长与收入差距之间关系的假说。一个是库兹涅茨曲线，即随着人均收入水平的提高，收入差距逐步扩大，但在达到一个峰值后又开始缩小，从而形成一个倒U形曲线。如果比较全球各国不同时期的基尼系数和人均GDP，该曲线是大致存在的。另一个是皮凯蒂提出的不等式 $r > g$，即资本收益永远大于产出或劳动收益的增长，表明收入差距是不断扩大的，与库兹涅茨"倒U形假设"相悖。

这两个假设都基于一定的事实，如果将其统一起来，就体现为收入再分配。从OECD国家的情况来看，这些国家初次分配后的基尼系数大都在0.4以上，但通过税收和转移支付进行收入再分配后，基尼系数总体降幅达35%，大部分国家的基尼系数降至0.4以下，有的甚至低于0.3。可见，再分配在缩小收入差距的过程中发挥着关键作用。

同时，如果没有一个庞大的中等收入群体，就不可能实现一个合理的收入分配格局。因此，再分配对于培育和壮大中等收入群体、增加中等收入群体的规模、提高中等收入群体占全部人口的比重，也发挥着非常重要的作用。按照刘渝琳等人的估算，人均可任意支配收入为4000—31000元的即属于中等收入群体，由此估算的中等收入群体人数最接近国家统计局公布的数值。但其中的可任意支配收入，是指扣除基本生活支出和其他固定支出后的个人收入。

2020 年我国农民工的人均月工资为 4072 元。由于缺乏社会保障和就业稳定性，我们很难称其为中等收入群体。因此，中等收入群体应该进行更精准的界定，这里所讲的"收入"应包括一定标准下的合理工资收入和适度财产收入、高质量就业、拥有人力资本改善机会以及得到满足的基本公共服务等。这些基本条件并不能在初次分配中全面解决，工资的问题、就业的问题尚且可以通过一系列改革来推进，但解决基本公共服务的问题必须借由收入再分配。

再分配还带来一系列理论问题和现实问题。理论层面在于不同时期如何体现公平和效率，而现实层面则面临着"钱从哪儿来"的挑战。如果再分配的意图是实现可持续的经济增长，按照同样的理论逻辑，再分配也可以减轻社会支出负担。根据所谓的拉弗曲线，提高税率就可以增加税收，进而扩大 GDP，但这一政策的实际结果往往是收入差距的扩大。我们可以将拉弗曲线进行适当改造，用于反映政府社会支出与该支出占 GDP 比重的关系，即社会支出越多，该类支出的 GDP 占比也就越高，但在某一时点后通过扩大 GDP（即分母），就可以降低这一公共支出比率。因此，除了收入分配的改善，再分配是否具有提高分母的效应决定了中国经济是否能够实现可持续增长。

从我国的现实情况来看，扩大再分配可以达到"一石三鸟"的效果。首先是一般规律。在发达国家人均 GDP 从 10000 美元升至 25000 美元的发展阶段，社会支出占 GDP 比重从 26% 提高到 37%。我国从现在到 2035 年正处于社会福利显著增长的时期。其次是特殊挑战。随着我国人口在即将迎来峰值后进入负增长阶段，需求侧越来越成为制约经济增长的重要因素。这就需要扩大消费，以对冲老龄化对总需求的抑制效应，而扩大消费则需要进一步改善收入分配，特别是通过再分配解决需求问题。最后是"创造性破坏"效应。过度的政府保护很容易造成僵尸企业，因此在企业经营或市场竞争层面，要避免政府对任何人、任何企业、任何产能甚至任何岗位进行过度干预或保护，要在实现创造性破坏的同时，通过以基本公共服务供给为主要手段的再分配，确保社会支出比率与生产率成正比。

社会福利体系构建
是一个新的制高点

新冠肺炎疫情全球大流行进一步拉低经济全球化潮流，并改变国际经济循环格局和全球产业链布局。无论是对中国来说，还是对世界其他主要经济体而言，这个国际政治和世界经济格局都提出三个逻辑上紧密相连的任务。其一，提高作为大国博弈基础保障的国家竞争力迫在眉睫。其二，鉴于国内需求特别是居民消费日益成为经济增长的制约因素，运用多种举措扩大消费是当务之急。其三，扩大消费必须提高居民收入和基本公共服务水平。虽然各国的政策走向并非全然一致，具体的政策措施更是各说各话，但是一些政策动向已经显现出在内涵和外延上的相同性或相似性。这都表明社会福利体系的重建正在成为一个各国竞相争夺的制高点。

中国的发展将面临崭新的挑战。应对这些挑战必须在深化改革和扩大开放的同时，一方面构建"双循环"新发展格局，不断提升国家显示性竞争力，在国际经贸体系中实现更高水平的自立自强，另一方面在发展中保障和改善民生，通过再分配等途径构建中国特色福利国家、提高社会福利水平和均等化程度，是促进共同富裕目标实现和打破经济增长制约的关键之举，也是增强中国国家基础竞争力的重要任务。

社会福利的竞赛并不意味着竞相提高福利支出水平。对中国来说，仍然要遵循尽力而为和量力而行的原则，着眼于协调社会福利水平与发展阶段之间的适应程度、公平与效率之间的统一程度、短期管用和长期可持续性之间的平衡程度。由此出发，针对中国发展面临的崭新挑战，我们需要从以下层面把握占领社会福利竞赛制高点的要求和路径。

首先，社会福利的竞赛标志着再分配力度的显著增大，但并不意味着仅仅围绕分配进行零和博弈。加快福利国家建设的必要性和紧迫性，既符合一般规律的要求，也因应中国面临的特殊挑战。跨国数据显示，人均 GDP 从 10000 美元提高到 25000 美元的这个发展阶段，是国家的社会支出大幅度增长的区间，这一支出占 GDP 比重平均从 26% 提高到 37%。从人均 GDP 的增长目标看，今后 15 年中国恰好处于这个社会福利水平显著提高的发展阶段。最新人口数据显示，2021 年中国老龄化率（65 岁及以上人口占比）已达 14.2%，已经正式进入老龄社会。按照 2021 年人口自然增长率（0.34‰）趋势判断，也可以预计中国人口将在 2022 年达到峰值。克服人口因素不利于扩大消费需求进而制约经济增长的效应，对社会福利水平明显提高提出了紧迫需求。

其次，社会福利水平提高可以确保经济在合理速度区间增长，创造真金白银的改革红利。由于通过再分配提高社会福利水平是为了解决现实的增长制约，因而这项建设事业不仅是有回报的，而且具有报酬递增的性质。在考虑政府债务率或者公共支出负担率的可持续性时，传统的思路常常把缩小分子即减少支出作为摆脱难题的出路。从一般规律和特殊挑战来看，中国提高社会福利水平的改革红利在于分母效应，即通过扩大经济总量和税源使支出更加可持续。换句话说，分好蛋糕是做大蛋糕的必要前提，通过福利国家建设明显提高基本公共服务水平和均等化程度，可以打破经济增长的需求制约，实现合理增长速度进而达到扩大 GDP 总量的效果。

再次,通过顶层设计可以以制度安排的方式保障社会福利支出可持续,保证尽力而为和量力而行的统一。中国特色福利国家建设,应该在初次分配、再分配和第三次分配协调配套的制度安排下,着眼于形成一个能够使资源和财政潜力得到充分利用的社会福利支出恒等式。根据一般规律和特殊挑战,我们可以在保基本的前提下确立社会福利支出清单,并明确各级政府和社会组织的保障责任,同时也创造条件以最大化发挥社区和企业的作用。

根据一般经验和中国的现实情况,有必要特别强调的是从两个方面着眼挖掘社会福利供给水平提高的潜力。一方面,要把社会福利水平提高产生的 GDP 增长效果即分母效应充分考虑到恒等式中,避免产生低估社会福利支出水平和可持续能力的倾向。另一方面,从初次分配和第三次分配领域挖掘社会福利供给潜力,特别是在发挥企业创新向善作用的框架下,创造必要的制度环境,激励企业把社会效益和职工福利纳入发展函数,利用人工智能和大数据技术,改善劳动者工作待遇和条件,在有效降低交易费用的基础上,挖掘社会福利供给潜力。

最后,福利国家建设并不限于再分配领域的政策举措,在初次分配和第三次分配领域也可以大有作为。在比较欧洲和美国收入分配状况差异时,有研究发现,欧洲之所以相比美国具有较小的收入差距,并不在于欧洲国家在再分配力度上存在显著的高水平,而在于这些国家在初次分配领域普遍具有更有利于缩小收入差距的政策和制度安排。也就是说,早在利用税收和转移支付等手段进行再分配之前,欧洲的收入差距就已经显著低于美国了。实际上,在这里提到的初次分配领域的政策和制度安排中,很多都是社会福利体系的组成部分。换言之,福利国家建设是全社会的财务和道义责任,并不应该成为国家独自承担的财政负担。

创新向善的必要性和可行性

很多企业特别是大型科技或平台企业都在讲科技向善，为什么我要在这里讲创新向善？只是因为创新不仅包括科技创新。按照经济学家熊彼特的定义，创新包括：生产新产品，采用新方法，开辟新市场，获得新的投入品，以及采取新的组织形式。总而言之，重新组合生产要素，形成新的生产函数。当然，另一位经济学家罗斯托认为，创新的核心是技术创新。

难道创新本身不是向善的吗？创新并不自然而然具有分享的性质，即本身不产生"涓流效应"。创新从微观上给企业带来利润，宏观结果则是促进经济增长。虽然新自由主义经济学笃信这个结果可以通过涓流效应为更多群体分享，但经济史证明，企业创新即使导致经济增长，也并不能自动为整个社会均等分享。

为什么不能产生涓流效应？在微观层面上，创新的激励是利润，企业的理念是对股东负责，给投资者带来收益、回报；员工、客户、社区、社会、环境这些利益攸关方固然有时为某些企业顾及，但从制度意义上，这些并不在企业的目标函数或生产函数之中。

这就解释了为什么创新发生的时间和地点与分享或良好的收入分配的时间和地点并不一致，也解释了为什么仅仅有初次分配是不够的。所以我们把创新向善作为一个重要命题进行研究和倡导。

社会应该怎样才能做到创新向善呢？在一些西方国家，新自由主义经济政策坚持把眼睛盯在大企业身上，从政策上维持其优势地位，甚至不惜牺牲竞争机制，自欺欺人地以为通过涓流效应可以实现"大河有水小河满"。这个理念不符合以人民为中心的发展思想，既在一些发达国家遭到诟病，在实践中也被证明是失败的。

从全球范围看，无论发达国家还是新兴经济体，政治上、政策上都有所转向，这个转向始于金融危机之后，强化于新冠肺炎疫情大流行以后。总体而言，新的趋势是加大再分配力度，对初次分配结果进行调节，缩小收入差距。如 OECD 成员初次分配后基尼系数都在 0.4 以上，再分配后降低到 0.4 以下。

然而，再分配力度的提高是有条件的，所以需要有节奏地进行。第一，财力上需要量力而行，要与发展阶段相适应。第二，实现公平与效率有机统一，需要有很高的治理能力，也需要假以时日。第三，资源配置效率、创新动机、企业家激励大多形成于初次分配领域，再分配手段如何在不伤害这些机制的同时达到预期目标，分寸感的拿捏并非易事：增之一分则太长，减之一分则太短。正因为如此，我们还需要第三次分配。这个分配领域，大家说得比较多的是慈善事业，此外还有志愿者行动和企业社会责任等。然而，最重要、最核心的是创新向善。

企业又应该怎么做呢？这个 19 世纪俄罗斯作家车尔尼雪夫斯基式的问题——怎么办？在新时代是有答案的，即企业可以有意识地创造出"涓流效应"。虽然涓流效应不能自然而然产生，但是可以人为创造，事在人为。如果企业具有共享的理念、向善的动机，便可以改变企业经营的目标函数，重塑创新的导向，通过技术发明、技术应用、算法以及助推等方式，实现创新向善。从技术层面，企业想做到什么事情可以说无所不能，关键是创新以什么为导向。

企业创新向善的激励和动机何来？重要的是理解，无论从全社会范围来看，还是就具体的企业而言，公平和效率并不存在非此即彼或此消彼长的关系，而是可以形成相互促进的关系。也就是说，从长期来看，效率的提高并不需要以公平为代价，个体在提升社会公平方面做出的贡献最终可以得到真金白银的回报。

　　我们从负面清单的角度来看，企业家或许不自知，或者有免费搭车心态，不愿独自采取行动，付出成本。第一，避免出现失去市场的后果。消费者是长腿的，可以用脚投票。过大收入差距妨碍形成超大规模消费群体。第二，促进再分配早熟和过大压力，从而形成不利于企业经营的政策环境。第三，引发伤害激励和效率的社会反应。这几个方面都是现实中发生过、付出过代价的。因此，要避免这些不利于企业也不利于社会的事情发生，就需要主动作为，需要倡导和践行创新向善。

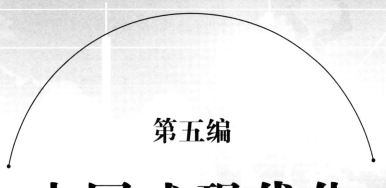

第五编

中国式现代化

共享生产率成果
的中国方式

中国共产党在 100 年光辉历程中，始终坚守为中国人民谋幸福、为中华民族谋复兴。在改革开放和现代化建设中，这个初心和使命在党的重要文件中一直以实现全体中国人民的共同富裕得到明确表达。在改革开放之初，邓小平同志就提出，改革的性质和成败，要按照"是否有利于发展社会主义社会的生产力，是否有利于增强社会主义国家的综合国力，是否有利于提高人民的生活水平"进行判断。

党的十八大以来，促进共同富裕的发展理念得到进一步强调，在增加居民收入、改善收入分配、推进基本公共服务均等化、打赢脱贫攻坚战等领域取得的成就中得到充分体现。在实现全面建成小康社会目标、开启全面建设社会主义现代化国家新征程之际，党的十九届五中全会围绕确立"十四五"规划和 2035 年远景目标，进一步做出了促进全体人民共同富裕的崭新部署。中央财经委员会第十次会议强调，要在高质量发展中促进共同富裕，正确处理效率和公平的关系，构建初次分配、再分配、三次分配协调配套的基础性制度安排。

做出构建初次分配、再分配、三次分配协调配套的制度安排，是中国特色社会主义现代化实现共同富裕目标的要求，也体现了社会主义市场经济条件下，使市场在资源配置中起决定性作用和更好发挥政府作用成为实现共同富裕的根本途径。从经济学的角度看，共同富裕的核心就是生产率提高成果在全社会范围内实现充分、合理的共享。从生产率共享的角度来看，初次分配、再分配、三次分配这三个领域相互重合，各自的任务相互补充，最终可达到同途同归。

一、共享生产率是目标和手段的统一

中国特色的社会主义现代化所要实现的共同富裕，说到底就是使全体人民共享改革开放发展的成果。从经济发展的角度来看，这一成果最充分地体现为生产率不断得到提高，并在高质量发展阶段达到新的高度。与此同时，达到这个共享目标的过程中可以动用诸多政策手段。

改革开放 40 多年间，以全要素生产率和劳动生产率得到显著提高为前提，中国的人均 GDP 达到一个又一个历史高度。在 1978—2020 年间，每个就业人员创造的实际 GDP 即劳动生产率从 916 元增加到 19678 元，提高了 20.5 倍，同期人均实际 GDP 从 385 元增加到 10475 元，提高了 26.2 倍。之所以人均 GDP 的水平低于劳动生产率，增长幅度却高于劳动生产率，是因为这个时期总体来说，劳动年龄人口增长较快，人口结构具有较强的生产性。然而，这个特点在 2010 年劳动年龄人口达到峰值之后发生了变化，在 2010—2020 年间，劳动生产率提高了 96.4%，而人均 GDP 只增长了 83.6%。也可以说，未来在基本实现社会主义现代化的 15 年历程中，只要人均 GDP 增长保持在合理区间，就意味着劳动生产率会以更快的速度得到提高，不断达到更高的水平。

根据中国社会科学院学者的测算，如果今后 15 年中国经济能够实现自身的潜在增长率，按照中位水平和高位水平分别预测，2025 年按可比价格计算的人均 GDP 可达到 93324 元或 94892 元，2035 年可达到 146408 元或 154466 元。折合成不变美元的话，在 2025 年和 2035 年两个时间节点上，中国分别进入高收入国家行列和达到中等发达国家水平。鉴于这一时期的劳动年龄人口以及劳动力数量是减少的趋势，因此，在这期间劳动生产率的提高幅度将大于人均 GDP。

同时，如果今后 15 年居民人均可支配收入的增长能够与 GDP 增长保持同步，即前者也能够按照预测的中位和高位 GDP 潜在增长率增长，意味着按照可比价格计算，城乡居民人均可支配收入从 2020 年的 32189 元提高到 2025 年的 41722 元或 42423 元，以及 2035 年的 65454 元或 69057 元。也就是说，在这两个时间节点，在平均意义上，中国城乡居民收入水平或生活质量将分别超过高收入国家的门槛，达到中等发达国家的门槛。

城乡居民收入水平的整体提高，必须得到均等分配的助力，才能确保每个人的生活质量都得到明显改善，最终达到全体人民共同富裕的目标。在这里，从理念上把人均 GDP 或居民平均收入进行合理分配，转化为共享生产率提高的成果，有助于在实际中推动共同富裕不断取得明显的进展。

首先，如果没有生产率持续提高这个必要的物质条件，共享和共富都只是无源之水、无米之炊，共享也就背离了量力而行的原则。在一些具有中等收入陷阱特征的国家，政治家在竞选的时候往往做出过多的福利承诺，对于保持合理的经济增长速度却无能为力。既然没有生产率的支撑，他们终究不能兑现做出的承诺，于是这些国家所实行的政策往往具有强烈的民粹主义倾向。

其次，经济增长和生产率的提高都不能自然而然带来所谓的"涓流效应"，蛋糕能够做大并不必然保证能够分好蛋糕。因此，国家、社会和个人都必须树立共享生产率提高成果的理念，通过有所作为才能同时实现做大蛋糕和分好蛋糕。在一些发达的市场经济国家，政治家笃信"涓流经济学"这一新自由主义理念，没有在再分配方面做出足够的政策努力，导致收入差距扩大、贫富两极分化并形成难以逾越的鸿沟，乃至造成政治分裂和社会冲突。

最后，树立共享生产率提高成果的理念，有助于自觉动用初次分配、再分配和第三次分配这三个领域的各种有效手段，把社会各方面的积极性和创新精神引导到共享发展的轨道。三个分配领域的分配和再分配既有形式上的差别，更有内涵和目标的相同相通之处，在共同富裕这一目标之下，通过生产率的共享达到同途同归——全体居民收入均衡增长、城乡基本公共服务充分覆盖、高质量供给能够满足日益增长的美好生活需要。

二、初次分配需要发挥决定性作用

劳动生产率也好，全要素生产率也好，归根结底都来自资源和要素的重新配置。这个配置过程是在初次分配领域进行的，涉及要素报酬的决定、激励的形成和效率的产生。因此，相对于再分配和第三次分配，初次分配领域更加倚重市场配置资源的决定性作用，更加注重效率原则和激励机制。作为中国特色社会主义现代化目标的共同富裕，是在高质量发展中实现的共同富裕，是生产率不断提高中的共享。因此，依靠市场形成的激励机制，调动各个群体的就业创业积极性，促进各行各业各个地区的均衡繁荣发展，是实现生产率共享的前提。

在改革伊始直到 21 世纪前十年的发展阶段，中国处于一个人口机会窗口期，农业剩余劳动力向非农产业的大规模转移产生巨大的资源重新配置效率，生产率大幅度提高。自 2010 年以来，在劳动年龄人口负增长、人口红利迅速消失的条件下，虽然生产率增长不再能够以疾风暴雨的势头进行，但是在非农产业中的行业之间和企业之间仍然存在着资源重新配置的巨大空间。对市场主体来说，也存在着诸多市场机会，使他们能够在自身发展的同时提高经济整体的生产率。也就是说，只有靠市场创造的激励和有效配置资源的机制，才能保持全社会的经济活力，促进经济持续增长和生产率持续提高。

正如经济发展需要更好地发挥政府作用一样，在初次分配领域提高和共享生产率，同样需要更好地发挥政府作用，突出体现在促进就业和推动改革两个方面。首先，就业是民生之本，更广泛的就业和创业活动是实现共同富裕之源。促进就业固然是各项宏观政策的目标，但是在共同富裕目标要求下，产业政策亟待以共享生产率的理念拓展实施的内涵和外延，从促进产业发展从而扩大就业规模，转向创造更多更高质量岗位。其次，深化重要领域改革，消除各种体制机制弊端，不断改善国民经济分配结构，促进各群体社会性流动，扩大中等收入群体，缩小城乡之间、地区之间、行业之间和居民群体之间的收入差距、财富差异和基本公共服务的不均等。

劳动力市场制度是共享生产率的重要手段，是初次分配领域实现公平与效率有机统一的不可或缺的制度形式。以人本身为载体的劳动力是一种特殊的生产要素，因此，工资水平、工作待遇和劳动条件等的决定，并不仅仅遵循劳动力市场上的供求关系规律，还要发挥最低工资、集体协商、工会维权和劳动合同等相关制度安排的作用。在新科技革命和产业革命条件下，劳动力市场制度的意义和作用更加突出。首先，最低工资和基本待遇等方面的规制，可以保障劳动者收入和福利随生产率提高而获得改善，同时遏制那些用压低报酬和降低工作待遇的方式进行竞争的企业行为，做到既激励生产率的提高，又保障其结果的分享。其次，劳动合同制度和其他稳定就业岗位的规制的存在,可以避免企业根据生产率提高的幅度解雇工人的现象。最后,保证工人获得与社会必要需求相对应的工资和体面的就业岗位,也有助于扩大社会有效需求,形成总供给与总需求之间的良性匹配。

三、再分配政策作用需与时俱进

在初次分配的基础上,政府通过税收、公共支出特别是转移支付等方式,实施国民收入的再分配,提供基本公共服务和其他社会福利,是在分配领域更好发挥政府作用的一个最重要方式,是在全社会范围共享生产率的一条必要途径,也是实现全体人民共同富裕的终极手段。

从社会保障这一最基本的公共服务制度来看,它通常有三个彼此重合的重要功能,三者各自也具有相通且独有的特征。第一是社会福利的功能。这既符合共享生产率的理念,也符合各国遵循的一般规律。国际数据显示,人均 GDP 从 10000 美元到 25000 美元的发展阶段,是福利国家建设的完成期,平均来说,政府社会支出占 GDP 比重大体从 26% 的水平跃升至 36% 这个标志性水平。今后 15 年,中国恰好处于这样的发展阶段,自然不应该成为这一规律性变化的例外。第二是社会共济的功能。遵循精算原则在全社会范围筹集社会保险资金,平滑个人在生命周期不同时期收入与支出之间的不均衡等风险,为病残、失业、老年和其他不时之需提供社会保障。第三是社会保护的功能。在市场竞争条件下,市场主体可以而且必须经历优胜劣汰,经济整体的生产率才能在创造性破坏中得到提高。然而,从人的基本生计、基本权利和发展机会角度来说,市场主体却不应该由于竞争的结果而划分为"赢家"和"输家"。

通过形成比较均衡协调的经济社会发展、发育良好的劳动力市场及其规制体系，以及不断完善的收入分配体制，初次分配可以产生缩小收入差距的明显效果。然而，世界范围的经验表明，不存在收入差距自动缩小的"涓流效应"，初次分配缩小收入差距的作用终究会遇到天花板。在OECD，初次分配之后的基尼系数仍然普遍在 0.4 以上，只是在经过税收和转移支付等再分配之后，基尼系数才降到 0.4 以下的较为合理的水平。党的十八大以来，中国城乡收入差距和基尼系数都有明显下降，但目前仍在较高的水平上，必须在更大的程度上诉诸再分配这个终极手段，才能破解 $r > g$ 这个"皮凯蒂不等式"，消除居民群体之间在收入、财富和享受基本公共服务上的过大差距。

　　习近平总书记指出，要在幼有所育、学有所教、劳有所得、病有所医、老有所养、住有所居、弱有所扶上不断取得新进展，保证全体人民在共建共享发展中有更多获得感。这"七个有所"是中国特色的全生命周期基本公共服务的内容。既然作为基本公共服务，就意味着"七个有所"中一些标志性的内容需要通过政府直接提供、政府购买或政府与社会合作提供等方式，使全体居民获得充分、均等的供给保障。

　　完善和加强基本公共服务供给体系的工作包括三个维度。第一是补齐涵盖范围上的短板。在"七个有所"中，诸如幼有所育（托幼和学前教育）、住有所居（保障性住房）等内容，在以往的政策理念中并未完全作为基本公共服务内容，因此，在实际工作中亟待确立恰当的标准和指标，将其切实纳入保障范围。第二是保障水平应与日俱增。遵循尽力而为的原则，就是要随着国家整体生产率水平的提高，以及根据社会主义现代化国家建设的进程，不断实质性地提高基本公共服务水平。第三是增强应对突出挑战的针对性。老龄化是今后几十年中国最大并且日益凸显的挑战，影响到民生的各个领域，需要从基本公共服务的内涵和外延上全方位做出制度安排和政策应对。

四、第三次分配是不可或缺的补充

参与生产率成果分享也是包括企业在内的各类主体履行社会责任的行为。其中最重要的参与方式就是自愿捐赠、慈善事业和志愿者活动，相应产生所谓第三次分配的效果。中华民族传统文化历来倡导"老吾老，以及人之老；幼吾幼，以及人之幼""恻隐之心，仁也"等美德，社会主义核心价值观也包含了相关的内容。第三次分配领域所包含的这些内容，对社会来说是再分配的必要补充，对企业来说是应该履行的社会责任，对每个人来说则是体现诚信、友善的日常行为准则，是促进全社会和谐、增强凝聚力的必要途径。

企业承担社会责任，通过自愿捐赠钱物和从事慈善活动，从济贫、济困、助学和救急等方面回馈社会，可以或大或小地产生缩小收入差距、拓宽低收入人群上升通道，进而缓解社会矛盾和增强社会凝聚力的效果。因此，这些都是对社会再分配的有益补充，也是分享生产率整体提高成果的有益方式。值得指出的是，社会责任并不仅仅是企业对生产率所得自愿捐赠的一个百分比。通过树立以人民为中心的发展观，企业和投资者可以在经济活动的众多领域，以及生产、雇用、购买、销售等经营活动的各个环节，履行自身的社会责任，促进生产率提高成果的全社会分享。

体现企业社会责任的活动涉及有利于提高人类发展水平、促进社会性流动、改善民生和促进可持续发展等诸多经济社会领域。例如：改善人民身体和心理健康的公共卫生服务供给，拓宽居民精神享受空间的活动，以及提升人力资本等服务的供给；通过家庭照料活动的社会化拓展家庭预算曲线，使居民在劳动参与同生育、养育和教育子女活动的权衡中，能够更好兼顾社会和家庭利益；有利于协调代际关系，促进可持续发展和应对气候变化的绿色投资；重新确立技术创新和技术应用导向，创造更多就业机会和更高质量工作岗位；具有远见的科技创新探索活动，以及准公共品性质的科技应用基础设施安装活动等。在这些领域，企业既可以寻找相应的商业机会，在取得市场回报的同时有益于社会，也可以作为公共服务的供给方，满足政府对高质量服务的购买需求，还可以同政府合作提供相关产品和服务。

让第三次分配发挥更大的作用，尚待政府和社会做出更大的努力。首先，营造一个人人向善、友爱和谐的社会氛围。归根结底，捐赠、慈善和志愿者行动都是社会责任的表现，不应该靠强制性和人为制造压力的方式推动，而要在一个良好的社会氛围中，成为自觉、自愿和习惯性的行动。其次，创造每个人和企业易于参与慈善行动的组织机制。过于繁杂的手续和高昂的交易费用往往是阻碍人们参与社会共享活动的障碍。政府应该完善相应法规，推动各类非营利组织履行义务，促进形成一个诚信易行的参与机制。最后，完善全社会参与第三次分配的鼓励政策和激励机制。通过完善法律法规，从增强所得税的累进性和提高慈善、捐赠的抵税比例等方面，增强高收入人群和企业热心公益、自愿贡献的动机。

如何理解在高质量发展中
促进共同富裕

2021 年 8 月，中央财经委员会第十次会议强调，在高质量发展中促进共同富裕，正确处理效率和公平的关系，构建初次分配、再分配、三次分配协调配套的基础性制度安排。共同富裕是中国共产党初心和使命的表达，也是改革开放和现代化建设过程中始终坚守的目标。这一次党中央再次强调共同富裕的一个崭新要点，就是在高质量发展中促进共同富裕。我们可以从三个方面来理解这个新理念和新部署。

一、共同富裕是高质量发展的归宿

党的十九大做出我国经济已由高速增长阶段转向高质量发展阶段的重要判断。这不仅要求发展方式和增长动能转换到高质量发展的轨道上，也意味着秉持崭新的理念和方式，更加注重发展成果的分享。在新发展阶段实现的高质量发展，就是在新发展理念指导下的发展，一方面要着力落实共享发展的理念，以改革开放发展的成果不断满足人民日益增长的美好生活需要，另一方面要着力建设现代化经济体系，通过改革提高生产率、创新能力和竞争力，解决发展中存在的不平衡不充分问题。

改革开放 40 多年来，我国创造了史无前例的经济发展奇迹和成果分享奇迹，表现为经济总量和人均水平的高速增长以及人民生活水平的大幅提高。在 1978—2020 年间，我国 GDP 实际增长了 39 倍多，在人均 GDP 增长的基础上，居民人均可支配收入也保持了总体同步，即两者均增长 26 倍。党的十八大以来，经济发展进入新常态，在经济以中高速增长的情况下，我国加大了改善民生和农村脱贫攻坚力度，于 2020 年历史性地解决了绝对贫困问题，在共同富裕的道路上又迈出了实质性的步伐。

如果说高速增长时期的共享更依靠做大蛋糕，那么高质量发展时期的共享则更依靠在做大蛋糕的基础上分好蛋糕。相应地，收入分配从以初次分配为主，逐步提高再分配的作用，转向初次分配、再分配、三次分配互为补充和协调配套，更加注重效率和公平有机统一。以坚持社会主义基本经济制度为前提，在搞好初次分配的基础上，应按照"七个有所"要求的基本公共服务内容做好再分配，实质性缩小收入、财富和基本公共服务供给上的差距，同时倡导和鼓励自愿捐助、慈善事业、企业社会责任和志愿者活动，增强三次分配的自觉性并扩大其作用范围。

二、提高生产率和共享成果并重

提高经济发展的质量，需要从供给侧和需求侧同时推进、协同发力。一方面，提高生产率以保证我国经济在合理区间增长，是共同富裕的物质保障；另一方面，生产率提高成果的共享也是促进共同富裕的必然途径。

随着我国经济发展和人口转变都发生阶段性变化，在 30 余年中支撑高速增长的人口红利趋于消失，要素投入不再支撑以往的增长速度，潜在增长率的逐渐降低导致实际增长转向中高速。因此，为了实现"十四五"规划和 2035 年远景目标确定的 GDP 增长预期，即分别进入高收入国家和中等发达国家行列，需要加快发展质量、效率和动力的变革，提高全要素生产率和劳动生产率。

我国经济发展将越来越受到需求侧的制约。国际金融危机以后，世界经济陷入长期停滞；新冠肺炎疫情大流行凸显供应链的脆弱，助长了一些国家推动供应链脱钩的意愿；一些国家出现民粹主义、保护主义等政策倾向，逆全球化趋势加剧。我国经济发展将处于错综复杂的国际环境中，传统的国际循环不可避免地弱化。因此，实现高质量发展，要求构建以国内大循环为主体、国内国际双循环相互促进的新发展格局，以扩大内需为战略基点，特别增强消费对经济发展的基础性作用，实现国内国际供给需求良性循环。

在高质量发展前提下扩大居民消费，必须在以下方面做出更大的努力。首先，在保持与经济增长同步的条件下提高人民收入水平。按照人均 GDP 翻一番的预期目标，在 2021—2035 年间年均增长率须达到 4.75%，人均居民可支配收入以基本相同的速度增长，就可以使人民生活分别达到与发展阶段相对应的水平。其次，通过三次分配途径实质性缩小收入差距。根据经济合作与发展组织国家的经验，把基尼系数降低到 0.4 以下，最终要借助再分配手段。我国既要充分利用初次分配缩小差距的巨大空间，也要加大再分配力度。

三、尽力而为和量力而行的统一

坚持在高质量发展中促进共同富裕，可以确保尽力而为和量力而行两个原则的有机统一。首先，如果没有生产率持续提高和经济合理增长作为必要的物质基础，共享就成为无源之水、无米之炊，背离了量力而行的原则，共同富裕目标也就难以实现。

其次，国家、社会和个人都必须树立共享生产率提高成果的理念，通过尽力而为和有所作为才能同时实现做大蛋糕和分好蛋糕。国际教训表明，经济增长和生产率的提高都不会自然而然产生所谓的"涓流效应"，做大蛋糕并不必然保证能够分好蛋糕。在一些发达的市场经济国家，政治家笃信"涓流经济学"这一新自由主义理念，没有在再分配方面做出足够的政策努力，导致收入差距扩大、贫富两极分化并形成难以逾越的鸿沟，乃至造成政治分裂和社会冲突。

最后，共同富裕是中国特色社会主义的本质特征，尽力而为和量力而行有机统一是促进共同富裕的重要原则。坚持这个原则有利于全面运用初次分配、再分配和三次分配这三个领域的有效手段，通过改革挖掘现有空间，促进共同富裕，把社会各方面积极性和创新精神引导到共享发展的轨道。三个分配领域的分配和再分配既有形式上的差别，更有内涵和目标的相同与相通，把相关手段统一在促进共同富裕目标之下，加快实现居民收入均衡增长、城乡基本公共服务充分覆盖、高质量供给满足日益增长的美好生活需要。

中国强调共同富裕正当其时

中国经济有两只调节之手，一只是市场的无形之手，在资源配置中发挥决定性作用，只需把激励搞对、把价格搞对；另一只是政府发挥作用的有形之手，旨在规范市场秩序、纠正市场失灵，在经济活动和成果分配中维护公平正义。为了使政府作用准确有效，既不缺位也不越位，也为了使其同时成为全社会的共识和行动，需要以因时因地而确定的理念为其定位，并以某种中国人民喜闻乐见的修辞表达出来。

中央财经委员会第十次会议提出，在高质量发展中促进共同富裕，正确处理效率和公平的关系，构建初次分配、再分配、三次分配协调配套的基础性制度安排。这是根据中国进入的新发展阶段做出的一个最新强调和战略部署，既有深远的历史意义，蕴含着深厚的理论依据，也因应了紧迫的现实需要。

然而，共同富裕这个概念和部署却不是第一次提出。相反，从中国的改革开放征程开启，到党的十四大确立社会主义市场经济体制目标，及至党的十八大以来的重要文件和宣示，都始终不变地使用了共同富裕这个表达。经济改革和发展每个阶段的成就，也都被转化为人民生活水平的提高。所以，这个目标和表述在中国始终具有最大的共识度，也从来不是口惠而实不至的承诺。

中国居民之间的收入差距，经历过不同的变化阶段。在1997年以前，考虑到在中国当时的发展阶段仍在推进着眼于改善激励的改革,收入差距可以说总体处于较为合理的水平。例如,1997年城乡居民收入差距为1.833,全国居民收入的基尼系数为0.398。然而,从那之后便处于逐渐扩大的态势,直到城乡差距于2009年达到2.674的峰值,基尼系数于2008年达到0.491的峰值,进入持续而缓慢的缩小过程。2019年,这两个收入差距指标分别为2.325和0.465。当然,这个水平还不能让人满意。

从中国政府的出发点来看,重新强调共同富裕正当其时,至少有三个理由。第一,这是长期任务的自然延续。党的十八大以来,党中央采取了力度极大的政策手段消除绝对贫困,2012—2020年间按照每天2.3购头力美元的贫困标准,使9989万农村人口摆脱贫困。如果说这个成就对应的是全面建成小康社会这个第一个百年目标的话,共同富裕对应的则是全面建成社会主义现代化国家的第二个百年目标。

第二是因应现实的紧迫需要。加速老龄化下的中国经济增长态势,将越显著地来越遭遇需求侧的制约,因此亟待提高收入水平和改善收入分配,以扩大居民消费需求。巩固脱贫成果也需要把低收入者培育成为中等收入群体。这些方面的进度迄今尚不尽如人意,仍然存在的不平等现象以及出现的阶层固化趋势也引起了社会广泛关注。重新强调共同富裕就是对此做出长袖善舞的回应,既具有切切实实解决问题的可操作性,也可以审慎地安抚相关民意。

第三,符合国际上的通常做法和一般规律。初次分配、第二次分配(再分配)和第三次分配(慈善等)各有适用的工具箱,各司其职、相互补充,分别从不同角度发挥缩小收入、财富和基本公共服务差距,促进共同富裕的作用。中国坚持市场配置资源的决定性作用,初次分配必然具有基础性地位,不仅不会试图伤害效率和激励,更会由于社会流动的增强而提高资源配置效率。

从世界范围看,人均 GDP 从 10000 美元到 25000 美元,是再分配作用提高进而建成福利国家的重要时期,大体上政府支出占 GDP 比重从 26% 提高到 37%。从人均 GDP 水平来界定的话,中国在今后 15 年也正处于这样的阶段。借助再分配手段提高社会福利、社会共济和社会保护水平,辅之以慈善事业和企业履行社会责任的必要补充,我国社会的不平等现象有望得到明显改善。

共同富裕的中国式途径

　　随着新发展阶段的到来,共同富裕受到前所未有的重视。党的十九届五中全会明确提出到 2035 年基本实现社会主义现代化远景目标,其中就包括"全体人民共同富裕取得更为明显的实质性进展"。在 2021 年 8 月召开的中央财经委员会第十次会议上,习近平总书记发表重要讲话强调,共同富裕是社会主义的本质要求,是中国式现代化的重要特征,要坚持以人民为中心的发展思想,在高质量发展中促进共同富裕。在向着第二个百年奋斗目标迈进之际,党中央召开重要会议研究扎实促进共同富裕问题,具有深远而重大的意义。实现全体人民共同富裕有多种途径,但结合当前所面临的挑战,可以通过以下三方面路径加快推进共同富裕进程。

一、做大蛋糕和分好蛋糕

　　做大蛋糕和分好蛋糕,需要做好以下三点。首先,要保持经济增长在合理区间。发展是解决一切问题的关键和基础。党的十九届五中全会提出了到 2035 年基本实现社会主义现代化的远景目标,其中包括人均 GDP 达到中等发达国家水平。要实现这一目标,必须充分挖掘我国经济增长的一切潜力。

按照我国潜在增长能力预测,在未来15年里保持4.8%到5.2%的年平均增长速度是可行的。按照这样的增长潜力推算,"十四五"规划结束时,我国人均GDP可达13000美元到14000美元,能够进入高收入国家行列;到2035年,人均GDP可达22000美元到23000美元,基本达到中等发达国家水平。其中的高位预测,是建立在一些必要的改革带来提高潜在增长率效应的基础上。由此可见,改革是实现经济发展目标的基本保障。

其次,要保持经济增长与收入增长同步。改革开放以来,GDP的增长和居民收入的增长总体上是同步的,但不同时期同步性有差别。党的十八大以来,我国GDP增长和居民可支配收入增长的同步性明显增强,所以取得了脱贫攻坚的历史性成就。继续保持同步性,就意味着人均GDP的提高可以转化为居民收入的提高,在2035年我国人民可以享受中等发达国家的生活水平。为此,还应继续调整国民收入分配结构,提高居民收入份额和劳动报酬份额。同时,也要进行收入分配制度改革,缩小各种收入差距。

最后,初次分配和再分配要叠加发力。党的十八大以来,城乡居民收入差距和基尼系数都有所下降,但这个下降趋势目前已经趋于平缓。基尼系数代表一个国家和地区的财富分配状况,数值越低表明收入在社会成员之间的分配越均匀。国际上通常把0.4的基尼系数作为收入分配差距的"警戒线"。

目前,我国的基尼系数保持在0.46左右,处于相对徘徊的状态。这说明我国的收入分配结构还不够合理。事实上,初次分配的作用是有极限的,不太可能把收入差距降到0.4以下。从OECD国家的经验来看,初次分配后的基尼系数大多在0.4以上,有些甚至超过0.5。之所以最终的分配结果都在0.4以下,有的甚至能达到0.3以下,是因为通过税收和转移支付实现了再分配。

因此，要把收入分配结构改善到合理水平，从终极意义上看需要借助再分配。中国已经进入新发展阶段，再分配应该成为越来越重要的手段。而且，很多发达国家的经验也显示，虽然经济增长、技术变革、全球化可以做大蛋糕，但并没有自然而然分好蛋糕的机制，所以必须借助再分配手段。

一、促进和扩大社会性流动

党的十九大明确提出，要破除妨碍劳动力、人才社会性流动的体制机制弊端。中国改革开放以来的人口流动，主要是横向流动，比如农民工从原来务农转移到非农产业，由此进入小城镇、中等城市、大城市、沿海地区。当然，在横向流动中也有纵向流动，比如收入、身份、地位的提高，以及岗位提升等。这得益于：第一，整体教育水平改善速度非常快，普及九年义务教育、高校扩招让更多的人接受了更高水平的教育；第二，经济增长非常快，蛋糕做得大和快。

随着我国进入中高速或者中速的增长时期，劳动力的流动速度显著放慢。这时更应关注向上的纵向流动。如果没有切实的手段，社会性流动容易变成零和博弈，相当于挤一辆公共汽车，你挤上来我就掉下去，这种现象会发生，也会产生社会凝聚力的下降。中央提出扩大中等收入群体，核心就是加速社会流动。

如果按收入将居民分为五组，从宏观上看，要求每组的收入都不断提高，这是今后必须保障的，如果不能做到这一点，就谈不上扩大中等收入群体。从微观上看，每个家庭的收入也要不断增加，这是过去的一个重要特点。今后避免出现零和博弈现象，意味着不能造成一些家庭的收入改善速度明显慢于其他家庭的情况。从中观上看，很多家庭可以从低收入群体或次低收入群体不断跨入更高的收入组。收入组别的跨越是社会流动的内涵，也是扩大中等收入群体的关键。

如果我们提出实施一个"中等收入群体倍增计划"，我认为主要应该关注以下三个方向。

首先，"倍增"群体之一：脱贫后的农村人口收入提高。党的十八大以来，大概有接近1亿的农村绝对贫困人口脱贫，但他们仍是低收入群体，应该运用乡村振兴和解决相对贫困问题两种手段，加快帮助他们成为中等收入群体。OECD的相对贫困标准是居民收入中位数的50%。2019年，我国农村居民可支配收入的中位数是14389元，它的50%就是7195元。2020年这个数字又有所提高。假设尚有30%的农村家庭收入在这个标准之下，那么总人数至少为1.53亿人，数量非常可观。如果能够把这部分人群培育为中等收入群体，将创造又一个共同富裕奇迹。

其次，"倍增"群体之二：进城农民工市民化。2020年外出农民工的平均工资是4549元，已经是中等收入群体下限水平。虽然农民工大部分也能算得上是中等收入群体，但他们仍面对户籍制度这个"无形的墙"，即社会保障等基本公共服务的获得还不是均等的。因此，只有把他们变成城市户籍居民，他们才能成为真正意义上的中等收入群体，否则"中等收入群体"的身份是非常不稳定的。比如2020年，因为疫情，外出农民工和常住在城镇的农民工均减少了3%。目前，我国外出农民工约有1.7亿多人，如果能够把他们培育为中等收入群体，意义非常巨大，可以大大增强中等收入群体倍增计划的效果。

最后，"倍增"群体之三：让老年人过上中等收入生活。第七次人口普查结果显示，我国老年人口规模比原来想象的大、老龄化程度比原来想象的高。目前我国65岁及以上人口高达1.91亿人，60岁及以上人口高达2.64亿人，这是一个庞大的中等收入群体后备军。让老年人达到中等收入生活水平，是我们落实老有所养的基本要求，同时也是实现共同富裕的重要内容，是扩大中等收入群体、保证消费需求能够继续支撑中国经济持续增长的一个基本条件。

三. 社会福利全覆盖均等化

迈克尔·波特在《国家竞争优势》一书中讲到经济发展会经历四个阶段：第一个阶段是要素驱动，依靠资源、资本和劳动力；第二个阶段是投资驱动，配合要素积累进行大规模投入；第三个阶段是创新驱动，依靠技术和生产率的提高；第四个阶段是财富驱动。波特认为，在前三个阶段，经济增长都是上行的，而到了财富驱动阶段，经济增长必然要减速，而且还有可能陷入停滞。中国经济发展已经跨过了要素驱动和投资驱动阶段，当下需要做的是把创新驱动和财富驱动紧密结合起来。

长期以来，特别是2012年以来，制约中国经济增长速度的主要是供给侧因素，是潜在增长能力。随着中国人口趋近于零增长和负增长，需求侧的制约效应将越来越明显。这意味着我国经济增长将面临双侧制约。按照迈克尔·波特的发展阶段划分理论，中国需要把创新驱动和财富驱动这两个阶段和两类手段相结合，在供需两侧同时发力，既要保持创新驱动的动力，也要学会运用积累起来的财富实现增长。

在这个发展阶段，现代化不能回避的一项任务，就是中国特色的福利国家建设。根据国际经验，人均GDP处于10000美元到25000美元的国家，平均来看政府的社会福利支出将从占 GDP 比重 26% 一跃而升到 37%。

从现在到 2035 年，中国正处在人均 GDP 从 10000 美元提高到 23000 美元的发展阶段，应该遵循一般规律建立起自身的福利体系。建立福利国家也是保证人的基本物质文化需求、实现社会政策托底和支撑创造性破坏的必要条件。如果不能在宏观层面为劳动者和家庭提供保障，有关部门就总是有借口在微观层面保岗位、保产能、保企业、保产业，最后的结果就是低效率的企业不能退出，降低整体生产率。

福利国家建设是国力发展到一定阶段必然要走的路。当然，我们也要遵循尽力而为、量力而行的原则，并且要有中国特色。"七个有所"就是中国特色全生命周期的福利保障。每一项内容也都有一般要求和特殊针对性。例如："幼有所育"当前特别要努力降低三育成本；"学有所教"要提高劳动者与人工智能等新科技的竞争力；"劳有所得"特别要着重于解决结构性就业困难；"病有所医"要求实现更加均等的全民医保；"老有所养"着眼于提高社会养老保险的普惠性和均等性；"住有所居"意味着要把保障性住房作为基本公共服务内容；"弱有所扶"则要着眼于社会救助和解决相对贫困。

因此，在从今以后 15 年的这个发展阶段，我国经济发展既要关注供给侧因素，保持潜在增长能力，也要关注需求侧因素，特别是要以促进共同富裕为统领，保障居民消费能力的不断提升，以实现潜在增长率。

促进共同富裕：
长期任务的现实紧迫性

实现共同富裕既是一项长期任务,也是当前的紧迫工作。在正确认识这一长期任务的现实紧迫性时,可以将长期与短期、供给侧与需求侧两对视角结合起来,从而将长期和中期的增长趋势、短期和近期的经济形势以及共同富裕的远景目标结合起来,以避免短期任务与长期目标的优先顺序不当。

长期、短期、供给侧、需求侧四个因素交叉形成四种组合,能够很好地揭示出中国在每个时期的紧迫性挑战和长期任务。比如"供给侧"与"长期"结合,最典型的表现就是2010年中国劳动年龄人口达到峰值,与此相关的是我国经济遭遇供给侧冲击。党中央就此做出中国经济发展进入新常态的判断,部署了供给侧结构性改革,着眼于提高生产率和潜在增长率。这时期虽然经济增长减速了,但是我们仍然实现了自身的合理增长。同时,这个期间我们没有遭遇需求侧的冲击,通过供给侧结构性改革,预期的潜在增长率和后来实现的实际增长率是高度一致的。

再比如"需求侧"与"长期"的结合,正发生在我们面对百年变局和世纪疫情相互叠加的复杂局面之时,这不仅对中国经济造成短期冲击,也形成一个长期的常态制约。也就是说,人口转折点使得中国经济增长的需求侧制约成为常态。2021年我国人口自然增长率是0.34‰,已经接近于人口峰值。同年,65岁及以上老年人的占比已经达到14.2%,按照国际标准,我国已经正式进入老龄社会。人口总量、年龄结构和收入水平以及收入分配这四重效应对居民消费产生抑制作用，使需求对经济增长的制约常态化。人口趋势通常是不可逆转的，至少在可预测的期间如此，因此，稳定和扩大消费需求需要依靠深化改革和推动政策调整，才能保持潜在增长率的稳定，同时以足够的需求水平提供支撑。

从"需求侧"与"短期"冲击的结合来看，新冠肺炎疫情的发生和必要且有时十分严格的防控措施，不仅从供给侧对实体经济活动造成不利影响，也因对就业产生冲击而在很大程度上降低了居民收入增长速度，进而抑制了消费需求。因此，当前的任务是在保市场主体从而保供给的同时还要保基本民生，即通过保障个人的就业岗位，稳定家庭收入和消费，从而不会因需求不足影响消费的稳定，对整体经济的复苏做出保障。

在明确了长期与短期、供给侧与需求侧，乃至宏观与微观的结合框架中观察宏观经济形势和经济增长趋势，进而做出准确判断的必要性之后，我们便能够更好地分析和应对中国经济在新起点上面临的新挑战，从而把促进全体人民共同富裕这一长期目标与应对短期挑战有机衔接起来。

首先，随着人口峰值和更深度老龄化的到来，供给侧稳定潜在增长率的压力将加大。人口因素对经济、社会、民生诸多方面的严峻挑战将愈发凸显，会通过以下表现使原来预测的潜在增长率进一步下降。劳动年龄人口加快减少、人口抚养比加速提高，劳动力短缺现象越发严重，进而影响人力资本改善、资本回报率稳定和生产率提高，最终都通过生产函数产生不利于潜在增长率的效果。中国社会科学院研究者曾经对潜在增长率做出"中位"和"高位"两种预测，前者是自然趋势，后者则是明显加大改革力度的情景。由此看来，应对人口负增长和更深度老龄化，须进一步推动相关领域改革，以"高位"预测的改革力度，获得真金白银的改革红利，至少保障实现"中位"预测的潜在增长率,即实现经济增长速度"取乎其上,得乎其中"。

其次,人口负增长的新挑战在需求侧也突显出来。人口的影响通过四种效应不利于居民消费扩大。一是人口的总量效应。人口就是消费者,人口增长消费自然增长,人口负增长则消费增长就受到抑制。二是年龄结构效应。中国老年人的消费能力、消费倾向比较低,因而老龄社会不利于消费扩大。三是收入效应。经济增长速度放缓从而居民收入增长速度下降,必然以相应的节奏降低消费增长速度。四是收入分配效应。高收入群体消费倾向低,低收入人群消费倾向高但收入不足。因此,收入差距过大必然抑制消费。这不仅从理论上给了我们以警示,而且从几个经历过人口负增长的市场经济国家如日本、新加坡、意大利和希腊的经验中也可以看到,在人口增长到达零点进而转入负增长的同时,消费增长率也随之下降到很低水平。

我们对此必须做好充足的准备,要把扩大总需求特别是居民消费需求以及需求侧改革提上议事日程,置于应有的改革优先地位。在宏观战略上,党中央已经做出重大部署,如以国内大循环为主的双循环、改善收入分配、推动实现共同富裕等,现在紧迫的任务是在战术上对时间表和路线图做出安排。在这方面,理论界和政策研究界的智库学者义不容辞。我在中国社会科学院的同事杜志雄、檀学文等撰写的《我们的共富社会》一书,以八章的篇幅做了有益的尝试。借此机会,基于前面所述来自供给侧和需求侧的挑战,我就如何推动实现共同富裕、在促进经济增长和促进全体人民共享经济发展成果两方面着力,提出一点个人的看法。

第一,消除城乡二元经济结构,特别是促进城镇化发展,降低农业劳动力比重。从现在直到2035年的十几年时间,是一个消除二元结构的机会窗口期。对比高收入国家，特别是处于我国今后 13 年所要经历阶段的国家，即人均国内生产总值 12000—24000 美元的国家，我们可以发现，总体上这些国家的城市化率更高，农业就业比重更低，意味着我们还有很大的差距，要求进一步推进城镇化。第一是要弥补在城镇化方面与这些国家的差距；第二是要消除常住人口城镇化率和户籍人口城镇化率之间的巨大差距；第三是要进一步做好农村劳动力转移就业工作。

如果利用好窗口期，在这些方面取得明显的成效，可以取得一箭双雕的效果。一方面可以增加非农产业的劳动力供给，加速劳动力转移，继续获得资源重新配置效率，从而提高全要素生产率和劳动生产率，达到在供给侧提高潜在增长率的效果；另一方面可以明显增加农民收入乃至全体居民收入，缩小城乡居民之间的收入差距，让人们进城以后变成居民，切实提高消费水平。可见，消除二元经济结构是在供给侧、需求侧都可以带来真金白银改革红利的关键举措。

第二，明显改善收入分配，提高基本公共服务方面的均等水平。过去十余年来我国居民收入的基尼系数总体呈平缓下降的态势，但总体水平仍然偏高。这意味着缩小收入差距既是紧迫的任务，也是符合一般规律的要求。缩小收入差距也意味着需要加大再分配力度，扩大政府在社会福利方面的支出。事实上，很多收入差距比较小的国家，主要是通过税收和转移支付来降低初次分配后的基尼系数。此外，加大基本公共服务保障，可以更好打破基本生活之虞、解除消费后顾之忧和阻止贫困代际传递。

第三，加快和显著扩大政府社会支出，特别是这类支出占 GDP 的比重。根据所谓"瓦格纳定律"，随着人均收入水平的提高，政府支出特别是社会福利支出占 GDP 比重逐渐提高是一个规律性的现象。中国政府支出占 GDP 的比重和社会性支出占政府支出的比重，迄今都仍然偏低，可以说形成了"双重缺口"。把瓦格纳定律放到中国语境中来看，我国今后13年的发展目标是人均GDP从12000美元提高到24000美元，这也是政府支出占比应该加快提高的"瓦格纳加速期"。因此，我们从一般规律和中国面临的现实挑战来看，要明显降低基尼系数、提高人民福祉和扩大消费需求，提高社会福利支出进行再分配的举措既重要又紧迫。

最后，把应对新冠肺炎疫情对民生的冲击与促进共同富裕进行无缝衔接。我们应该对防控疫情与稳定经济和民生，以及疫情后经济复苏、进而继续保持持续经济增长的后劲有充分信心，我们也有足够的物质基础和底气不断加强社会福利体系建设，改善收入分配和做好再分配。更重要的是，在当前所处的发展阶段，经济增长的制约越来越转移到需求侧，因此，"分好蛋糕"以缩小差距并保持消费的稳定和扩大，是"做大蛋糕"即实现经济在合理区间增长的一个必要前提。

基本实现现代化
需要补足哪些短板？

党的十九大提出到 2035 年基本实现现代化的目标，党的十九届五中全会把这一目标具体化为成为中等发达国家。这两个目标在内涵上是一致的，定量的表述即为按照 2020 年不变价和不变汇率计算，人均 GDP 达到 23000 美元，相当于目前葡萄牙等国家的水平。用人均 GDP 表达经济社会发展水平或现代化水平，是一种简单且简洁的方法。同时，人均 GDP 与其他一些关键发展指标之间的内在联系，可以更深刻揭示基本实现现代化的内涵和外延。因此，观察从此时到彼时，即人均 GDP 从 10000 美元提高到 23000 美元的时期，在关键发展指标上，弄清需要补足哪些短板，或者说看清从此岸到彼岸的关键路径，有助于我们认清基本实现现代化的主要任务和所需举措。

到 2035 年基本实现现代化是一个远景目标、战略意图和顶层设计，在达到彼岸的过程中需要填平诸多发展水平上的缺口。与此同时，在实现这个中长期目标的过程中，也要克服每个可能发生的不确定冲击，解决随时出现的短期问题。本文着眼于既解决紧迫的挑战难题又推动实现远景目标，揭示基本实现现代化必须补足的短板，并从具体举措方面提出政策建议。首先，通过形成创造性破坏机制，显著缩小与参照国家在劳动生产率上的差距。其次，继续推动资源重新配置，加快缩小城乡二元经济结构。最后，加强社会共济、社会保护和社会福利，加快中国式福利国家建设步伐。

一、补足现代化短板的窗口期

按照到"十四五"规划期末成为高收入国家和到 2035 年成为中等发达国家的目标，中国人均 GDP 需要在大约 15 年时间里保持 5% 的年均增长率，在 2025 年之前超过 12535 美元这个世界银行高收入组门槛，在 2023 年达到或超过 23000 美元这个高收入国家中间组门槛（参见 World Bank，2021）。根据预测，未来 15 年的潜在增长率足以保障目标的实现。然而，作为现代化表征的一些关键经济社会发展指标虽然具有随人均收入水平提高而改善的特征，却并非人均收入水平提高的自然结果。认真对待这些关键指标，应该成为这个发展时期的政策着眼点和措施着力点。

从现在到 2035 年基本实现现代化的时期，中国将经历从中等偏上收入国家到高收入国家意即从发展中国家到发达国家的跨越。这个重要的窗口期又可以分成两个区段，相应地，中国发展面临的挑战可以从两个方面来认识。第一是稳定跨越中等收入阶段，免于很多国家遭遇过的中等收入陷阱困扰。应该说，完成这个任务已经没有悬念。第二是巩固和提升作为高收入国家的地位，并着力在关键发展指标上缩小乃至消除与发达国家平均水平的差距。能否完美地应对这两个关键挑战，不是轻轻松松的任务，而是决定着中国的长期发展绩效，也决定着基本实现现代化的成色。

按照现价和全年平均汇率计算，2021 年中国人均 GDP 已经达到 12551 美元，越过了世界银行界定的高收入国家门槛。人均 GDP 处于 12000 美元到 23000 美元区间的国家，就是所有高收入国家三等分中的第一组。从这一组别到下一个三等分组即中等发达国家的跨越，是中国在2035年要实现的远景目标。因此，可以形象地把这个发展阶段称为现代化"从门槛到中途"的阶段。以21个近年来稳定处于这个区间的国家作为参照基准，我们可以更好地认识到，除了人均收入之外，中国还需要把哪些反映现代化水平的关键指标作为这个阶段加速赶超的目标（参见World Bank，2022）。

鉴于可以列入这个清单的指标不胜枚举，我们仅抓住几个既作为基本实现现代化目标又作为实现目标必要手段的关键指标来反映中国已经达到和需要进一步赶超的经济发展质量、城乡平衡发展水平和共同富裕程度。利用世界银行发布的最新数据，我们在表1中列举了劳动生产率（每个就业人员创造的GDP）、农业劳动生产率（劳均农业增加值）、农业就业比重（务农劳动力占全部劳动力比重）、城市化率（城市常住人口在全部人口中的比例）和政府支出比重（政府提供货物和服务活动的货币支出占GDP比重），并把中国与"门槛到中途"国家的简单平均水平进行比较，计算出中国与平均水平的差距（相当于平均值的百分比）。

表1 从"门槛到中途"：高收入阶段的若干指标（美元，%）

	劳动生产率	农业劳动生产率	农业就业比重	城市化率	政府支出比重
中国	31234	5609	25	61	—
参照国家	65578	19134	7	71	35
中国差距	48	29	368	87	—

资料来源：世界银行数据库（https://data.worldbank.org/）

这些关键指标的比较，反映了中国已经达到的现代化水平以及预期达到的目标，缩小在这些指标上与更高发展阶段国家之间的差距则可以提示实现目标需要采取的行动。具体来说，在这些方面进一步改善，可以从供给侧保持和提高潜在增长率，从需求侧创造条件以确保增长潜力得到充分发挥。从表1显示的差距我们可以得出结论：中国的整体劳动生产率亟待赶超；重要途径是提高农业劳动生产率，加快农业剩余劳动力转移，进一步提高城市化水平；城市化水平的提高和城乡更加平衡发展，则要求显著提升社会福利水平。

二、挖掘生产率提高的新源泉

从定量角度认识经济发展水平或国家现代化，劳动生产率既表达已经达到的水平，也揭示达到预期水平的现有能力。所以，从目标和手段相统一的角度来看，劳动生产率是一个核心的现代化指标。从中国面临的经济增长制约因素来看，劳动生产率提高更意味着不可或缺的新动能。因此，从中长期目标任务来讲，劳动生产率是基本实现现代化所要补足的最大短板。目前，中国每个就业人员创造的GDP尚未达到"从门槛到中途"国家平均水平的一半，差距可谓巨大。不仅如此，随着中国经济增长趋于减速，提高生产率的堵点明显增多，生产率提高的速度也显著下降，这进一步加大了我们进行生产率赶超的难度。

一般来说，生产率提高有三条途径。第一条途径可以被称为前沿创新，即站在科技前沿上自主创新，并将其转化为生产率的提高。第二条途径是利用后发优势，即主要通过借鉴、模仿和消化发达国家的技术，形成自身需要的应用型技术，并用来提高经济的生产率。这两条途径是生产率的源泉，科研机构、技术研发部门和企业是创新的主要载体。第三条途径是资源重新配置，即主要依靠企业等市场主体的自发动力，通过优胜劣汰缩小产业之间、地区之间和企业之间的生产率差距，从而整体提高生产率。也可以说，这条途径是创新成果转化为生产率的具体机制。

在中国经济发展水平整体提高的情况下，技术上的后发优势随着差距的缩小而趋于减弱。随着劳动力等生产要素从农业向非农产业转移速度放慢，资源重新配置空间也有缩小的趋势，生产率提高越来越依靠在科技前沿上的自主创新。因此，中国生产率提高的速度正趋于放慢。中国每个就业人员创造实际 GDP 的年均增长率，1991—2001 年间为 9.1%，2001—2011 年间为 10.2%，2001—2020 年间下降到 6.6%。一些研究显示，中国全要素生产率也经历了相同的趋势（《径山报告》课题组，2019）。与此同时，中国与"从门槛到中途"参照国家相比，劳动生产率仅相当于后者平均水平的 48%。

中国生产率快速提高的源泉远未耗竭，机会仍然存在。随着中国进入高收入国家行列，自主创新对生产率提高的贡献将显著增强，而这种贡献具有报酬递增的性质和良性循环的效果。与此同时，在相当长的时间里，中国仍有很大的空间可以借鉴国际上现成的科学技术成果，继续发挥后发优势。更为重要并且最具潜力的生产率源泉在于，中国经济中资源重新配置的空间仍然是巨大的。

在中国经济高速增长时期，劳动力从农业向非农产业特别是制造业转移，提升了资源重新配置效率，对整体生产率的提高做出了重要贡献。在这个生产率源泉式微的情况下，仍有两个重要的方向，可以让我们通过改革继续获得资源重新配置效率。其一是沿着产业链条延伸资源配置过程。在中国国民经济行业分类标准中，仅制造业就被划分为 30 个大类、178 个中类和 604 个小类。可见，仅在制造业内部，资源重新配置的链条就足够长，是生产率继续提高的源泉（蔡昉，2022）。其二是在产业和部门内部的企业之间加大资源重新配置力度。在更高的发展阶段，生产率提高愈加依靠企业之间的优胜劣汰，即让效率高的企业生存和壮大，使低效企业退出或死亡。随着改革不断完善这种创造性破坏环境，从中获得的生产率改进效益也将是巨大的。

三、消除城乡二元经济结构

自 20 世纪 70 年代末改革伊始，农业剩余劳动力转移的过程旋即开启。通过为非农产业大规模提供低成本劳动力，在城乡、区域和产业之间进行资源重新配置，这个过程推动了中国经济的高速增长。这个发展经济学所谓的二元经济发展，最终推动农业中劳动力剩余现象趋于消失、农业与非农产业生产率差距显著缩小、城乡之间收入和基本公共服务水平更加均等，即城乡二元结构反差趋于减小。2010 年以来，劳动年龄人口达峰并负增长，劳动力转移速度也相应减慢，中国经济增长进入回归常态的过程。按照发展经济学的定义，这意味着"刘易斯转折点"的到来。然而，根据中国的国情，由于劳动力无限供给特征并未消失，因此，"刘易斯转折点"的到来并不意味着二元经济结构的根本消除。

把二元经济发展的潜力发挥殆尽，更彻底地消除二元经济结构，既是在高质量发展中促进共同富裕的要求，同时也有助于应对新发展阶段的诸多挑战。一方面，在农业与非农产业之间以及城乡之间重新配置资源的潜力尚未开发殆尽。这表现在农业劳动力比重过高，目前是参照国家平均水平的 3.7 倍；城市化率仍然偏低，仅为参照国家平均水平的 87%。这成为农业生产率相对于国际水平和非农产业均低的原因。另一方面，表现在收入和基本公共服务水平上的城乡差距仍顽固存在，也造成居民整体收入和基本公共服务的不均等。不仅如此，由于进城务工者大多没有获得城镇户口，在常住人口城镇化率与户籍人口城镇化率之间，仍然有着18.5个百分点的差距，意味着城乡二元结构被移植到城市内部。

尚存的二元经济结构，不仅意味着中国经济增长潜力尚未充分发挥，也意味着城乡发展格局现状与基本实现现代化的要求仍有很大距离。无论是从基本实现现代化目标来看，还是从保持经济在合理区间增长的要求来看，从现在起到2035年的十余年间，都是消除城乡二元结构的机会窗口期。促进这个进程的突破口是以人为核心的新型城镇化。在这里，以人为核心的含义就是城镇化归根结底要以农民工在城镇落户为目标，而实现这个目标则要求加快户籍制度改革的步伐。

这项改革是典型的改革红利甚丰且报酬递增的制度创新。首先，提高常住人口城镇化率，意味着更多人口在城镇居住和就业，相应降低农业就业比重，增加非农就业比重并通过资源重新配置提高生产率，达到提高潜在增长率的显著效果。其次，提高户籍人口城镇化率，同时缩小乃至消除常住人口城镇化率与户籍人口城镇化率之间的差距，不仅可以稳定非农产业劳动力供给，还可以通过缩小居民收入差距和基本公共服务差距，提高消费能力和消费倾向，达到扩大社会总需求的显著效果。最后，通过形成城乡平衡发展的条件，可以促进农业和农村非农产业发展，提高农村居民生活水平和享受基本公共服务的水平，达到消除二元经济结构的效果。

四、加快建设中国式福利国家

无论是在提高生产率的创造性破坏过程中从社会层面保护劳动者，还是通过缩小城乡收入和基本公共服务差距来消除二元经济结构，抑或应对老龄化程度加深后消费需求减弱的挑战，都要求大幅度提高中国的社会共济、社会保护和社会福利水平。这与德国经济学家阿道夫·瓦格纳概括的一个特征化事实，即"瓦格纳法则"的含义不谋而合。瓦格纳指出，随着发展水平的提高，人们对社会保护、反垄断和规制、履约和执法、文化教育和公共福利的需求不断扩大。由于这类公共品需要政府充当供给者和埋单人，因此，政府支出占GDP的比重将显现逐步提高的趋势（Henrekson，1993）。

如果把政府支出占GDP比重这个指标与人均GDP对应起来的话，我们可以观察到一个规律性的变化特点，即在人均GDP从10000美元提高到23000美元也就是在相当于发达国家"门槛到中途"这个发展区间，政府支出占GDP比重的提速十分显著（图1）。按人均GDP从低到高排列，该指标从第一个国家的22.2%提高到最后一个国家的34.3%，或者从前五

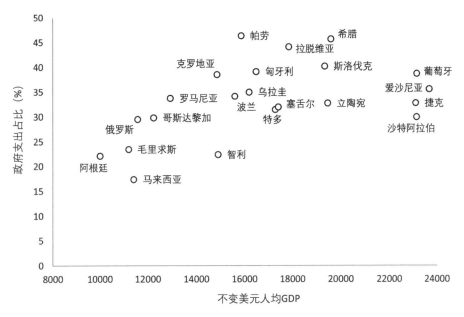

图1　政府支出比重随收入水平提高
资料来源：世界银行数据库（https://data.worldbank.org/）

个国家平均 23.9% 提升到最后五个国家平均 34.3%。这个提升不啻建成福利国家的最后一跃,其发展区间可以被称为"瓦格纳加速期"。

中国应该遵循瓦格纳法则,主动在瓦格纳加速期内加大政府社会福利支出,并不仅仅因为中国正处在"门槛到中途"这个发展阶段,更主要是因为在此期间中国必须应对的挑战。2021 年,中国人口自然增长率仅为 0.34‰,系 1960 年之外新中国历史上最低水平,这标志着中国正进入人口负增长时代。随着 65 岁及以上人口比例达到 14.2%,中国已经进入国际公认的老龄社会。对中国来说,这个人口转折点是史无前例的,必将带来全新的挑战。

近年来,中国老龄化加深带来的潜在增长率下降,以及养老保障和照料需求增大等挑战,已经受到经济学家和决策者的充分重视。然而,人口负增长和更深度老龄化消费需求的预期冲击,尚未引起有关方面应有的政策关注。人口因素一般通过三种效应抑制消费需求,分别是人口总量效应、年龄结构效应和收入分配效应,即在人口增长停滞或负增长、老年人口比重过高以及收入和基本公共服务差距过大的情况下,消费会受到明显的抑制。由于前两个效应产生于人口变化趋势,通常难以回避,因此,改善收入分配、提高基本公共服务供给水平和均等化水平可以说是有效应对人口冲击工具箱中的不二选项。

遵循一般发展规律,并不意味着简单复制瓦格纳加速期的统计数字轨迹,仅仅着眼于提高政府支出在 GDP 中的占比,而是着眼于增强人民群众的幸福感和解决他们的切身福祉问题,从幼有所育、学有所教、劳有所得、病有所医、老有所养、住有所居、弱有所扶等方面着手,建立和健全社会福利体系和相应的制度框架,提供覆盖全体居民和全生命周期的基本公共服务。以促进全体人民共同富裕为目标,遵循尽力而为和量力而行原则,从提高更高水平和更加均等的基本公共服务入手推动这个制度安排，可以定义为中国式福利国家建设。

参考文献

Henrekson, Magnus, 1993, Wagner's Law – A Spurious Relationship? Public Finance / Finances Publiques, Vol. 48（2），pp. 406–415.

The World Bank, 2021, World Bank GNI per capita Operational Guidelines and Analytical Classifications, https://datahelpdesk.worldbank.org/knowledgebase/articles/378833-how-are-the-income-group-thresholds-determined，2021 年 7 月 6 日浏览。

The World Bank, 2022, World Bank Open Data, https://data.worldbank.org/，2022 年 3 月 16 日浏览。

蔡昉：《早熟的代价：保持制造业发展的理由和对策》，《国际经济评论》2022 年第 1 期。

《径山报告》课题组：《中国金融改革路线图：构建现代金融体系》，中信出版集团 2019 年版。

扩大社会性流动
是促进共同富裕的重要途径

　　中国共产党在 100 年的光辉历程中始终坚守为中国人民谋幸福、为中华民族谋复兴。这个初心和使命在党的重要文件中一直以实现全体中国人民的共同富裕得到明确表达。党的十八大以来，促进共同富裕的发展理念得到进一步强调和实施，在增加居民收入、改善收入分配、推进基本公共服务均等化、打赢脱贫攻坚战等民生领域得到充分的体现。党的十九届五中全会围绕确立"十四五"规划和 2035 年远景目标，进一步做出了促进全体人民共同富裕的崭新部署。

　　习近平总书记强调指出，我们决不能允许贫富差距越来越大、穷者愈穷富者愈富，决不能在富的人和穷的人之间出现一道不可逾越的鸿沟。缩小贫富差距的一条重要途径，就在于通过不断拆除各种体制机制障碍，填平各种社会的和经济的鸿沟，扩大劳动力、人才和居民的社会性流动，避免社会分层的固化，促进全体人民共同富裕。共同富裕的一个重要标志是中等收入群体规模和比重大，收入和财富的分配结构呈中间大、两头小的橄榄形状。由此可见，通过体制机制建设使向上流动的通道畅通，以扩大社会性流动的方式，使更多低收入人群跨入中等收入行列，可以在扩大中等收入群体的同时实现共同富裕程度不断提高的目标。

　　如果说中国特色社会主义现代化以全体人民共同富裕为目标，那么中等收入群体不断扩大的要求就是为实现这个目标确立的一个个里程碑，而扩大社会性流动则是里程碑之间的路径。扩大社会性流动需要政府、社会、企业和社会组织以及个人的协同努力。从目标和手段统一的角度，我们可以对扩大社会性流动的几个关键要素进行概括，同时有针对性地提出政策建议。

一、在做大蛋糕的前提下努力分好蛋糕

走向现代化的中国面临着诸多发展中的问题和成长中的烦恼，而经济增长速度保持在合理区间、实现经济和社会的协调发展，是解决中国所面临挑战的基础和关键。根据党的十九届五中全会部署，中国预期在 2025 年进入高收入国家行列，在 2035 年成为中等发达国家。根据对 GDP 潜在增长率的预测，今后 15 年间，中国可以实现年均 5% 左右的经济增长速度，到 2025 年人均 GDP 可达到 14000 美元，显著超过世界银行定义的高收入国家门槛，到 2035 年人均 GDP 接近 23000 美元，基本进入高收入国家中间组的行列。

要实现潜在增长率或发挥潜在增长能力，还需要社会总需求予以充分保障，把增长潜力转化为对应的实际增长率。在人口老龄化日益加深、特别是 2025 年之前中国总人口预计达到峰值的条件下，出口、投资和消费的稳定增长也面临日益严峻的挑战。其中，居民消费需求必须充当需求拉动的主要动力。扩大消费需求的首要条件是居民收入水平的增长与 GDP 增长的基本同步。党的十八大以来，居民收入与经济增长保持了良好的同步性。如果坚持这个同步水平，即按照与潜在增长率相同的增长速度，居民可支配收入预计在 2020 年 32189 元的基础上，2025 年达到 42000 元左右，

2035 年达到 67000 元左右。

在居民收入增长的同时还需要进一步改善收入分配，这既是不断促进共同富裕的必然要求，也是把居民日益提高的收入转化为有效消费需求的关键。一般规律是，高收入人群的边际消费倾向偏低，低收入人群的边际消费倾向较高，过大的收入差距具有抑制社会消费的不利效应。在老龄化加速的条件下，部分老年人群体也会处于低收入状况，成为抑制消费扩大的因素。因此，扩大消费需求的一个重要着力点是在初次分配和再分配领域同时用力，针对重点人群增加社会低收入组的收入水平，通过缩小各类收入差距把更多人口培育为中等收入群体，同时使其成为扩大总消费的主力军。

二、提高社会各类群体的经济活动参与率

就业是民生之本，更广泛的就业和创业活动是实现共同富裕之源。形成人人参与的发展环境，首要任务是实施就业优先战略和积极就业政策，把劳动力市场配置资源、公共就业服务和劳动力市场制度良好结合，提高有能力有意愿人口的劳动参与率。从理论和实践相结合的层面，我们可以选取以下几个重要问题进行探讨并提出建议。

首先，帮助重点人群提高劳动参与率。积极就业政策形成以来，针对面临的长期就业促进、经济增长常态下的自然失业治理和就业困难扶助、遭遇冲击时的周期失业治理，以及劳动力市场制度建设诸项任务，发挥了有效扩大就业数量、提高就业质量的作用。同时，按照把就业优先政策置于宏观政策层面的新要求，政府各部门把各项就业促进任务有机结合起来，逐步增强了政策措施的有效性和力度。进一步提高劳动参与率，涉及诸多

重要的人口群体,其中老年群体的就业问题最富于挑战性,现实中存在的问题与老龄化特点以及现存的体制机制的不适应相关。

在现代社会,劳动年龄人口从理论上讲不应该有年龄上限。也就是说,规定就业最低年龄界限是保护儿童所需要的,而退休年龄只应该是享受养老金的起点年龄,根据个人能力和意愿,不应设定参与就业的年龄上限。作为一个历史遗产,中国的劳动年龄人口的受教育程度具有随年龄递减的特点,临近退休以及达到法定退休年龄的劳动者群体明显缺乏劳动力市场的适应力和竞争力,从而形成随着年龄增长劳动参与率降低的现状。对此,有必要在改变观念的前提下重新设计激励机制。按照共同富裕的目标要求,一个需要树立的新理念是,提高劳动参与率是渐进式延迟退休的目标。在这一理念下推进渐进式延迟退休政策,一是要让延迟退休的劳动者能够分享劳动参与率整体提高的红利,能够在更长时间就业和较短时间领取养老金的组合下,实现终身总收入更大;二是鼓励退休人员在领取养老金的同时继续参加就业,同时享受就业报酬和养老保险双重收益。

其次,通过增加居民消费提高各群体的广义经济活动参与率。渐进延迟退休年龄和加快转移农村剩余劳动力,无疑有利于提高劳动参与率,增加劳动报酬和城乡居民收入。在人口老龄化加快、需求越来越成为经济增长制约因素的情况下,这些群体不仅通过提高劳动参与率从供给侧对经济增长做出贡献,他们的收入增加还将显著扩大消费需求,通过乘数效应从需求侧对经济增长做出贡献。为达到这样的结果,还需要其他政策协同发力,以解除上述人群对基本民生的后顾之忧,提高他们的消费倾向,以便做到消费需求同收入之间保持合理比例的扩大,把劳动参与率提高的结果最大限度地转化为经济活动参与率的提高。

第三,消除各种体制机制障碍,拓宽转移劳动力的社会性上升通道。

社会流动既包括人口、劳动力在城乡之间、地区之间和行业及岗位之间的横向流动，也包括由前者推动的在职业类别、收入分组、教育和技能水平以及社会身份等方面的纵向流动。农村剩余劳动力转移到城市从事非农产业就业，是典型的横向流动，也通过劳动报酬的不断提高，增加了农民工收入以及农户的工资性收入。然而，由于绝大多数农民工尚未取得打工地的城市户籍身份，他们在城镇还没有完全均等地享受基本公共服务，技能提高、职业发展和收入地位改变这种纵向流动通道还不通畅。因此，加快以农民工市民化为核心的户籍制度改革，就是推动以人为核心的新型城镇化的具体路径，也是促进社会性流动的重要突破口。

三、形成分享生产率提高成果的社会机制

按照1978年不变价计算的中国人均GDP，从1978年的385元提高到2020年的10475元，并且预计在2025年达到约13800元，在2035年达到约22000元。实际上，GDP这个指标所表达的是全年创造的最终产品和服务的总值的人均占有水平，因而也就反映了全国平均的劳动生产率水平。根据测算，从现在起到2025年以及2035年的人均GDP增长幅度，分别为约32%和60%，这也代表着今后15年里的劳动生产率提高幅度。无论是理论逻辑、历史经验还是现实需要都提出了对这个劳动生产率提高成果进行分享的要求。

在分享生产率提高成果的过程中，政府的责任是履行完善社会保障体系、加强普惠性社会保护的职能。在社会主义市场经济条件下，扩大社会性流动的微观动力来自每个人的辛勤劳动与市场激励机制的结合。通过参与就业创业等经济活动，个人和家庭的收入水平得以提高，社会地位获得

提升，人的价值和全面发展要求得到实现。市场机制具有优胜劣汰的激励效果，同时也带来创造性破坏。为了提高效率，市场机制不需要保护低效市场主体和过剩产能，甚至可以不必保护那些不符合比较优势的产业和岗位，但是，作为经济活动参与者的人，在任何时候都需要得到社会保护。因此，越是需要充分发挥市场配置资源的决定性作用，也就越是需要加强社会保障体系、劳动力市场制度和社会共济机制，实现社会保护的全覆盖。

从全球范围数据得出的统计规律看，处于人均 GDP 从 10000 美元到25000 美元提升阶段的国家，通常经历了一个社会福利水平大幅度提高的过程，政府的社会支出占 GDP 比重大体上从 26% 的水平跃升至 36% 这个福利国家的标志性水平。从现在起到 2035 年，中国恰好处于这样的发展阶段，不应该成为这一规律性变化的例外。从理念上讲，福利国家并不等同于高福利国家，更不等同于做出超越发展阶段的过度承诺，而是要对每个公民全生命周期的收入和支出做出平滑配置的公共政策。从这个意义上说，今后 15 年正应该成为加快建设中国特色福利国家的时期。

参与生产率成果分享也是包括企业在内的各类主体履行社会责任的活动。其中最重要的参与方式就是救助性捐赠、慈善事业和志愿者活动，相应产生所谓第三次分配的效果。生产率提高在不同行业表现不一，收入在各群体之间的分配也存在差异，借助传统美德、先进文化、公序良俗等的激励和影响，企业、个人和社会团体通过自愿捐赠、从事慈善事业、志愿行动等方式回馈社会、扶贫济困，是对社会再分配的有益补充，也是分享生产率整体提高成果的有益方式。之所以称之为第三次分配，一方面是说这个分享形式主要还是补充性的，不能代替再分配基础上形成的国家福利体系；另一方面是说它的确也具有一定的再分配功能，通过济贫、济困和救急等行为，或大或小地产生缩小收入差距、拓展困难群体上升通道，进而缓解社会矛盾和增强社会凝聚力的效果。

企业在参与第三次分配的同时，也有大量机会从经营活动方面参与生产率提高成果的社会分享。理论上说，经济活动从第一产业到第二产业乃至第三产业的演变，以及三个产业的此消彼长，都是在更初始产业的生产率达到一定高度的基础上发生的。由于这种变化符合产业结构演进的规律，因此只以纯粹的经济发展过程表现出来，企业的参与也属于纯粹的市场行为。然而，在更高的发展阶段上，也有一些更具社会效益或者外部效应的经济活动，因为具有更明显的生产率分享性质，企业并不完全从盈利动机出发或以纯粹市场主体面貌参与，而是可以按照政府补贴和企业履行社会责任的方式进行。

这类活动涉及有利于提高人类发展水平、促进社会性流动、改善民生和促进可持续发展等诸多基础性领域。例如：改善人民身体和心理健康的公共卫生服务供给，拓宽居民精神享受空间的活动，以及提升人力资本等服务的供给；通过家庭照料活动的社会化拓展家庭预算曲线，使其在劳动参与同生育、养育和教育子女活动之间的权衡中，能够更好兼顾社会和家庭利益；有利于协调代际关系，促进可持续发展和应对气候变化的绿色投资；重新确立技术创新和技术应用导向，创造更多就业机会和更高质量工作岗位；具有远见的科技创新探索活动，以及准公共品性质的科技应用基础设施安装活动等。通过树立以人民为中心的发展观，企业和投资者可以在经济活动的众多领域和环节履行自身的社会责任，促进生产率提高成果的全社会分享。

如何避免现代化进程
停滞或中断

习近平总书记指出："重点要防控那些可能迟滞或中断中华民族伟大复兴进程的全局性风险，这是我一直强调底线思维的根本含义"。[①] 2021 年，中国人均 GDP 已经达到 12551 美元。世界银行为 2021—2022 年确定的高收入国家门槛为人均 GNI 达到 12695 美元。因此，按照预期的增长速度，2022 年中国无疑可以跨过这个门槛，进入高收入国家行列，这意味着提前实现预期"十四五"时期末达到的目标。跨过这个收入门槛无疑十分重要，然而，处在这个人口转变和经济发展阶段以及宏观经济时点的中国仍然不能掉以轻心，需要保持清醒。

从世界经济发展来看，有两组国家的经验教训值得高度关注。其一，一些国家曾经在跨过高收入门槛之后，经济增长停滞甚至倒退，重新回到中等收入阶段，并长期徘徊于中等收入陷阱。其二，有些国家虽然保持住世界银行分组的高收入国家地位，却遭遇经济社会发展进步迟缓，在一系列现代化指标上止步不前。本文基于这类可能造成现代化过程停滞或中断的现象，分析其风险、表现、原因，并结合中国的情况有针对性地提出政策建议。

---

① 中共中央宣传部：《习近平新时代中国特色社会主义思想学习纲要》，北京：学习出版社、人民出版社，2019 年，第 246 页。

一、现代化进程停滞或中断的"显示性特征"

从那些跨过高收入门槛之后出现发展倒退和停滞现象的国家的角度来说,固然"不幸的家庭各有各的不幸",但是,通过国际比较也可以发现一些共同的外在表现,并且在统计指标上有所反映,我们可以称之为中断或延迟现代化进程的"显示性表征"。

第一个表征是经济增长失速。这里说的"失速"并不是"减速"的同义语。随着一个经济体进入更高的发展阶段,增长速度逐渐减慢是一个不可抗拒的规律,伴随着潜在增长率下降,实际增长减速也是可以接受的,经济学家称这个趋势为"回归到均值"。一般可以以世界经济的平均增长率作为这个"均值"的代表,就是说以往高速增长的经济体,将遵循潜在增长率下降的轨迹,向世界经济平均增长速度趋同。然而,只要这个趋同或回归的过程在降到谷底之前保持时间足够长,对中国来说这个过程能够持续到全面建成现代化之时,或者说人均 GDP 至少达到高收入国家的平均水平,就仍然属正常的增长,就不算失速。

国际经验也好,中国已经获得的经验也好,都表明失速分别产生于供给和需求两个方面。从供给侧来看,如果在传统动能式微、正常潜在增长率下降的同时,经济发展方式未能实现根本转变,生产率没有得到显著提高,那就意味着新增长动能的培育未能抵消传统动能的衰减,结果是潜在增长率超常过快下降。从需求侧来看,在外部需求和投资拉动都不再足以支撑经济增长潜力发挥的条件下,如果居民消费未能成为居于主导的需求拉动力,则会造成需求因素难以支撑潜在增长率实现的局面。

第二个表征是收入差距过大。在高速增长时期,由于非农产业的劳动参与率得到持续提高,就业处于扩大状态,虽然有较大的收入差距,经济增长成果也能够在或大或小的程度上得到分享。而在更高发展阶段上经济增长减速的情况下，如果收入分配政策不够得力，收入分配状况往往会趋于恶化。这就是为什么从跨国统计上我们往往看到中等收入国家的基尼系数较大、高收入国家的基尼系数较小的原因。在人均 GDP 跨过高收入门槛的国家中，基尼系数超过 0.4 的只有三个拉丁美洲国家以及美国；在人均 GDP 超过 23000 美元（即中等发达国家标准）的高收入国家中，基尼系数超过 0.4 的只有美国一个国家。从经济增长的需求因素来看，过大的收入差距通常产生对消费的抑制作用，导致社会总需求不足，进而妨碍增长潜力的实现。

第三个表征是社会不稳定甚至政治失序。经济增长速度和收入差距扩大，使得居民生活水平不能得到期望的改善，在很多国家都引起社会不满。在一些国家，政治家在竞选过程中虽然一味做出改善民生的承诺，但是由于终究解决不了做大蛋糕的问题，分好蛋糕的承诺也只能流于竞选口号，口惠而实不至；他们采取的一些具有民粹主义性质和内涵的经济政策，往往既损害激励和效率，也不能真正改善民生，反而伤害了经济增长的可持续性。在极端情况下，有些国家甚至陷入经济、社会、政治相互产生负面影响的恶性循环。

二、中国在现代化途中面临的风险挑战

中国在迈向现代化途中并不总是一帆风顺，而是面临着诸多发展中的问题和成长中的烦恼。一个新的阶段性变化及其对经济增长的新挑战，来自人口变化的最新趋势。2021 年，中国人口自然增长率仅为 0.34‰，按照正常趋势，中国即将进入人口负增长时代，比联合国 2019 年做出的预测

至少提前十年。随着65岁及以上人口比例达到14.2%，中国已经进入国际公认的老龄社会，比联合国预测至少提前五年。经验表明，人口转变的阶段特点通常显著地影响中国经济增长的趋势，而每逢发生人口阶段性变化特别是重要的转折之时，变化的因素都给中国经济增长带来不容忽视的挑战。所以，这一人口新趋势将构成现代化过程中的一个常态，提前到来的人口峰值和老龄社会构成一个新的国情，既是机遇也有挑战。

首先，劳动年龄人口加速减少，使实现2035年远景目标的经济增长能力受到制约，潜在增长率下行速度可能加快。2013年15—64岁劳动年龄人口达到峰值之后，呈现以加速度绝对减少的趋势，导致潜在增长率趋于下降。这也是2012年以来中国实际增长速度放缓的原因。在更深度的老龄化条件下，劳动年龄人口减少的趋势不仅将继续，而且速度下降将加快，对增长可持续性的挑战依然巨大。如果不能尽快实现发展方式转变和增长动能转换，使生产率替代要素投入成为增长的主要驱动力，就难以从供给侧得以保持一个符合预期增长速度的潜在增长率。

其次，人口总量达到峰值将产生一个以消费收缩为特征的冲击因素，随后，经济增长受需求因素制约将成为一个新常态。虽然中国人口规模仍然巨大，将以超大市场规模支撑经济增长，但是一方面人口规模发挥市场潜能归根结底在于居民收入增长和分配，另一方面，人口从正增长到零增长乃至负增长的变化将是一次不可忽视的冲击事件。国际经验显示，在人口达峰的时点上，消费通常跌到极低甚至零或负增长的水平上，同时导致经济增长达到低点。随后，在人口负增长时期，消费乏力和投资需求不足导致过度储蓄以及其他长期停滞的特征，使实际增长达不到潜在增长率，造成实际增长率与潜在增长率之间的增长缺口。经济增长的需求侧制约对中国来说是一个全新的挑战，从一定意义上说，政府和经济主体均未做好充分准备。这要求我们把短期应对手段与长期增长预期有效衔接，把需求侧改革提到结构性改革的日程上来，并置于优先位置。

最后，更深度的老龄化对保障和改善民生、促进共同富裕提出严峻挑战。国际上的通用标准是，65 岁及以上人口占比即老龄化率超过 7% 的国家，就属于老龄化社会；老龄化率超过 14% 属于老龄社会；老龄化率超过 21% 则属于极度老龄社会。与之前相比，中国在正式进入老龄社会之后，老龄化特征更加典型和愈显突出，人口年龄结构呈现出全新的"双寡"特征，即"生之者寡"（劳动力短缺）和"食之者寡"（消费群体萎缩），必然带来更加严峻的社会经济问题。这突出表现在老年抚养比的更高水平和更快增长速度。由于中国的社会养老保险制度仍属于"现收现付"模式，老年抚养比的提高就意味着养老基金的收支格局发生变化，也就是将出现入不敷出的态势。类似的，诸多基本公共服务和社会服务供给目前都处于紧平衡运行状态，随着老龄化冲击将更加趋紧乃至出现严重的供不应求局面。

三、确保现代化如期推进的政策建议

第一，从供给和需求两侧发力，保持经济处于合理增速区间。从供给侧，核心是通过深化改革、转变发展方式和转换增长动能，稳定和提高潜在增长率。潜在增长率取决于生产要素供给和配置，有利于增加劳动力和人力资本供给以及生产率提高的举措都可以帮助我们赢得提高潜在增长率的改革红利，包括：通过户籍制度改革增加非农产业劳动力供给，以及通过促进劳动力流动继续提高资源重新配置效率；教育深化和教育体制改革提高人力资本，提高就业、创业和创新能力；通过培训等公共就业服务提高大龄劳动者的实际劳动参与率，延迟实际退休年龄；企业改革立足于促进公平竞争和平等获得要素资源，通过扩大进入、允许退出等优胜劣汰机制提高微观活力和宏观经济韧性；推进政府改革，实现有限政府、有为政府和有效市场的统一等。

第二，从现代化的共性着眼，从关键的现代化指标入手，以中国特色途径，加快缩小与参照国家的差距。把现状与现代化共性特征进行定量比较，可以找到和抓住推进现代化必需的制度建设和推进路径。比较适宜于现阶段比较的参照国家，应该是以人均 GDP 高于中国的国家为起点、以初步进入中等发达国家行列（即高收入国家三等分的中间组）为终点的这个收入组，人均 GDP 为 12000 美元到 23000 美元。首先，作为瓦格纳法则的一个特殊表现，中国在 2035 年前处于瓦格纳加速期或福利国家建设的冲刺阶段，政府社会支出的 GDP 占比应大幅度提高。其次，应充分利用消除城乡二元结构的重要窗口期，显著缩小城乡劳动生产率、收入水平和生活质量以及基本公共服务可获得性上的差距。最后，应围绕提高农业农村现代化的任务目标推进乡村振兴，通过扩大农业经营规模和推动劳动力转移以提高农业劳动生产率。

第三，从初次分配、再分配和第三次分配三个分配领域着力，加快促进全体人民共同富裕。现代化最基本的共性是富裕，中国式现代化的个性要求是共同富裕。实现现代化主要目标的路径，最能突出体现现代化的共性与中国个性。因此，从人民福祉的现状出发达到期望的共同富裕目标，设计好从此岸到达彼岸的路径，可以最恰当地体现共性与个性的统一，创造中国式现代化新道路和人类文明新形态。

在初次分配领域，更加倚重市场配置资源的决定性作用，更加注重效率原则和激励机制，依靠市场形成的激励机制，调动各个群体的就业、创业和创新积极性，促进各行各业各个地区的均衡繁荣发展，实现公平与效率的有机统一。要在再分配领域更加注重公平，显著加大再分配力度，通过税收、转移支付和基本公共服务供给保障和改善民生。第三次分配领域，除了慈善事业、企业社会责任和社会志愿者行动等传统方式之外，要特别注重通过激励机制和助推设计，促进企业和其他经济主体经营向善、技术向善、算法向善和创新向善。

第四，以稳定居民收入和消费为目标，从保民生和补短板入手，力争实现2022年及以后的经济增长预期目标，为其后十余年的经济合理增速奠定坚实基础。稳增长通常需要从两个方向着眼和发力，一方面是保护好市场主体这一"青山"，另一方面是培育起居民消费这一"沃土"，两个方向的任务需要协同和相互支撑，稳增长的效果才是可持续的。处理好这个关系，有必要从这两个政策对象的性质特点入手，加深对两种政策效应的认识。一般来说，市场主体是变化的，无论在正常时期还是在遭遇冲击的情况下，市场主体总是处于不间断的进与退、生与死过程中，所谓"创造性破坏"是高质量发展阶段生产率提高的源泉。另一方面，居民消费是基本民生的表现，并且是市场主体的需求条件，无论何时何地都要得到保障，在人口负增长和更深度老龄化冲击条件下更加重要。因此，保市场主体更需要精准施策，把握好时机和分寸，稳居民消费则适宜于采用更加普惠性的措施，保持稳定性和可持续性。

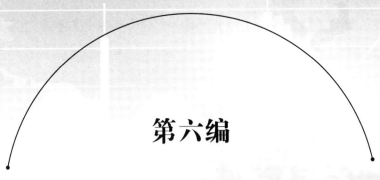

第六编

转换思维范式

从"四新"认识
中国经济发展任务

　　党的十九届五中全会审议通过了《中共中央关于制定国民经济和社会发展第十四个五年规划和二○三五年远景目标的建议》，一个相关的问题必然是：世界经济和国际企业界将如何从中国"十四五"规划乃至更长时期的发展中获益？在尝试回答这个问题之前，我们有必要简要地了解一下中国这个中长期发展规划的突出亮点。从整体上把握中共中央关于"十四五"规划乃至更长时期发展的"建议"，可以着眼于四个"新"字，分别为新发展阶段、新发展目标、新发展理念和新发展格局。

　　第一，进入新发展阶段。2020 年对于中国来说极其重要，是全面建成小康社会的一年，以诸如人均 GDP 超过 10000 美元、城乡居民收入总体上比 2010 年提高一倍，以及农村贫困人口全部脱贫等一系列社会经济指标的关键性改进为标志。随着这一任务的完成，中国将开始全面建设社会主义现代化国家的新征程，即在 2035 年基本实现社会主义现代化，2050 年建成富强民主文明和谐美丽的社会主义现代化强国。所以说，由此进入新发展阶段。

　　在新征程中，中国将面临的各种挑战，皆属于发展中的困难和成长中的烦恼。中共十九届五中全会特别突出讲到的是复杂多变的中国发展外部环境和国内发展变化带来的新问题。挑战和机遇并存，一旦正确应对，挑战便可以转化为机遇。

第二，确立新发展目标。中共十九届五中全会确定了"十四五"时期经济社会发展主要目标以及 2035 年远景目标。按照惯例，人们期望全会对两个时间段提出经济总量和人均收入定量增长的预期性要求。实际上，权威部门也进行了测算，认为中国经济完全有希望、有潜力保持长期平稳发展，到"十四五"规划末达到现行的高收入国家标准，到 2035 年实现经济总量或人均收入翻一番。

不过，出于三方面的考虑，即第一，中国经济增长面临着不确定性和风险隐患，第二，在新发展阶段，应该更关注发展质量，第三，全会着眼于大方向和大战略，具体的部署可以在政府的规划纲要中做出，因此对于发展目标，全会采取了以定性表述为主、蕴含定量的方式。也就是说，中国人均 GDP 在 2025 年进入高收入国家的行列，在 2035 年进入中等发达国家的中间行列。

考虑到今后中国经济的潜在增长能力和人口增长情况，中国社会科学院研究者预测，2021—2035 年间，人均 GDP 年均潜在增长率为 4.81%，呈现前期较快并随时间减慢的趋势。也就是说，按照这个增长速度，预计中国实际人均 GDP 在 2025 年将达到 13852 美元，即超过世界银行定义的高收入国家门槛（大约 12000 美元），2035 年达到 21731 美元，接近于达到高收入国家三分位中间组的门槛（大约 23000 美元）。

有诸多因素可能使中国人均收入的实际增长率偏离这个预测。最主要的不利因素是，2020 年显然不能实现预期的增长率，随后一到两年也存在着不确定性。有利的因素是，研究表明，诸多关键领域的改革可以带来改革红利，显著提高中国经济的潜在增长率。

第三，践行新发展理念。中国经济正在加速从高速增长阶段转向高质量发展阶段。在"十四五"规划期间乃至更长时期，中国经济增长速度将继续 2012 年以来的下行趋势，这是符合经济发展规律的，也是可以接受的。但是，在这个新常态下，经济发展的质量和效益必须得到显著提升。

新发展理念包含的五个方面，完整定义了什么是高质量发展。创新发展强调把经济增长的引擎从要素投入转向生产率提高。协调发展着眼于改善诸如城乡之间，东中西部三类地区之间，出口、投资和消费需求三套车之间等一系列平衡关系。绿色发展着眼于应对气候变化、环境保护和资源可持续性等方面的挑战。开放发展表明了中国继续对外开放、积极参与全球化的决心。共享发展是对解决诸如收入差距和基本公共服务供给不均等问题的部署。此外，中共十九届五中全会还特别强调了统筹发展和安全。

第四，构建新发展格局。中共十九届五中全会提出的崭新建议之一，是加快形成以国内大循环为主体、国内国际双循环相互促进的新发展格局。经济学家通常将其简称为"双循环"。值得指出的是，双循环格局并不意味着中国既有发展导向的偏移，而是更加注重供给侧改革和需求侧政策之间的协调与相互促进，合理平衡国内循环与国际循环的关系以及出口、投资和消费需求之间的关系。

双循环的必要性既是世界经济大环境决定的，也是中国自身发展变化所要求的。在世界经济陷入以低通货膨胀率、低利率、低增长率为特征的"长期停滞"状态的同时，中国的人口老龄化从两个方面给经济增长带来严峻的挑战。首先是供给侧冲击。16—59 岁劳动年龄人口从 2012 年进入负增长阶段，导致劳动力短缺、人力资本改善减速、资本回报率下降，以及劳动力流动带来的生产率提高速度减慢，导致中国潜在增长能力和实际增长率放缓。其次是需求侧冲击。预计中国总人口将在 2025—2030 年间达到峰值，并开始负增长。根据国际教训，这将产生投资和消费需求双双降低的倾向,加大中国实现潜在增长率的难度。

一系列改革和政策调整,要么有助于应对供给侧挑战,要么有助于应对需求侧挑战,或者具有双重效果。首先,深化国资国企、金融体制、教育和培训体制以及劳动力市场等领域的改革,有助于提高潜在增长率,应对供给侧挑战。其次,诸如降低关税、推进基本公共服务均等化、改善收入分配和加大再分配力度等政策,有利于扩大出口、促进投资和刺激消费,是需求侧政策。第三,旨在推进农民工市民化的户籍制度改革,一方面可以通过提高劳动参与率和促进劳动力流动提高潜在增长率,另一方面可以通过提高农民工就业稳定性、家庭收入和社会保障水平而扩大消费。

第五,世界如何从中国实施新规划和愿景中获益? 在新发展阶段上贯彻落实新发展理念、构建双循环新发展格局,中国经济既可以保持世界领先的增长速度,也可以实现更高质量、更有效率、更加公平、更可持续、更为安全的发展。其他开放经济体和世界经济整体可以更充分地从中国经济增长的溢出效应中获益,国际工商界也将有更多机会搭乘中国发展的顺风车。

世界预期从中获益的方面,首先是中国引擎。2010—2019 年间,中国对全球经济增长贡献率为 28.9%。目前中国 GDP 在世界占比为 16.4%,即便增长速度有所放缓,也会成为世界经济的引擎或动力源。其次是中国市场。中国最终消费目前的世界占比仅为 12.1%,低于大多数主要经济体,但是消费总额的增长率却是世界最快的,以 14 亿人口总规模和超过 4 亿中等收入群体,中国居民将成为极为显著的全球消费者。第三是中国建设。各种旨在扬长补短、均衡区域发展水平以及以人为核心的新型城镇化战略,都将创造各种新增长极和增长点,产生大规模投资需求。第四是中国倡议的"一带一路"建设,将继续以共商共建共享原则推进,通过基础设施互联互通和第三方市场合作,为各国投资者创造更多参与机会。

新发展阶段
需要创新经济学研究

党的十九届五中全会指出，我国已经进入新发展阶段。从经济研究的角度，我们需要深刻领会这个新发展阶段的经济学含义，以理论创新和方法创新跟上发展阶段变化的要求。我们应该着眼于经济发展正在发生或者必将发生的变化，以习近平新时代中国特色社会主义经济思想为指引，转变经济研究的理念和理论，进而探索新的研究范式、新的研究方法、新的研究课题。在本文中，我以提出问题为主，并未予以直接回答，只是希望经济学界同行将来的在研究中予以参考。

第一，从所处的经济发展阶段来看，我国亟待从生产要素投入型的增长模式转向生产率提高型的增长模式。人口红利曾经给予要素投入型增长模式发挥作用的机会。例如，劳动力无限供给以及由此产生的高资本报酬率，都是那种增长模式发挥作用的必要条件。然而，如今这些条件不再成立，人口红利正在加快消失。经济增长研究有责任、有义务探索新的发展方式、新的增长源泉和新动能，特别是与之相关的条件。

过去，我们在高速增长时期依靠的是一种赶超型模式，打破了一些传统经济学假设。传统理论特别是新古典增长理论隐含的经济学假设，是劳动力短缺因而资本报酬递减，因此可以导致后起地区或发展中国家的增长速度快于发达地区或发达国家的情况，这就产生了新古典增长理论的所谓

"条件趋同"。例如,罗伯特·巴罗等人做过很多这方面的经验研究。就中国经济来说,劳动力无限供给可以在一段时期内避免报酬递减现象的发生,所以资本积累对经济增长做出了很大的贡献。

如今情况发生了变化。在国际上,我们不再完全是赶超者的身份。就我们自身来说,劳动力无限供给特征也在消失。因此,从经济学意义上看,需要更多地探索报酬递增条件下的增长问题。从理论上说,不同于早期发展经济学时代,如今报酬递增在理论上有了新的进展。从实践上说,创新发展和探索新的比较优势,也需要研究报酬递增的问题。也就是说,我们亟待进行一个从二元经济发展范式、从人口红利模型向一个新的经济增长研究范式和模型的转变。

第二,从生产率提高的源泉来看,我们也面临着从传统模式和研究范式中转变出来的任务。现实中,我们的生产率源泉正在经历着从以劳动力转移带来资源重新配置效率为源泉的库兹涅茨范式,向以创造性破坏为特征的熊彼特范式的转变。与此相应,还同时发生着一个从具有帕累托改进性质的资源重新配置,向优胜劣汰的进退生死机制的转变。过去资源重新配置机会多,劳动力从农业到非农产业、从农村到城镇、从中西部到沿海地区的转移,都是重新配置的机会,改革红利大家都可以有份。如今资源重新配置从产业层次进入更加微观的层次,特别是在部门内、企业间重新配置资源,企业需要在进退生死中竞争,才能得到机会。

如何拥抱创造性破坏环境,既能承受破坏导致的不利结果,还能获得创造带来的好处,需要经济学创新予以回答。过去在发展中国家出现很多中等收入陷阱的现实情况,在某种程度上说,也是由于经济学没有过好这一关,即经济学理念和研究深受新自由主义教条的影响,没有跨越智识上的"中等收入陷阱"。无论前因后果如何,经济学本身终究要对中等收入陷阱负一定责任。这个结论，至少在拉丁美洲是成立的。在那里，政策上先是相信市场万能，后来又转向民粹主义，经济学家（如智利的"芝加哥小子"）的研究结论和政策建议难辞其咎。

第三，从市场主体的经营和创新环境来看，从不受约束和监管的市场，转向更规范的宏观调控和市场监管。作为一般常识，反垄断、保护消费者权益、尊重个人隐私当然是不可回避的市场规则和社会伦理要求。从这个特殊的时代来看，由于新技术革命及其带来的产业革命，零边际成本和报酬递增的特征越来越明显，垄断成为一个如影随形的现象，常常还以"赢者通吃"的极端形式表现出来，产生一系列在以往经济学认知范围之外的新垄断形态。

我们以往对垄断的研究本来就不够，如今也仍然重视不够，极而言之，包括我本人在内的多数经济学家并不懂垄断理论。有的企业家甚至把垄断与计划经济误认为是同一个东西，甚至公开唱赞歌，也就一点都不奇怪了，因为经济学家从来没有说清楚过什么是垄断。不过，如今在理论上也是一个弯道超车的时机，传统理论在尝试对很多新现象进行解释时捉襟见肘，说明我们面临着研究范式的转换。

第四，从区域经济发展来看，也出现了一些传统理论难以完美解释的新现象。正在发生的地区差异模式，可以表述为从以地理、资源和发展历史具有决定作用的区域差异，转向无法从理论上得到预期的新的发展因素所导致的区域差异。例如，以往我们很容易就能预想到，城市相对于农村是发达的，沿海地区相对于中西部地区是发达的，胡焕庸线的东南部相对于西北部是发达的。但是，如今我们就不太容易找准为什么中国最早的一些现代工业起源地经济发展会严重滞后。

所以，需要从经济学的角度突破富国（地区）与穷国（地区）对比划分的传统二分法范式。换句话说，类似杜能"中心—边缘"模式和胡焕庸线这样的分析框架固然仍有意义，但是，新的区域差异呈现出很多新特征，是传统二分法所难以包容的。这就要求我们从全球化、新科技革命、现代供应链、人口老龄化和人口流动等诸多崭新的变局特点，寻找认识区域经济发展的新分析框架和分析手段。

第五，从企业目标和导向来看，也酝酿着一个变化，即从股东利益优先从而利润最大化，转向包括多重目标在内的社会责任进入企业目标函数和生产函数。必须考虑的利益相关方包括股东、员工、供应商、消费者、社区、社会乃至地球。股东利益优先的原则是过去几十年才形成的规范，从经济学来说，单一利润动机与自由市场理念也是相伴而生的，与之俱来的还有收入分配的涓流效应，都成为占主流地位的传统经济学理念的组成部分。实现共同富裕目标，在理论和实践上都需要破除这种传统经济学范式。

很多诺贝尔经济学奖级别的经济学家就分别同若干涉及分配和分享的研究范式相联系。例如：米尔顿·弗里德曼主张谁拥有什么生产要素，譬如说资本或者劳动，他就应该得到该要素的报酬，而无须进行再分配，因此成为涓流经济学的始作俑者；阿瑟·奥肯认为公平与效率具有一种非此即彼、此消彼长，或者说鱼和熊掌不可兼得的大取舍关系；罗伯特·卢卡斯则主张收入分配无关论，即否定工业革命以来再分配具有提高收入水平的作用，甚至认为分配问题不是经济学应该研究的内容，而是应该留给政治家去做选择。又如，创新固然是受激励引导的，但是，创新者的社会责任感，对于资源应该配置到哪里，或者说创新应该朝着什么方向，是否也有引导作用呢？例如，美国有一个反克鲁格曼的组织，对保罗·克鲁格曼的批评之一，就涉及富人该不该活得更久这样的话题，引申出来的含义就是，有限的医疗研究资源应该以什么导向进行配置。

第六，从劳动力市场环境来看，从创造就业岗位为主要目标，转向更多数量岗位与更高质量岗位并重。在以人民为中心的发展中，劳动力市场制度必然发挥更大的作用。劳动立法和执法、最低工资制度、集体协商制度、劳动合同制度等，都是供求关系之外需要在工资决定和劳动关系的形成中必须发挥作用的制度方式。根据一些研究者的研究，劳动经济学在经济学分支中居于重要的位置，排位仅次于金融经济学，说明劳动关系涉及人，也必然会吸引大量的研究资源。

然而，中国在这个领域配置的研究资源仍然是不足的，特别是没有把就业问题放在增长过程中和宏观层面上研究。这特别表现为，很多人甚至很多主流经济学家尚不懂得劳动力市场制度的意义。一个需要了解的重要理念是，虽然劳动力资源并不是市场起决定性配置作用的例外，但是，由于劳动这种要素的载体是人而不是物，所以工资和劳动条件等确实不是仅仅由供求关系决定。前面列举的各种劳动力市场制度形式，都需要发挥充分和应有的作用。

在中国语境中
发展人口红利理论

对于包括中国在内的发展中国家的赶超实践来说，人口红利理论显示出很强的解释力，也吻合最贴近经济发展经验的特征化事实。在一段时期内，该理论框架为我们认识中国经济发展提供了有益的研究范式。然而，正如在特定时期、针对特定问题具有特定解释力的任何经济学理论一样，人口红利理论终究不可能在所有时代、任何地点都具有放之四海而皆准的效力。

实际上，该理论在解释中国经济发展经验时，已经结合中国国情得到了必要的修正，或者说中国学者实际采用的人口红利研究范式，已经在中国语境中得到了适用性修正，一个中国风格的人口红利理论已经初具雏形。同时也应该看到，面对人口转变新阶段上出现的新问题，传统的人口红利理论已经显现出一定程度的捉襟见肘，难以提出令人满意的解释模式和政策建议。

所以，我们需要以更加开放的态度，借鉴各种可以互补的分析框架和分析工具，在认识人口与经济的关系时实现历史逻辑、理论逻辑和现实逻辑的更好衔接，丰富和发展这一理论，更符合实际地为解决当前问题提出有益和有效的政策建议。下面，我将简述人口红利理论和研究范式需要得到拓展从而可以推动进一步理论创新的方向。

首先，人口红利研究范式需要同主流增长理论建立更好的衔接，以提升自身认识人口与增长关系问题的广度和深度。如果不能在与新古典增长理论逻辑上衔接的基础上充分理解进而阐释清楚人口红利，这种理论范式便失去对前者进行颠覆性修正的良好机会，从而使人口红利理论在增长理论中始终处于相对边缘的地位。以往的研究过于局限于单一人口因素对经济增长的解释，例如，多数研究仅仅把人口抚养比作为人口红利的代理变量，观察其影响的显著性和幅度等技术问题。这样进行人口红利研究，便把分析范围做了自我限制，未能看到抚养比这个人口变量之外的变量，甚至很多增长核算和增长回归中采用的多数变量，其实都是与人口因素相关的。

　　无论是在高速增长时期还是在减速时期，中国经济增长的经验都表明，不仅劳动力供给与人口因素直接相关，而且人力资本改善速度、资本报酬率水平、资源重新配置空间进而生产率提高潜力，都与特定人口转变阶段上的人口结构特征密切相关。对这些关系做出理论抽象并进行经验检验，既有助于提高新古典增长理论的解释力，也有助于把人口红利理论提升到更加主流的地位。

　　其次，人口红利研究既要关注人口因素影响经济增长的供给侧效应，又亟待进入研究需求侧效应的层面。诚然，在很长时期里人们观察的经济发展事实，大多是一些国家和地区通过兑现人口红利，从供给侧因素中获得额外的增长源泉，实现超常规的高速增长。因此，这个领域的传统理论假设和经验研究，主要是论证和检验人口红利如何提高潜在增长能力，以及揭示人口红利消失后潜在增长率降低的事实，因而提出预警式的政策建议。事实上，中国经济学家在这些方面的确做出了有益的理论和经验探讨，也产生了应有的政策建议效果，对这个研究范式做出了重要贡献。

然而，随着全球范围人口日趋老龄化、一些发达经济体先后进入人口负增长时代，人口因素带来的全新冲击更多表现在需求侧。无论是日本这样的人口转变先行国家，还是中国作为未富先老的赶超者，均已经提供了经验或显现出趋势，表明在人口转变的两个重要转折点中，第一个转折点即劳动年龄人口峰值，主要从供给侧造成对经济增长的冲击，而第二个转折点即总人口峰值，对经济增长的需求侧冲击效应更为突出。如果能够把需求侧的因素统一到人口红利理论的逻辑中，该理论对现实的针对性和解释力就可以得到显著增强。

再次，人口红利研究范式也要避免把人口红利永恒化的倾向。早期研究通常以抚养比作为人口红利的定量性指标，检验人口红利对经济增长的贡献。按照人口转变的逻辑和进程，这个因素终究会逆转到不利于经济增长的方向。于是，该领域的一些研究者便提出第二次人口红利的概念，相应地脱离了以往的逻辑轨道。他们主要从保持储蓄水平的角度探讨第二次人口红利，认为由更多的大龄劳动者和老年人口组成的社会将会产生强大的储蓄动机，因而保持高储蓄率从而保持经济增长源泉。在他们看来，随着第一次人口红利的作用发挥殆尽，第二次人口红利随即出现并将永远地存在下去。

这种所谓第二次人口红利理论，分别在方法论上和现实针对性上存在着缺陷。一方面，这种第二次人口红利的源泉，并不来自有利的人口因素，这种泛人口红利论实际上会削弱人口红利理论本身的解释效力。另一方面，从已有的事实观察，老龄化带来的重大挑战并不是储蓄不足，而是作为长期停滞主要特征之一的过度储蓄，因而这种以稳定储蓄率为中心的第二次人口红利，其实并不会产生什么经济发展所要收获的"红利"。

最后，人口红利研究范式应该在如何推动生育率向更替水平回升这个课题上投入更大的努力。鉴于人口红利理论框架本身是以生育率单向变化（下降）为基础假设的，同一研究范式在生育率回升问题上取得突破或许为时尚早。生育率因经济社会发展而降低，但是在其降到很低程度后，却以由此形成的人口结构特征（老龄化）反过来阻碍经济社会发展，这似乎形成一个悖论。破解这个悖论的研究，很可能与探讨第二次人口红利是同一个课题，理应得到包括人口红利理论在内的相关研究的更多关注。

关于老龄化
经济影响的五个悖论

本文尝试揭示老龄化过程中重要的转折点，以及它们各自的经济影响。从最宏观的图景来看，人口变化和老龄化有两个重要的转折点。第一个转折点是劳动年龄人口峰值并从此转向负增长。这个转折点与供给侧密切相关。第二个转折点是总人口峰值并从此转向负增长。这个转折点更多与需求侧相关。

第一个转折点是关于劳动年龄人口的变化。在中国一般认为15—59岁这个人群是劳动年龄人口，当这部分人口到达峰值时就形成第一个人口转折点。2010年中国劳动年龄人口达到峰值，此后以每年几百万的规模绝对减少。这个转折点造成了对经济增长的供给侧冲击，带来的一系列后果是劳动力短缺、人力资本改善速度放慢、资本回报率下降、劳动力转移较慢导致资源重新配置效率即生产率提高的空间显著萎缩。最后的结果便是经济的潜在增长率下降，实际增长速度跟着潜在增长率放缓。相应地，老龄化率在不断地提高。所有这些变化在第七次人口普查的数据中都得到了印证，这是我们过去就预料到的，只是数值上略有差别而已。

第二个转折点是预期要到来的我一直在提醒并且第七次人口普查数据也支持的一个预测，就是2025年之前总人口会达到峰值，这也就意味着2025年之后中国人口将绝对减少，那时我们可能就不再拥有世界最大规模的人口了。这个转折点将更多表现为对经济增长的需求侧冲击，下面我将对此做详细分析。

近年来经济增长减速的轨迹证明了此前预测的潜在增长率与后来的实际增长率是高度一致的。这意味着什么呢？意味着中国经济在此期间还没有遭到需求侧的制约，即需求侧因素满足了增长的需要，因而实现了潜在增长率。但是，疫情可能会使人口达峰后需求侧对经济增长的制约提前到来。也就是说，如果不能很好地应对需求侧的冲击，今后我们的潜在增长能力未必能够充分发挥。所以可以说这样一句话：我们现在是未富先老，但是我们还要防止一个现象，叫"未富先滞"。这个"滞"是长期停滞的"滞"，长期停滞在西方也叫作"日本化"，可以用几个特征即"三低两高"来描述，即低通胀、低长期利率、低经济增长率以及高龄化、高负债。

因此，围绕着这两个人口转折点特别是第二个转折点可能带来的经济影响，我下面就来分析与之相关的几种现象。为了把现象转化为经济学命题以便深入分析，我们也可以称之为几个悖论，分别是生育率悖论、生产率悖论、储蓄率悖论、消费率悖论和通胀率悖论。

一、生育率悖论

为什么说生育率是一个悖论呢？这是因为社会经济发展推动了生育水平的下降，低生育率反过来成为阻碍经济社会发展的因素，或者说是妨碍经济可持续增长的一大顽疾。说生育率下降是经济社会发展的结果，正是因为我们经历了史无前例的经济增长和社会发展，生育率才以超常规的速度和幅度下降了。计划生育政策固然发挥了作用，而经济社会发展却是更为普适的动力。生育率下降以后又反过来阻碍经济社会的发展，形成一个至少是表面逻辑上的矛盾之处，所以我把这种现象称作生育率悖论。

第七次人口普查数据中有一个大家没太关注到的惊人之处，就是 1.3 的总和生育率，这是过去官方从未公布的。从 2000 年到 2008 年，一般认为的总和生育率是 1.8，到 2010 年以后官方认为是 1.7。学者一直有估算，认为大体上是 1.4—1.5 的水平。所以在"七普"之前，官方认同但未公布的总和生育率和学者估算的总和生育率之间有巨大的差距。直到第七次人口普查数据公布，学者和官方一致得到了总和生育率 1.3 的共识。一般认为 2.1 是更替水平，2.1 以上是高生育率，2.1 以下就是低生育率，1.5 以下是很低生育率，1.3 以下是极低生育率。极低生育率就意味着陷入了低生育陷阱。陷阱在经济学上的意思就是很难摆脱出来。

生育率在未来是否有机会反弹呢？我认为生育率下降是有必然性的，是不可逆转的长期趋势，但有条件的反弹也可以找到一些依据。《自然》杂志在 2009 年的一篇文章把总和生育率和人类发展指数（非人均收入）结合起来看，认为人类发展指数越高生育率越低，但是生育率降到一定程度后开始不再下降，甚至可以反弹，所以作者认为如果人类发展水平足够高的话，生育率是可以恢复的，但是不会恢复到很高，还没有研究表明可以恢复到更替水平 2.1 以上。作者之一在后来的文章中阐述，生育率的反弹还得益于"性别红利"。当人类发展水平极高时，在劳动力市场、经济社会参与率上已经没有显著的性别差异，生育率有机会得以回升，因此叫作"性别红利"。

另一个权威研究是《柳叶刀》的一篇文章，认为生育率下降的原因 80% 可以用两个变量解释：妇女受教育程度和避孕用品的可获得性。这项研究说明了从高于 2.1 的生育率下降到 2.1 这个水平是无法遏止的，但从 2.1 的水平上是否还会继续下降呢？这是有待讨论的。我收集了大概 190

多个国家的总和生育率,水平从高到低差异极大。同时,联合国在全球各国的调查显示,各国生育意愿均为两个孩子左右,大体相当于更替水平生育率,因此从过低生育水平向意愿回归,理论上是可行的,但需要政策有作为。

从政策角度我得出一个结论,相关部门的决策者,即使在想要放开生育政策的时候,也总是把政策约束局限在人们的生育意愿之下。例如,在确信人们不想生 2 个孩子时,政策才放宽到 1.5 个,等等。这个放开的政策永远是一个滞后的政策,因而不具有前瞻性和引导性。如果政策力度始终不够大的话,所有的微小力量都不足以形成刺激生育率提升的合力。所以我们应该多下功夫在政策上做研究。

在传统的家庭预算线中,劳动参与率和生育率之间形成替代关系。对于家庭来说,或者牺牲就业,或者少生孩子,这就是我们现在面临的制约。生育、养育、教育孩子需要花费成本,我们过去认为这是家庭的责任,因此家庭部门就需要在劳动参与率和生育率之间权衡和取舍。但是,如果我们把"三育"看作是具有社会效益的,这个预算线就可以被改变。全体居民能够享受均等、普惠的社会福利和保障,预算约束大大得到外延,生育和劳动参与之间的矛盾就可以化解。党的十九届五中全会讲到降低"三育成本",其实就是改变家庭预算曲线。

二、生产率悖论

为什么说生产率构成一个悖论呢?当人口红利消失时,传统的资本劳动投入的经济发展模式不可持续了,所以要转向生产率驱动的经济增长。但是有一点不能被忽略:恰恰是在人口红利消失的情况下,自然规律也表现出生产率提高更困难，甚至可能陷入停滞，因为生产率也是内生出来的。因此我们把这种现象叫作悖论，表现为以下几个矛盾现象。

第一个矛盾，当经济面临长期结构性减速时，宽松货币环境和刺激性财政、产业、区域政策降低资金获得的效率门槛（而不是规模门槛），资本替代劳动的速度加快，却未能提高全要素生产率、比较优势和竞争力。这时，劳动生产率提高并非全要素生产率的贡献。当经济增长减速时，企业就会遇到困难，政府要创造更好的宏观政策环境，就体现为更加宽松的货币和财政政策环境。这时候企业就以很低的代价获得资本，效率门槛一律都没有了。就业人口在减少，但是投资还在增长，很明显资本劳动比就提高了。即使劳动生产率在提高，也不是由全要素生产率带来的，而是由资本深化带来的。这既缺乏可持续性，也并不意味着企业竞争力和比较优势有所提高。这是生产率悖论的第一个矛盾。

第二个矛盾是资源配置的僵化。过度宽松和宽容的资金环境中，没有进退生死则导致资源配置僵化；第二产业和制造业比重下降，劳动力流向低生产率的非贸易行业，则导致资源配置退化。过度宽松和宽容的资金环境及保护，造成"退出"难，"进入"难度也相应提高。没有创造性破坏或优胜劣汰就意味着容忍低效率企业、造就僵尸企业，反而降低整体经济的生产率。例如，鉴于一些企业曾经引来了外资、带动了就业、增加了地方GDP 和税收，在企业发展难以为继的时候，政府想办法给企业背书，帮助其获得银行贷款，甚至希望企业能够转型到战略性新兴产业。

地方政策的这种意愿有时可以实现，但是对大多数陷入这种境地的企业来说，这类政策保护并不能妙手回春，反而会纵容"僵尸企业"的形成。既然不希望低效企业退出，则必然需要阻挡潜在具有竞争力的市场主体的进入。生产率归根结底就是资源配置效率，企业通过进与退、生与死的优胜劣汰或创造性破坏机制被抑制,企业和经济整体生产率都不能得到提高。在人口红利消失的阶段,这种危险是现实存在的。

第三个矛盾是第二产业和制造业比重下降导致的资源配置退化。制造业的比较优势和 GDP 占比继续下降,减少就业吸纳。劳动力流向低生产率非贸易行业,作为生产率主要来源的库兹涅茨过程被逆转,整体生产率趋于降低。制造业较早丧失比较优势,占 GDP 的比重早熟地下降,从而减少了就业吸纳,大量的劳动力甚至从制造业转出,大多数转到了第三产业。对中国来说,第三产业的劳动生产率大幅度低于第二产业,就意味着劳动力是从生产率高的产业转向生产率低的产业中了。经济学中的库茨涅兹过程是指各种资源(主要是劳动力)从生产率低的部门转向生产率高的部门,既是产业结构的变化,又带来生产率的提高。在劳动力转向第三产业的过程中,库兹涅茨过程被逆转,资源配置的退化导致整体生产率的降低。

三、储蓄率悖论

为什么说储蓄率悖论呢? 因为传统的第二次人口红利理论关注如何维持储蓄率,但现实中老龄化的结果反而是过度储蓄。如果我国的投资回报率下降非常快,高储蓄也就没有意义了。人口红利就是劳动年龄人口增长快、比重高,意味着劳动力充足,人口抚养比低且持续下降,就可以实现高储蓄和高投资回报率。因此高积累、高投资就不会遇到资本报酬递减,就推动高速增长。当第一次人口红利消失了,人们开始研究第二次人口红利,重点往往放在探讨传统人口红利消失以后,如何利用新的养老动机来提高储蓄率。但现在的经验恰恰证明,储蓄率不那么重要了,因为投资回报率非常低。事实上,老龄化的不利后果往往是过度储蓄以及由此导致的消费不足。

中国的总储蓄水平是高于资本形成的，虽然并不太明显，但是这个趋势已经呈现。鉴于投资有很多错配的情况，因此资本回报率总体下降。白重恩教授等曾经证明中国的投资回报率是最高的，在人口红利消失以后，他又向我们证明了中国的投资回报率呈现较快的下降趋势。未来这个趋势还会加剧，我们不知道自己的未来会怎样，但是可以看一看经历了人口负增长的国家。世界上经历了人口负增长的国家中，有4个是典型的高收入国家，即葡萄牙、日本、希腊、意大利，同时也是经济增长表现不佳的国家。这些国家的人口负增长和经济增长衰退通常是一致的，同时在人口负增长之后都出现了过度储蓄，即储蓄率超过投资率的倾向。这也就意味着老龄化导致经济的长期停滞，而长期停滞的一个特征就是过度储蓄。

在老龄化时代，特别是人口增长从减慢到零增长乃至负增长的过程中，储蓄率悖论相关的特征就会出现。经济史还告诉我们，有些长期趋势会由于经过一次冲击而提前到来。因此我们更应该关注的不是储蓄率的问题，而是投资回报率的问题，此外还要努力提高消费率。

四、消费率悖论

储蓄率是一个悖论，消费率悖论就是它的一个反面镜像。在非劳动年龄人口特别是老年人口不能为消费扩大做出重要贡献的条件下，劳动年龄人口却面临"现收现付"难题，消费力和消费倾向下降。在人口红利消失、人口老龄化加深阶段，老年人的收入水平和消费倾向都比较低。其实，即使在老年人被认为比年轻劳动年龄人口收入要高一些的发达国家，他们的消费倾向也在下降，因此学术界形成了一个所谓"退休消费之谜"。在中国不存在这个谜题，我们的老年人收入本来就不高，消费自然也低。同时，恰恰在这个时候，劳动年龄人口消费也极其羸弱，我把这种现象叫作"现收现付的难题"。

劳动收入集中在20—60岁，在这之前和之后劳动收入十分微少。但是消费会贯穿终身。在中国，总体上表现出孩子的消费较高，随着年龄的提高消费支出下降。比较特殊的是，劳动年龄人口的消费可以说是各年龄组中最低的，这就是现收现付难题。他们一是要承担现收现付的基本养老保险负担，二是要赡养家庭中的老人，三是要进行预防性储蓄。他们知道，随着人口抚养比的变化，未来他们退休时，现收现付的养老保险有可能是靠不住的。因此，即使在挣钱最多的阶段，他们也不能后顾无忧地消费。所以我认为这是老龄化条件下消费模式上的难题，需要从制度建设上予以充分考虑，以破解消费率悖论。

五、通胀率悖论

过去有经济学家认为，全球多年遭遇到的通货紧缩，是因为中国和一些前计划经济国家改革和对外开放以后，世界上突然冒出数亿廉价的剩余劳动力，使得大量便宜的制造业产品涌入发达国家市场，因此物价无论如何也涨不起来。按照这个逻辑，中国的人口老龄化必然逆转这个趋势。查尔斯·古德哈特和马诺古·普拉丹出版了一本书叫《人口大逆转：老龄化、不平等与通胀》，作者特别强调中国人口转变的新阶段特别是劳动力短缺因素的重要影响，预期人口老龄化将使全球性的通货紧缩逆转为通货膨胀。但是，事实是不是这样的呢？从中国的情况看，无论是国际大宗产品价格上涨，还是生产者价格高企，消费者价格始终没有任何反应。

新冠肺炎疫情的全球大流行损坏了全球供应链，确实导致高通货膨胀在很多国家重新出现，因应这种情况的各国中央银行的政策方向转变，特别是美联储的连续加息，对世界经济已经产生负面影响，在这些国家本身也可能造成通货膨胀与经济衰退并存的滞胀现象。然而，一些经济学家仅仅承认过渡性通货膨胀的存在，认为世界经济终究还会回到"长期停滞"轨道，继续表现出低通货膨胀、低利率、低经济增长、高储蓄和高负债等现象的同时存在。并且，既然老龄化将日趋严重，全球经济增长甚至可能陷入更低迷的常态中。然而中国老龄化并未逆转局面，西方国家继续着以"三低"为特征的长期停滞。

六、政策建议

在前面各部分我顺带谈了一些政策建议，最后再讲一个更一般的政策建议，既与人口问题相关，也与经济问题相关。先来回顾一个历史经验，从中可以得出的结论是，如果政策力度足够大的话，中国完全有可能恢复到一个更合意的生育水平上。20世纪30年代，梅纳德·凯恩斯和阿尔文·汉森分别在两次著名的演讲中警告道，英美两国都可能由于人口停滞，经济增长陷入灾难性局面之中，其中汉森还首次表达了对于"长期停滞"的忧虑。凯恩斯和汉森的报告均把人口停滞作为需求不足的根源，也都暗示了解决这个问题的办法，那就是改善收入分配，大幅度提高社会福利，以便改善人们的消费水平和消费倾向，刺激社会总需求。

但是，他们也都认为在资本主义制度下，做到显著改善收入分配在政治上很有难度。然而，他们作为政府的高级顾问却始料未及，随后英国发布《贝弗里奇报告》，美国实施"罗斯福新政"，分别促进了福利国家的建设,由此保持了几十年的经济繁荣。不仅如此,两国还逆转了人口停滞趋势,形成战后"婴儿潮",汉森担心的"长期停滞"迟来了数十年。最令人意外的莫过于人口的反弹,以及生育率的大幅度提高。从这个意义上说,如果政策力度足够大,完全有可能恢复生育水平。特别是在中国,我们其实还有生育意愿,恢复合意的生育水平需要在政策和制度建设上大有作为。

随着收入水平的提高,社会福利水平必然要提高。一般规律是,人均GDP 在 10 000—30 000 美元区间里,社会福利的支出将快速增长,占 GDP 比重将显著提升,从而将完成福利国家建设任务。从现在起到 2035 年,中国正是在这个区间内。因此,我们建立福利国家的任务十分紧迫。此外,政府在社会层面对人进行普惠性保护,才能促进创造性破坏机制得以充分发挥作用。我们从 OECD 国家的经验可以看到,社会福利水平与劳动生产率是成正比的,从统计上证明公平和效率是可以实现统一的,这也是我们建立福利社会、福利国家充分的理由。皮凯蒂公式揭示了初次分配的极限,即不存在自然而然缩小差距的涓流效应。要做到收入差距显著缩小,譬如说基尼系数降低到 0.4 以下,再分配政策一定要紧紧跟上。

后　记

本书汇集了我在最近两年中撰写的经济学短论。从时间上，大多是在党的十九届五中全会召开以来，也就是国家"十四五"规划和2035年远景目标发布以来写作的。主要内容包括以下几个方面。一是对这一时期中国经济社会发展形势的分析。二是习近平新时代中国特色社会主义思想和党的重要文献精神的学习心得和学理思考。三是面向更广泛读者阐述自己的学术研究成果。绝大多数文章曾经发表于各类报刊，还有一些是论坛演讲和发言的内容，经审校大多数也曾由新媒体进行传播。

过去的几年处于一个极不平凡和不寻常的时期，各种"黑天鹅事件"和"灰犀牛事件"集中爆发。对我个人的研究和写作产生直接影响的重大事件，至少包括这样几个方面。首先，党的十九届五中全会和党的二十大召开，标志着中国迈上全面建设社会主义现代化国家新征程，中国经济进入新发展阶段。其次，新冠肺炎疫情的全球大流行，是一场百年一遇的公共卫生危机，造成巨大的经济社会冲击，也给中国的发展带来严峻挑战。再次，世界百年未有之大变局加速演进，气候变化演化为气候危机，逆全球化趋势演化为供应链断裂和技术脱钩，中国发展的外部环境趋于恶化。最后，中国渐入人口负增长和更深度老龄化时代，经济增长动能转换的紧迫性进一步突显。在一定程度上，我的研究和写作对上述挑战做出了回应。

结集出版已发表的文章，通常会遇到若干难以回避的难题，我尝试以如下方式予以处理。首先，关于时间顺序问题，我主要尝试按照主题进行归类，每一编适当照顾文章发表的前后。这样，全部文章分别被纳入宏观经济分析、经济发展的质与量、推动"四化"同步、保障和改善民生、中国式现代化和转换思维范式等六编。其次，关于重复性问题，我着眼于以文章取舍的方式处理。一方面，尽可能避免文章内容的重复。另一方面，文章一旦选定便不再做大的修改，这样可以保持每篇文章在逻辑上的相对完整性。最后，关于文章的时效性。鉴于每篇文章都是一种立此存照的记录，反映事件发生过程、作者认识演进过程以及信息更新过程，因此，我不揣冒昧并且敝帚自珍，把文章原汁原味奉献给读者。也希望由此体现全书逻辑的连续性，不致产生时过境迁的印象，进而取得温故知新的效果。

　　经济学研究往往是一种团队行为。无论是在主要结论的形成和统计结果的支撑上，还是在观点的相互启发和研究过程的辅助上，在本书收录的文章中，都包含着我在中国社会科学院的同事和合作者的诸多贡献。必须提及并致谢的是：数量经济与技术经济研究所李雪松研究员、金融研究所张晓晶研究员、人口与劳动经济研究所都阳、王美艳、陆旸研究员和贾朋副研究员。我还要特别感谢安徽人民出版社的何军民总编辑，正是由于他提出本书的策划，并在成稿过程中提出了有益的建议，使本书的出版成为可能。然而，本书中可能存在的任何错误或不妥之处，责任应由我本人承担。

蔡　昉

2023 年 1 月 20 日